地势坤，君子以厚德载物。

老子的帮助

王蒙解《老子》

王蒙 著

北京联合出版公司
Beijing United Publishing Co.,Ltd.

图书在版编目（CIP）数据

老子的帮助 / 王蒙著 .—北京：北京联合出版公司，2017.7

ISBN 978-7-5596-0491-0

Ⅰ. ①老… Ⅱ. ①王… Ⅲ. ①道家②《道德经》—研究 Ⅳ. ① B223.15

中国版本图书馆 CIP 数据核字（2017）第 109081 号

老子的帮助

作　　者：王　蒙

责任编辑：夏应鹏

北京联合出版公司出版

（北京市西城区德外大街 83 号楼 9 层　100088）

河北鹏润印刷有限公司印刷　新华书店经销

字数：272 千字　880 毫米 ×1230 毫米　1/32　印张：11

2017 年 9 月第 1 版　　2017 年 9 月第 1 次印刷

ISBN 978-7-5596-0491-0

定价：39.80 元

前言

年轻时已经迷上了《老子》（又名《道德经》），那时看的是任继愈教授的注译本。一个天地不仁、一个宠辱无惊、一个上善若水、一个不争故莫能与之争、一个无为、一个治大国若烹小鲜、一个生也柔弱死也坚强，就把我惊呆了。我觉得老子深不见底，我觉得他的论述虽然迷迷瞪瞪，却是耳目一新，让人大开眼界，一下子深刻、从容了许多。

青春作赋，皓首穷经，这是当年黄秋耘对我说过的话。从首次接触到《老子》到现在已经历经了六十年的沧桑。而接受编辑刘景琳先生的建议做这件事，也经过了五年的考虑斟酌。我决定将《老子的帮助》一书献给读者。

老子对于我们今天的人有什么帮助呢？

第一，他带来了大部分哲学思辨、小部分宗教情怀的对于大道的追求与皈依。他的道是概念之巅、概念之母、概念之神，是世界的共同性，是世界的本原、本源、本质、本体，是世界的归宿与主干。读之心旷神怡，胸有成竹，有大依托，有大根据。

第二，他带来了一种逆向思维、另类思维，乃至颠覆性思维的方法。一般人认为有为、教化、仁义、孝慈、美善、坚强、勇敢、智谋是好的，他偏偏从中看出了值得探讨的东西。一般人认为无为、讷于言、不智、愚朴、柔弱、卑下是不好的，他偏偏认为是可取的。他应属振聋发聩、语出惊人之人。你可以不认同他，却不能不思考他。

第三，他带来了“无为”这样一个命题、这样一个法宝。他提倡的是无为而无不为，是道法自然，是不争故莫能与之争，是后其身而身先，外其身而身存。他的辩证法出神入化，令人惊叹。他的透视性眼光入木三分、明察秋毫。

第四，他带来的是逻辑思维与形象思维的结合；是感悟与思辨的结合；是认识与信仰的结合；是玄妙抽象与生活经验的结合；是大智慧的无所不在，不拘一格，浑然一体，模糊恍惚。

第五，他带来了真正的处世奇术、做人奇境，以退为进，以柔克刚，以无胜有，以亏胜盈，宠辱无惊，百挠不折。

第六，他带来的是汉字所特有的表述的方法、修辞的方法、论辩的方法、取喻的方法，绕口令而又含蓄着深刻内容的为文方法。他将汉字的灵活性、多义性、多信息性、弹性与概括性及简练性发挥到了极致，他贡献给读者与后人的可以说是字字珠玑、句句格言、段段警世、页页动心、处处奇葩、自由驰骋、文如神龙巨鲸。这是汉字的真正经典，是汉字古文的天才名篇。

他帮助我们智慧、从容、镇定、抗逆、深刻、宽广、耐心、宏远、自信、有大气量、有静气与定力。

以及其他，老子能够帮助我们。

本书是对《老子》八十一章的意译与证词。意译好说，我缺少训诂方面的基本功，只能知难而退，绕难而踽踽独行。我在释义上尽量借鉴专家前贤们的成果，我用得最多的是任继愈的《老子新译》、陈鼓应的《老子注释及评介》（中华书局版），我感谢他们的赠书，相信这是对我的提携与帮助。任本简明、稳妥、可靠；陈本集注甚全面，解释意在发掘弘扬，它解读得相当“进步”。我也读了傅佩荣的《解读老子》（线装书局版）和《诸子集成》（中华书局版）中有关老子的部分。我还学习过钱锺书在《管锥编》中的有关著述。傅本清晰明洁；钱著绰约冷峭，旁敲侧击，都对我颇有教益。此外，我也参考了孟祥才评注的《老子》（中国少年儿童出版社版），他更注意将老子的经典推广普及，并及时对老子的不宜于如今的论点进行“消毒”批判。我用的版本也是从以上各家得来的，遇有几家不一时，则自行选择。

我在本书中所做的与前面诸老师不同。我是追求其大意、其整体含意，追求其前后文句中的内在联系与逻辑关系，或有郢书燕说之讥，当无见树忘林之虞。

至于李书王说，我则全不避讳，然也。干的就是这个活计。我不是老子专家，不是国学家，不是历史学家，不是文化史、哲学史专家，这些都不是我的长项。稍稍长一点的是经历、阅历、风云变幻中的思考与体悟。老子提倡的是无为，我的经历是“拼命为”与“无可为”“无奈为”的结合。我能做的是用自己的人生，用我的历史体验、社会体验、政治经验、文学经验、思考历程去为老子的学说“出庭作证”。

我以我的亲见、亲闻、亲历与认真的推敲思忖为老子的“玄之又玄”“众妙之门”的理论提供一个当代中国的人证、见证、事证、论证，也许还有反证。

证词一说使我满意至极。我曾想说是理解、是心得、是发挥、是体会，都太一般化了。我七十余年的所见、所闻、所历、所悟、所泣、所笑、所思、所感，不是可以拿出来与老子对证查证掰扯一番吗？听君一席话，胜读十年书。悟君一句话，回首七十载。老子是原告，春秋战国时期的社会、政治、军事、个人生活尤其是当时的主流观念孔孟之道则是被告。我是法庭所找的而不是原告或被告所找的证人之一，读者是法官，请判定我的证词的价值。

我多次说过，读书的最乐在于从中发现了生活，发现了生命的体验；生活的最乐在于从中发现了类书本，发现了迄今书本上尚无的或语焉不详乃至语焉有误的新道理、新说法、新见识。

写作《老子的帮助》一书，我是何等快乐呀！

诗曰：

老来读《老子》，其乐正无涯。

无为无挂碍，有趣有生发。

歪打或正中，深思自开花。
作证心先正，纵横非卖瓜。（谚云：老王卖瓜，自卖自夸也。）
古今有大道，中外皆明察。
妙门需妙悟，玄德要玄遐。
远在九天上，近在你我他。
行道常喜悦，持德利万家。
知止乃厚朴，通畅便绝佳。

王蒙书于戊子春初

目录

第一章　众妙之门

道可道，非常道。名可名，非常名。

无名，天地之始。有名，万物之母。

故常无，欲以观其妙。常有，欲以观其徼。

此两者同出而异名，同谓之玄。玄之又玄，众妙之门。

大道是不好讲述的，讲解出来的都不是那个最根本、最本质、最至上、最主导、最永恒、最深刻却也是最抽象的道，而是现象的、一时的、表面的与廉价的一般见识。

同样，那种至上的本质，也是不好称谓、不好命名，即找不到最适宜的概括的。真正最高的本质概念，难以言说。我们一般可以述说、命名的东西，都是现象的、一时的、表面的与廉价的一般概念。

无或者无名——无概念、无称谓、未命名，是世界的始初状态。有或有概念、有称谓，是世界的发生状态。所以我们要常常从无、从无概念与无称谓的角度来观察、思考世界的深远、广大、神秘与奥妙。

同时可以从有、从有概念与有称谓的角度来观察、思考世界的生生不已、丰富多彩、变化万千。

无与有都来自同一个世界、同一个过程与变化，来自对于世界与过程的同样的观察与同样的思考。它们都是极抽象的终极概念，它们最接近那个最深远广大的本质概括——道，深而又深，远而又远，大而又大，变化多端，千姿百态，令人赞叹！

首先，开宗明义，老子讲的是大道。我们中国的先哲，不是致力于创造一个人格神（例如上帝耶和华）或神格人（例如耶稣、圣母玛利亚、释迦牟尼），不是膜拜一个物象的图腾，而是思考万物、人生、世界的根本（本质、本原、规律、道理、法则、格局、过程、道路、同一性）。

汉语与汉字的特点是重概括、重联系、重寻找同一性。既然人与人之间有共同的本质，人与天（世界）有共同的本质，如《淮南子》认定，天圆地方，所以头圆足方；天有日月，所以人有二目……那么，你应该想到，你应该相信，万物万象、众生众灭，就总会有一个包罗万物万象、众生众灭、万代万世、万有的同一的本质、规律、道理、法则、过程、道路、同一性。这个本质就是道。为了与一般的各种具体的道相区分，我们有时称之为大道。

道是看不见、摸不着的，却又是规定一切、主导一切、决定一切的。它是本源也是归宿，它是物质也是精神，它是变化多端又是恒久如一的。它具有超越经验乃至超越一般哲学思维的、无法证明也无法证伪却又极合情理的哲思——神学品格。这样的概括令人叹服感动，虽然不无混沌模糊之处。

这样的道，是模糊推理的产物，是抽象思辨的产物，更是想象力的产物，也有信仰果实的成分。它是中国式的概念崇拜、概念精神、概念神祇。它是神性的哲学，是哲性的神学，是神奇的概念，是概念之神。

中国人有一种聪明，他不致力于创造或者寻找人格神或神格人，因为这样的人—神，具有二律悖反的麻烦。《达·芬奇密码》中提出了耶稣的妻子抹大拉的问题。《生命中不可承受之轻》提出了圣徒是否大便的问题。中国神学不把精力放在这样未免可笑的烦琐问题上，而是对于人—神采取存而不论、敬神如神在的态度。老子等致力的是寻找世界的本质、起源与归宿。这些无法用科学实验的方法、统计学的方法、见习实习解剖切片的方法获得的本质属性，是通过天才的思辨得到的。尤其是老子，他断定说，这个本质与起源归宿就是大道。

更正确地说，道就是本质与起源、归宿。你只要有本质的观念、起源与归宿的观念，你就已经有了道的观念。你怎样称呼它，称之为道或德或逻各斯（理念、理性或基督教所认定的与神同一的道）都没有关系。

而寻找本质、起源与归宿的冲动是非常平常与自然的。一个人想知道自己究竟是怎么回事、从哪里来的、到哪里去，一块石头、一粒种子、一颗天上的星星或者陨落的流星，都会引起人们追问本质、起源与归宿的兴趣。最后呢？就出现了终极关怀或者终极追寻了。

而按照老子的思路，只要有终极追寻就有道。如果你是拜火教，火就是你心目中的道；如果你是生殖器崇拜，生殖器就是你的道。

大道的魅力不在于传播它的人即老子的神灵奇迹，而在于它的无所不包、无所不在、无所不载的性质。它导致的不是对于人格神或神格人（如圣徒、上帝的儿子或者佛陀等）或神格物（如上面所说的火、生殖器等）的崇拜，而是对于神性概念大道的崇拜与探求。这样，道这一概念的神性，就与完全的宗教区别开来了。而它的至上性、终极性、主导性、本源性与归结性，又在无限的远方趋向于宗教。它与宗教是两条通向无限的平行线，而根据微积分的原理，两条平行线趋向于相交在无限远处。

在老子提出道的问题的同时，又用同样的句式、同样的说法提出了名的问题，一个是道可道，非常道；一个是名可名，非常名，这不是偶然的。因为老子的寻道是遵循着名的系统、概念的系统、命名的系统与方式来最后体悟到、找到了大道的。他没有在异人或者圣人中寻找神祇，没有在传教者、苦行者、善行者、劝善者、灵异者或自行宣布自身已经成神、成佛或至少已经与上帝通了话的人中寻找神祇，寻找世界的本源与主宰。他也没有在奇迹或者奇物中寻找神祇。他是顺名即概念、概括之藤，摸道即本源与主宰之瓜。他硬是摸出道——命名出道来了。

可以理解这样的思路，这样的思路对于国人来说，顺理成章：请看，人的命名是人。人与牛、马、羊、猴等合起来命名为动物，再与树木、花草等一起命名为生物。生物与金、木、水、火、土等无生物合起来命名为万物。与怪力乱神梦幻，与人的心、意、爱、怨，与种种人文存在等合起来命名为万有或众有。再概括一步便是有，而有的反面与有的发展结局或有的产生以前是无，是死亡、寂灭、消失、空虚……然后万物万象的有与无的相悖相通、相生相克，综合起来就是大道。大道是至上的概念，是顺名摸终极的果实。这是一个思索、推理、概括、体悟的过程，是一个智慧与想象相结合的过程，是一个相当合理的与有说服力的过程，是一个基本上防止了牵强附会与群体起哄的过程。这个过程的缺憾是比较模糊抽象，不像找到一个能成为佛的王子，或者一个本是上帝的儿子背起十字架的献身者、牺牲者那样生动、直观、感人。

而与这个概念道最靠近的、最能体现这个本质概念的是另外两个同出而异名的概念：无与有。一切的有都来自无，一切的有都会变成无。一切的无都可能产生有，一切的无都会接纳有。一个人生了，他从无的王国进入了有的王国。一个人死了，他从有的王国进入了无的王国。无是天国，无是永恒，无是万物的归宿。无又是有的摇篮，无是有的前期作业。一个人年岁渐老了，他从幼小与年轻的过程进入了无幼小与无青春的过程，也就是进入了有成熟、有老迈的过程。

无是有的无，有是无的有。绝对的无的情况下，什么都没有了吗？什么都没有了，谁来判定这个无呢？在既无主体也无客体的情况下，还有什么无的观感与解说乃至想象呢？

所以我始终不赞成对于高鹗续作《红楼梦》的批评，说他没有写出白茫茫大地真干净。如果干净到所有贾府的人、有关的人死光灭绝的程度，还有什么悲剧感呢？

无可以是有，至少有一种对于空无的感受与慨叹、思考与判断。如说一个生命个体的疾病已经无药可医、无法挽救，那就说明此人的病已经有了重要的结论、根本的判断，已经有了料理后事的必要性与紧迫性。

这是抽象的思辨，这也是智慧的享受。这需要思辨力、想象力，也需要感悟、感觉、神性的追求与信仰。

在《老子》的开头，老子还提出了一个极其超前的大问题：关于语言表达的局限性，关于语言的力不从心，关于语言的大众化、适用化、通俗化与浅薄化。用语言小打小闹可以，用语言描述深刻与超出常人理解范畴的大道、大名、玄想、众妙，就不行了。说出来的都一般，不说就更难被人理解。只能是意在言外，只能是尽在不言中，只能是心照不宣，只能是得意忘言，只能依靠你的悟性、你的灵气、你的智慧、你的澄明通透的心胸、你的默默的微笑、你的缓缓摇着头的喟叹。啊，你已经靠拢于大道了。

第二章 知美即恶

天下皆知美之为美，斯恶矣；皆知善之为善，斯不善矣。

故有无相生，难易相成，长短相形，高下相倾，音声相和，前后相随。

是以圣人处无为之事，行不言之教。万物作焉而不辞，生而弗有，为而弗恃，功成而弗居。夫惟弗居，是以不去。

都知道什么是美，就丑恶了，因为知道了美也就等于知道了美与丑的区别，就有扬美贬丑的事情出现，就造成了纷争、夸大或缩小、伪与饰各种美的其实非美丽的弱点。

都知道什么是善，就不善了。同样，就有了善与恶以及中间无数细微的等级差别，就有扬善抑恶、隐恶扬善或隐善（对对手）扬恶，就要纷争、夸大或缩小、伪饰这个善，而这是不善的。

所以说，有与无、难与易、长与短、高与下、音与声、前与后，都是相反相成、相克相生、相比较而存在、谁也离不了谁的概念。要一个不要另一个，根本不可能。

所以有道行的人、得道之人，不做那些虚妄的事情，不说那些无用的蠢话、空话、假话。不硬较劲而使事情自然做成，不声嘶力竭而使教化润物细无声。让万物自然发展运作，不越俎代庖。有了创造和成绩，并不据为己有。有了作为，并不倚仗之端起架子。有了功劳，也不因而自傲膨胀。越是不争夺、不膨胀，你就越有威望。越有公认的成就，越是否定不了，抹杀不了，歪曲不了，遮蔽不了。

《老子》的第二章从对于价值问题的探讨，旁及一切概念的相对性，然后进入无为与不言（后面称为讷于言）的伟大命题的提出，一直发展到提倡一种不始、不有、不恃、不居的精神境界，从而达到“是以不去”的圆满成功结果。

都知道，价值的判定与追求是个人、集团、社会、国家、民族、人类文明的一个支点，一个主要的驱动力、凝聚力。真善美与假恶丑，前进与倒退，进步与落后，文明与野蛮，繁荣与凋敝，德行与罪恶，成功与失败，健康与病态，幸福与失意，这一切都有一个价值观、价值标准、价值判断在那里起着决定方向和决定起止的作用。价值就是理想，价值就是灵魂，价值就是主心骨，价值高于生命。所谓春秋大义，所谓崇高理念，所谓文明进步，所谓普世价值，所谓意识形态，无不是以价值为核心而构建、而运转的。

而老子的神奇在于，他在那么古老的年代里就看出了事物有另一面。价值意味着差别，差别挑战着整体性与平等的理想。价值会制造分歧，叫作价值歧义。价值会制造偏执，叫作价值偏执——例如中国封建社会的名节观念、节烈观念、忠孝观念；有所谓名教杀人一说，例如妇女为了守节而自杀，就是价值杀人。有价值就有价值膨胀、价值夸张，例如中国“文革”中的唯意志论、继续革命论与个人迷信。价值还会制造价值霸权，我认定的价值你也必须接受，否则就强制你接受。价值还会制造价值疯狂，如恐怖主义。

有价值就有反价值。你认为财富是一种价值。我认为财富是一种罪恶，赤贫才是价值，三代贫农最光荣。你认为求美是人的天性，美是追求与梦想。我认为美是小、大资产阶级的穷极无聊与奢侈浪费，是剥削阶级穷奢极欲、压迫无产阶级的借口。你认为民主自由是绝无疑义的普世价值，为此不惜一战。我认为你是以此为借口追求霸权与石油能源，对我进行西化分化，使我陷入四分五裂、万劫不复的次等国家的地步。

有价值就有伪价值，就有对于价值的炫耀，使价值成为广告、成为招牌，成为吓人或欺人之术。有虚报成绩，有大言欺世，有作状作秀，有伪君子，有伪善，有投合俗人价值需要的假冒伪劣，有假大空。

有价值就有价值纷争，还有人群分化、价值竞争，有名次，有奖项，有人工制造、人为培养的假典型、假榜样。而且有不服气，有嫉妒，有抄袭剽窃，有装腔作势，有走门路跑关系欺上瞒下，有为符合某种价值需要而做的手脚——不正之风。例如评奖、评级、评职称，都是好事，也都有阴暗面，有秘闻、丑闻。

有价值就有战争，例如宗教战争，因不同信仰、不同意识形态而发生的战争，因国家主义、民族主义直至纳粹主义的肆虐而发生的民族战争。

如此这般，老子的见解是超前的，然而也是不无某些徒劳之处的，因为人类不可能退回到无知、无欲、无价值观念的原始类人猿社会中去。

老子的见解对于客观地审视价值观念，在可能范围内避免价值偏执、价值霸权、价值疯狂、价值纷争，至少是一个提醒。

从对于价值的思考进展到万物万象的相对性上来了，这也是一个提醒。有光明就有黑暗，有科学就有迷信，有革命就有反革命，有前进就有倒退，有幸福就有不幸，有有神论就有无神论。怎么办呢？世界上永远没有单一的胜利、成功、快乐、光明，老子开的药方便是无为与不言。这个药方未免也太单一了，因为有无为便有有为，有不言便有立言。连《红楼梦》都知道：假作真时真亦假，无为有处有还无。

这个药方也由于过分彻底乃至彻底过分而无法操作。

当然在那个春秋无义战的时代，在那个你争我夺、你杀我戮、你阴谋我诡计的年代，老子更多地强调无为、不言、不始、不有、不恃、不居，这是一个匡正时弊的理想，这是一个思想家的乌托邦式的良药与凉药。

其实老子也不能不向现实俯就，他在此章归结于“夫惟弗居，是以不去”。也就是说，你只有不居功自傲，你的功劳才能被众人长期承认。这样的说法客观上接近放长线钓大鱼，接近吃小亏占大便宜，接近大智若愚，接近曲线为己。它在某些人眼中，似乎在劝告世人：你不要自吹自擂，越自吹自擂越没有人买账；你要谦虚一点，然后就什么都有了。什么都有了，这是至今人们对于自己不甚服气的所谓成功者的酸溜溜的反应。

他的此言似乎在投合那些怕自己的功业被忽略、自己的追求不能达到目的的人。以老子之伟大智慧与高超境界，却要投合人们为私的“是以不去”的考虑，这也算是鹰有时飞得和鸡一样低吧？如鲁迅所说。

有什么办法呢？你有权利追求成功，老子有权利追求他议论的说服力。他也要成功，他要告诉你，按他的办法、他的智慧，能棋看早许多步，事看深许多尺。用沉稳和谦逊去追求长远的成功，至少比那种死乞白赖地表白自身、吹嘘自身、膨胀自身而又打击旁人的人可爱、可亲许多。

老子有权考虑自己与他的跟随者的成败，他考虑得更深远也更智慧。这里用得上我喜欢讲的一句话：智慧也是一种美，而愚笨是缺少美感的。

第三章　虚心实腹

不尚贤，使民不争；不贵难得之货，使民不为盗；不见可欲，使民心不乱。

是以圣人之治，虚其心，实其腹；弱其志，强其骨。常使民无知无欲，使夫智者不敢为也。为无为，则无不治。

不崇尚能人贤士，使人们不去争权夺利、沽名钓誉。不珍爱难得的物品，使百姓不思偷盗与占有。不接触、不宣扬那些足以引起欲望、煽起物欲的东西，使百姓的心思不致混乱骚动。

这样，有道行的圣人执政，让老百姓思想单纯明净，温饱的需要得到满足，削弱他们的雄图大略、壮志凌云，强健他们的筋骨体魄。经常让老百姓没有那么多知识、信息、计谋，使有计谋的人也不敢去做什么非分之事。用无为的方针治国，就不会有治不好的情况发生了。

这一章似乎比较“反动”，虽然我极喜爱老子，也无法不对它有所反弹、反拨。用不着遮盖，这里边有愚民政策的公然宣扬。

首先，这完全是从治理的角度提出问题的，而不怎么过多考虑民的利益与权利。用弱民、愚民的方法统治，有可能取得内部的暂时平稳，但是其结果只能是国家、民族、种群的孱弱化。用孱弱求生存与用自强求生存，哪个更有效呢？这是不需要回答的。

在中国，某些有政权的人其实早就接受了老子的这一套，只是他们不像接受孔子那样大肆宣扬——它不像孔子的讲说那样堂皇、端正、漂亮。例如闭关锁国的政策，就有这样的愚民、弱民的考虑。封闭式的管理方式，也从中得到了参考。这里需要说明的是，在某些特殊情况下封闭管理是必要的，如对于戒毒病人，如某些寄宿学校、某些军事单位，甚至某些境外的 VIP 的俱乐部，都是封闭式管理。我并非一般地攻击封闭。

我还知道民国时期某军阀的治军理论：不能让士兵闲着，没有别的事就跑步，不能让你有工夫闹思想问题。在南非罗本岛曼德拉坐过的监狱中，我也看到了曼德拉运过来再运过去的石块。运送这些石块是毫无意义的，目的只有一个：强其骨，弱其志，实其腹，虚其心。当然，这样的监狱比让你饥饿与伤骨的囚禁地要好得多。

对于距今两三千年的古代中国的政治理论进行臧否未必是有根据的。我们也许可以将老子的这一章论述视为价值中立的理论性、思辨性探讨。它是愚民政策的公然宣示，却也是愚民政策的警钟。就看你怎么读《老子》了。

“横看成岭侧成峰。”老子的这一章论述，具有后现代的文化批判主义色彩。知识、计谋、欲望、追求、心思、志向，所有这些被文化的发展所充实、发育起来，大大地扩充延伸起来的东西，果真就是那么美好吗？知识多的人幸福指数一定比知识少的人高吗？计谋多的人成就一定比计谋少的人大吗？为什么情况多半是相反呢？甚至于，智商到底高到什么程度对于自身与他人最合适？一个智商超高的政治家，一个能将全体人民玩弄于股掌之上的超人；一个智商超高的艺术家，一个基本上无法令同时代人理解、接受的天才，能够给人民与自己带来足够的福祉吗？

再看，现代社会的许多悲剧、许多麻烦，诸如犯罪、吸毒、忧郁症、种族与宗教冲突、大规模杀伤性武器、极端主义、恐怖主义、分裂主义、专制与霸权政治、传媒控制、精神产品的批量生产与看不见的手、金钱主义与市场化……究竟是文化的发达所造成的还是不够发达所造成的呢？在欲望驱动下大大地发展文化，尤其是发展生产力，其后果到底有多少进步与收益，有多少自戕与损害，要不要做全方位的考虑呢？

老子的类似愚民政治的论述（后面还有许多）貌似冷酷，仍然值得面对、正视与深思。

至于虚其心、实其腹之论，有它的明显务实性。即是说你不能老是搞政治挂帅，不能老是搞意识形态挂帅，要首先关注民生。这已经被许多地方的许多事件证实了。

第四章　和光同尘

> 道，冲而用之或不盈。渊兮似万物之宗。
>
> 挫其锐，解其纷；和其光，同其尘，湛兮似或存。
>
> 吾不知谁之子，象帝之先。

道虽然空无所有，却怎么用也用不完。它的深远如同万物的起源与归宿，万物的根本与依据。

要磨掉它的锋芒，解除它的排他性，调整它的亮度使之柔和一些，与尘世、世俗的东西靠近。它似有似无。

我们不知道大道是由什么产生出来的，反正它的出现比上帝的出现还要靠前。

第四章讲大道的品格。尤其是强调它两方面的特性：既是空无的、虚静的，又是取之不尽、用之不竭的。既是神妙的比上帝更本源、更抽象与更本质的，又是此岸的、人间性的、生活化的与世俗的。

大道是亲和的，是并不怎么刺激人、逼迫人、吓唬人的。

空、虚、冲（有一说冲应为盅）都是言其虚空。正因为虚空，才用不完。一切实在的、具体的、具象的、坚硬的物件、生命、用具都是用得完或者完得很快的。例如王朝政权，是实有的、具体的与坚硬的，但是都有它的开头与结尾，都有满盈以后衰亡毁灭的过程。对于王朝政权的记忆、讨论、感叹，要抽象得多，空洞得多，也长久得多。比如金钱，是实有的、清晰的，可以计量、可以触摸的，也是三用两用、三花两花就会穷尽的。但是对于财富与欲望的思考、规律与原理，就比具体的金钱抽象得多、空洞得多，也深远得多。

大道的特点是虚空，小道的特点是充实。大道的特点是或怎么样、似怎么样、也许怎么样与相近怎么样，都是模糊的、大概的，而小道的特点是明确与肯定，是没有多少讨论的空间的。

保持虚空状态，保持冲的无限容积，保持大道的涵盖能力，保持抽象概念即“名”与“字”的优越性、主动性、裕足性，留有余地，绝不动辄动老本、拼老命、倾巢出动或倾囊花费，这是老子的理想。虽然不能够绝对化，但是这样努力、这样争取总是可以的。

大道之冲之虚空，是一种伟大也是一种功用。大道是万物万象的概括与本质，是一切的起源，甚至是上帝的起源，上帝也是大道作用的结果，这样一种想象力、概括力是无与伦比的。

请想想看，既然每件具体的事物都有个根源，有个本质，有个出生与灭亡，有个变化过程，那么万物万象岂能没有一个总的根源、总的概括、总的归宿？称之为道，岂不正好？道的特点是实而虚之，似有似无，它是道路、道行、自然、有与无的存在表象，是混沌的存在；又是道理、法则、能力与主导，是玄而又玄，怎么概括也够不着它，因为它就是无限大、无限远、无限深、无限早、无限后——它就是终极。

它又虚空（冲或盅）又渊深，它似乎是万物之宗——万物的起源与归宿，这是无法证明也无法证伪的。因为人类是有大的概念的，有深的概念的，有总括与综合的概念的。那么大到终极，大到无限；深到终极，深到无限；总括并综合到终极，总括并综合到无限，我们得到的是什么呢？有没有一个概括一切、主导一切、包容一切、恒久、奥妙无穷的东西在那里接着呢？有的，它就是道。

这其实比把这个最后的终极的概念说成是某个神祇更难以质疑，难以驳倒。因为如果是神祇，你可以用 A 神祇否定 B 神祇，用 C 神祇或无神祇替代 A 与 B 神祇，你却无法否定与替代无限大、无限深、无限远、无限久的概念。要知道，连数学也承认这样的关于无限的概念。道就是无限、无量与无等(后二者是佛学的概念，但我们可以以老子的理论帮助我们去理解它)，道是一切。正像无限大乘上无限小趋向于一切、趋向于任何数一样。

挫锐解纷、和光同尘的意义在于道也是生活，是与自然而然的生活密切结合的。大道并不是凌驾于生活之上的压迫者、裁判者，更不是惩罚者。和光同尘用现在的语言来说就是贴近生活、贴近实际、贴近人众(那时候还没有大众或人民一说)、面向俗世。小有见识的人往往自以为是凌驾于众人之上，其实精英意识如果脱离了生活意识，就会自命不凡地成为形而上意识，自以为大如天宇，自视重如泰山，而视生活、视百姓如草芥，也就变成凌空蹈虚，变成断线的风筝了。

真正的精英，那个时候叫作圣人，却应该是密切联系生活的：大洋若土，大雅若俗，大智若愚，大思想家若平常人即你我。自称思想者的人整天演练思想的肌肉块、思想的健美操，而真正的学问、真正的见地却普普通通，一般来说真理比谬论要朴素得多、实在得多。

正如车尔尼雪夫斯基所说：美是生活(而不是凌驾于生活)；也如四明天童无际了派和尚所讲：

> 佛法在你日用处。在你着衣吃饭处。在你语言酬酢处。在你行住坐卧处。在你屙屎送尿处。拟心思量便不是了也。咄，啼得血流无用处，不如缄口过残春。

真正的大道也是这样，它是生活，它是自然，它是朴素和真诚。

中国的佛学显然也受到了道家道教的影响，反对造作与夸张，反对高高在上，反对装腔作势，借以吓人，反对捶胸顿足，哭天抢地，反对摆出动辄与整个地球开战的架势，主张自自然然，平平淡淡。

这是因为，不论你对思辨与感悟有多么伟大、神奇、奥妙、超凡入圣的激情与骄傲，你的一切认知仍然来自生活，来自尘世，来自此岸。一切的形而上的伟大，都离不开形而下的基础。彼岸的信息再神圣，只有下载到此岸以后，才能讨论解悟。大道似有或有，这一章中用了“似”与“或”两个字两次：“或不盈。渊兮似万物之宗……湛兮似或存。”老子在此章中流露了他的唯道论的似或性、模糊性、揣度性，叫作“好像”“或许”，这样的词并不执着坚硬，并不盛气凌人，这也是必须和光同尘的依据与表现。你能够掌握的也只是大概其，你能不和光同尘，反而自我运转、自给自足而且不可一世吗？

大道是看不见、摸不着的，大道又是表现出来的、下载出来的、显示出来的。大道演化出来就是生活、是日常、是着衣吃饭、是言语酬酢、是行住坐卧、是屙屎送尿，当然也是有为与有言、有治与有欲，是尖锐与纷争，是社会与人群的熙熙攘攘。

老子的伟大与贡献，甚至还有他的幽默感，恰恰在于他从尖锐中看出了挫其锐的必要与道行，从纷争中看到解除纷争的必要与道行，从有为、有欲中看出无为而治、无欲而幸福的必要与道行，从熙熙攘攘中看出了空、冲、虚的必要与道行，从泰山压顶的威权中看到了月盈则亏、水满则溢的结局。

在这里，你要挫隐的光可能是大道之光，你要认同的尘世是非道、无道对道缺乏自觉的尘世，思想家的贡献恰恰在于从道的光辉中体认到不使这种光芒太刺眼的必要与道行。从尘世的非道、少道、道甚稀缺中认识到大道的无疑存在，大道正是在非道、无道、缺失大道中作用着与主导着，我们要善于从非道、无道中学会体认大道的必要、道行、学问。

就这样，老子超越了或者是含糊了唯物论与唯心论之争，含糊了无神论与有神论之争，含糊了此岸与彼岸即人界与神界、这一辈子与死后之争。

大道是精神，也是生活。大道是物质，也是精神的最高级、最深邃、最辽阔的终极。既然到了终极，既然到了无限远处两条平行线都相交了，既然无限大乘上无限小都能够变成任何数，既然那时的无限小与任何数、与无限大的区别都消失了，精神与物质等还有什么区别？

第五章　天地不仁

> 天地不仁，以万物为刍狗。圣人不仁，以百姓为刍狗。
> 天地之间，其犹橐籥乎？虚而不屈，动而愈出。
> 多言数穷，不如守中。

天与地是不讲仁爱的，它们将万物视如草芥——草扎的祭祀用的狗，任其生灭存毁。大人物——有道行的人也是不讲仁爱的，他们视老百姓如草芥——草扎的狗，任其生死存毁。

天地之间，不就像个橐籥——羊皮风箱袋吗？空无一物却不会穷竭，越是操作，它出来的风就越多。

话说多了反而容易理屈词穷，不如保守一点，保持恰当的度。

我不知道老子是怎样写下第五章的开头两句话的。我每每读到这里，都受震动，心怦怦然。我感到的是何等的冷酷！天地不仁！圣人不仁！这更像是窦娥喊冤的戏词啊：

> 却为何天地清浊你不辨？
> 却为何人世黑白颠倒颠？
> 问苍天为什么纵恶欺善，
> 问大地为什么横遭奇冤，
> 地啊，不分好歹你何为地！
> 天哪，错勘愚贤你枉为天！

“不仁”是一个很重的贬词啊，不是吗？我们如果讲谁“为富不仁”，不是像在批斗恶霸地主黄世仁吗？

然而老子说的是一个真理，至少是一部分真理。天地不仁，这是对的，至少是有相当的真理性的。这是许多人许多年来不敢正视的事实。老子最明白，仁爱的另一面是厌弃、嫌恶，无仁爱也就无厌弃、无嫌恶、无偏向、无感情。对于天地，不要太自作多情了吧。如同王小波的名言，不要瞎浪漫了吧。天地生成了万物，培育了万物，造就了万物，愉悦着万物，振奋着万物，也毁灭着万物，试炼着万物，折磨着万物。天地为万物准备了盛宴也准备了毒酒，准备了庆典也准备了丧仪，准备了轰轰烈烈也准备了冷冷清清，准备了天公地道也准备了沉冤海底，准备了善良感动也准备了野蛮残忍。天地的多情其实是无情的表现，是可能多情也可能无情、可能亲爱也可能恶劣的表现。多情反被无情恼，不要再对着苍天阔地哭天抹泪、自作多情了吧。

其实类似的思考并非从老子始，《论语》里就讲了孔夫子的话:“天何言哉？四时行焉，百物生焉，天何言哉？”还有《诗经·大雅·文王》说:“上天之载，无声无臭。”《礼记·哀公问》说:“无为而物成，是天道也。”《春秋繁露·深察名号》说:“天不言，使人发其意；弗为，使人行其中。”所有这些话，意在说明天并非有意志、有爱憎、有目的地做什么或不做什么。

但是老子最彻底。他的一句“天地不仁”，给了你一个透心儿凉！于是，你看透了：天地压根儿不管你人间的爱心啊，人道啊，怜悯啊，苦难啊，救赎啊……这么多难分难解的事儿。

天地不仁，圣人不仁，这是两枚大杀伤力炸弹，多少中产、小资、白领、妙龄、诗意的玫瑰色软趴趴（读 piā）一厢情愿瞎浪漫的世界被它们炸毁啦！

再说圣人不仁呢，就更复杂、更敏感了。

第一层意思，圣人是有道行的人，他掌握的、遵循的是大道，是无为而治不言而教的道行。他不需要婆婆妈妈、妇人之仁，更不会在仁的名义下去干扰、去妨碍对于真理的认知，去干扰百姓正常的自然而然的生活。圣人无为而无不为，不言而自教。他的不仁是最大的仁，无情是最大的情：有利于而不是有害于百姓的生活幸福自在。

第二层意思，孔夫子辛辛苦苦地讲仁，是不是讲出了一大堆矫揉造作、假仁假义、条条框框、竞相标榜、互相责备、劳民伤财、口干舌燥呢？还不如少说假大空话，多让老百姓自自然然地过日子呢。

第三层意思，圣人是大人物，大人物做的是修身、齐家、治国、平天下的大事，而不是我爱你、我同情你、我心疼你、我是你亲兄弟姐妹等的感情用事。圣人在办大事的过程中，不是不知道要付出代价，不是不知道要奋斗就有牺牲，死人的事情常常发生，但是如果因此就心慈手软、缠缠绵绵，该出手时不出手，还算什么圣人？只能算是废物。圣人的不仁，方是大仁：这就是不仁者大仁也的解释。

第四层意思，老百姓不能指望天地的怜悯、圣人的怜悯，不能嗷嗷待哺、望穿双眼地指望得到仁爱、得到赏赐、得到温馨、得到援手。老百姓要做好一切准备，艰难困苦，忍辱负重，好自为之，自己帮助自己、自己解放自己、自己发展自己。

不靠天地，不靠圣人，这就是解放自身的开始。

老子的许多言语是教人柔弱（至少是表面上）而不是教人刚强的。然而，经过天地与圣人两个“不仁”的杀戮与洗礼，你客观上会变得成熟些、坚强些。

认真读《老子》的人，虽然未必因了老子而坚强雄壮，却也不会因了老子而柔弱到哪里去。原因在此。

天地不仁与圣人不仁，这两句话是相当残酷的。然而通观老子，他并不凶恶，讲起战争兵法，他颇有仁义之心。那么对他的“残酷”，我称之为智慧的残酷，这与人性恶中的残酷不是一回事。

老子个人未曾做过什么残酷的事，但是他看穿了人性中的丑恶，看穿了仁义道德的无力，看穿了多言只能数穷，不管你讲出多少花朵云霞。他还看出了百姓的没有力量，圣人的没有可能过于仁慈，天地的不闻不问，仁爱有些时候的无济于事。他看出了如黑格尔所说，你想进这间房子，结果只能是进那间不同的房子。他看出了许多美善的幻想都仅仅是一厢情愿。他的智慧有可能冲击了善良，冲击了（对于天地与圣人的）信念，破坏了温馨浪漫。他看出了许多人对于美善的愿望，恰恰在推动着他们做一些缘木求鱼、南辕北辙、徒劳无功、适得其反的蠢事。他看出了多少人把蠢事当作大事、好事、聪明的事、非做不可的事，得意扬扬、热火朝天地做着。他明明知道自取灭亡的人常常自以为是背起了十字架，异想天开的人自以为是在扭转乾坤，好勇斗狠的人自以为是在垂范千古。想着一步登天的人只能是滚入泥沼，也就是如西洋哲学家所讲的：由于某种走入天堂的愿望，而把自己推进地狱。

智慧对于百姓，有时是残酷的。鲁迅的许多文字中表达过这种残酷感，如在《野草・墓碣文》中：

> ……于浩歌狂热之际中寒；于天上看见深渊。于一切眼中看见无所有；于无所希望中得救……
>
> ……有一游魂，化为长蛇，口有毒牙。不以啮人，自啮其身，终以殒颠……

我们知道了一个说法，叫作智慧的痛苦，我们现在又体会到了智慧的严峻与残酷。

真理有时候是严峻和带几分冷酷的。我们可以再举一个更震动的例子：革命导师强调暴力革命的不可避免，这并不是因为导师本人的暴力倾向。导师本人并没有嗜暴施暴的记录，他只是把带有苦味儿的真理告诉人众。明明见到了不仁、见到了暴力、见到了愚蠢，是告诉人们这是不仁、这是暴力、这是愚蠢才算得上仁慈呢，还是隐瞒这一切，用美丽的童谣与儿歌的虚拟，代替对于世界的观察与思考才算仁慈呢？

仁与不仁，全在一心。

有时候貌似不仁实为大仁，但是也要警惕以此为理由而公然否定一切的仁爱、爱心。作为世界观，仁是不够用的。作为人际关系、伦理关系，例如中国人讲的五伦，当然没有爱心不成。

当然，老子的结论与鲁迅、与革命导师根本不同，他的结论要消极得多，他的结论对于自强不息的积极有为的人生观、价值观是一个补充；对于急性病、浮躁与唯意志论，对于假大空与夸夸其谈，则是一个必要的矫治；对于一个社会、一个人的人生全部，却远不够用。

这样的假定根本不存在：我只读过《老子》一本书，只写过《关于老子的手下》这一本书，或者是读者只可能读这样一本书。所有关于只有一本书或只读这一本书的设想，从而引起的担忧、反感、辩驳的冲动，都是无的放矢。

这里还有一个问题值得讨论。此前，老子一直讲的是道，这一处讲到了天地，大道比天地抽象也笼统得多。天地，是道的硬件，我想是这样。天地是硬件，才要强调它的非意志、非仁爱性，它的生活性，它的自然性。老子的道有两方面的含义：从硬件上说是自然，是天地，是惚恍与混沌；从软件上说是道理，是法则，是规律，是程序，是定义，是本质与概念之神、概念之王。同时，二者都意味着无限大，都具有想象性、模糊性、似或性。

这里还有一个大问题，刍狗的含义重心何在？台湾友人、老子研究专家陈鼓应教授，将之解释为令万物自生自长。这太温柔了，这显然是陈老师的仁厚慈祥之心投射到了老子身上与书上。窃以为，刍狗的核心意义是它们的毁灭或被毁灭的结局。万物都存在着生、起、坏、灭，最后是灭。百姓的个体，最后也是死亡，是坏灭。中国少有哲学家如此郑重而又无情（即不仁）地讨论毁灭的问题。

然而，毁灭或坏灭，存在于时时刻刻，每分每秒。它与生成，与生命、生起，永远紧密相连。没有生命就不会有毁灭，反过来说，没有坏灭也就无所谓生命。如果你的存在只有永生、只有万寿无疆一种状态而没有死亡的结局，那么你的生又有什么比照、证明、彰显与意义呢？没有人死，哪儿来的人生？永生者，活了一万年和没有活过一天有什么区别？一岁与百万岁有什么区别？幸福与不幸又有什么区别？

我始终佩服印度教的教义：宇宙中有三位主神——梵天、毗湿奴和湿婆。梵天是创造万物的始祖，是创造之神；毗湿奴是宇宙的维持者，是保护之神，并能创造和降伏魔鬼；湿婆是毁灭之神，有说是第三位的主神，也有说祂（她）才是最大、最重要的主神。祂是世界的破坏者，以男性生殖器为象征，变幻莫测。这最后的描述颇有些幽默，却原来幽默也是通向真理的一个路径，哪怕是排在最后的一个小路曲径，所以说“曲径通幽”。幽，是幽深，是幽雅，是幽暗，是幽灵也是幽默。完全没有幽默感的人表现了自身的心智不完全、人格不完全，当然不能很好地去接受真理、发现真理、解悟真理。

生成与毁灭，生起与坏灭，都是天地与圣人的应有之义，都是大道的体现。万物可以成为刍狗，人众（百姓中的一个个个体）可以成为刍狗，不必哭天抢地。而大道永存，虚而不屈，动而愈出。这使我们在被泼了一通冷水之后感到了安慰与澄明、从容与踏实。

把天地比喻成橐籥，别开生面。这是形象思维，也是生拉硬拽。老子惊异于风箱中吗？也没有，却鼓出了无尽的大风，使炉火熊熊，使温度升高，使烂铁成钢、成器。他从中悟出了无的伟力。其实橐籥那里不是无，而是空气大大地有。老子那时候还没有对于空气的认知。

古人将天地做各式比喻，多半是比喻成房屋、帐篷。如苏轼的词：

> 醉醒醒醉，凭君会取这滋味，浓斟琥珀香浮蚁。一到愁肠，别有阳春意。须将幕席为天地，歌前起舞花前睡。从他落魄陶陶里。犹胜醒醒，惹得闲憔悴。

苏轼的天地里充满了春意、酒意、睡意、才子意。他是无中自有千番愁、千番醉。

而《敕勒歌》里则是这样唱的：

敕勒川，阴山下。
天似穹庐，笼盖四野。
天苍苍，野茫茫，
风吹草低见牛羊。

这是讲无的背景下的有，由于无的背景，才有如许苍茫。

著名的“张打油”则吟咏大雪后的天地说：

天地一笼统，井上黑窟窿。
黄狗身上白，白狗身上肿。

天地一笼统云云，倒有点不小心撞到老子身上的味道。笼统接近于混沌，接近于恍兮惚兮，接近于大道了。

至于把天地比作橐籥，只有老子一家。但三首诗（词）里，都有那种“虚而不屈，动而愈出”的味道。呜呼天地，多少人物在你这里生灭，多少故事在你这里始终，多少智慧在你这里光耀，多少歌哭在你这里感动！你当然不会屈、不会不出了，你如果屈了、不出了，还有什么东西能够剩下？

认识真理，尤其是力图靠近终极的真理，仅仅靠逻辑推论，靠实验与演算，靠实证的综合是不够的，也要靠形象思维，靠灵感悟性，靠假想猜测，有时候也或有生拉硬扯。橐籥的比喻是有趣味也有内涵的。虚而不屈，动而愈出，无中生有（虽然空气是原有的，风动却是“愈出”出来的），不终不竭。老子喜欢观察这种相反相成的事例，喜欢琢磨黑中之白、无中之有、败中之胜、弱中之强。他喜欢从反面琢磨道与理。

还有一个细节：在任继愈的《老子绎读》的有关注解中，提到据吴澄解，古代的橐籥是由皮口袋制成的。太棒了，因为至少在新疆，农村铁匠至今仍然用着羊皮口袋做的风箱，我亲眼见过多次。有关老子的知识里，不无生活细节，不无生活气息。

第六章　谷神玄牝

谷神不死，是谓玄牝。玄牝之门，是谓天地根。绵绵若存，用之不勤。

虚下之谷中的神魂，是长存的，是不会死的。它正像那个看不见的、最最深远巨大的子宫、母体、女性生殖器，叫作玄牝。玄牝的门户，就是天地万物产生的总源起。虽然你看不见、摸不着，然而，它或似存在着，而且作用起来、使用起来无尽无竭。

第六章讲的仍然是大道。正像某些宗教对于造物主的讲说：主有九十九个名称，代表主的九十九种美德。大道也有许多名称，谷神——此前没有讲过的一个称呼，便是其中的一个。谷是说它的虚下、不满、不实、不硬、不争、不往上冲、不往上冒。神，是说它的神性、精神性、灵动性、抽象性、隐蔽性和神奇的效验性。

与世界各国各地一样，古人对于生殖器尤其是女性生殖器有一种崇拜，不论多么伟大的生命，都结精或结晶在这里，产生在这里，孕育在这里，准备在这里。它当然具有大道的属性。虚下若谷，绵绵若存，用之不勤（尽）便是它的美德之一斑。中国的生殖崇拜没有变成普及的图腾拜物（少数民族中有类似的图腾），而是成为概念神——道——大道的形象代言者，这很高妙。

在风箱的动而愈出后边，紧接着是玄牝的比喻，天地之根的形容，恐非偶然。动而愈出的说法与玄牝的说法，不无联想与联系，这也很自然。《易经》上讲“阴阳交合，物之方始。阴阳分离，物之方终”，其思路与老子之说相近。研究哲学乃至神学的人，无不重视对于性、对于男女之事、对于人的生命起始的观察与思考，并从中得到启示。天地根的说法甚至可以使人想起阳性生殖器，这可能并非妄言。这也是道不可与生活分离的例证。

通过这最简短的一章，老子表达了他对于生命的赞美，对于母性阴性的赞美，对于道的赞美。《周易》曰：“天地之大德曰生。”显然，老子接受了《周易》的这个观点。《周易》不愧是中华文明之源。

第七章　无私成私

> 天长地久。天地所以能长且久者，以其不自生，故能长生。
>
> 是以圣人后其身而身先，外其身而身存。非以其无私邪？故能成其私。

说是天长地久，为什么天能长地能久呢？因为天与地都并不在意自己的存在，不认为自己属于自己所有，不为自身做任何事情。不关心自己的生存，就能生存长久了。不那么全神贯注于自身的生存，反而能长久地生存了。

圣人后退不争先，反而能走到前边。把自身置之度外，反而能保护自己（与自己的权益）的存在。不认为自己能够得到什么，反而能确实有所得到。有道行的人是不为自己的私利打算的，所以能成就他自身的私利。

不同的境界对此会有不同的解读。第七章的中心是无己无私。你可以仅仅将无私作为手段，作为形象工程，以无私为表象，以成私为目的。然而，狐狸的尾巴是难以久远藏住的，你伪装的结果可能是一时的得计与渐渐败露、最终失败。

而如果你有足够的境界，足够的理念、胸怀与信心，那么成不成其私根本不是需要你计较的问题，你总是有更高明一层的思想与关怀，你总是有更深远一层的见识与思考，你总是有更前瞻一步的规划与希望，你总是有更优越的见识、风度与成就。至于你的个人私利，即使你还做不到百分之百地置之度外，也完全能做到一笑置之，听其自然，无可无不可，而把精神头脑用在真正的事业、真正的大道的追求上。

老子有什么“私”可资夸耀？当了几年图书管理员，骑着青牛出了函谷关，成为鲁迅《故事新编》中不无滑稽的角色之一。但是他的《老子》又名《道德经》一书流传千古，他还有什么私，欲成而未成呢？

老子的这一段话可以视为忠言。他的话的反面解释便是，如果你太在意自身，如果你一心自我经营，如果你老是往前抢，锱铢必较，反而你什么也得不到。有时，你越是经营自身，完蛋得就越快。你的私心越重，越是时时事事为自身着想，越是成为笑柄，暴露丑态，也就越是什么都做不成。

这一段话是最好懂、最不奥妙却也是最难做到的。熙熙攘攘，大千世界，各种蝇营狗苟的事我们看得还少吗？跑官的，跑财的，跑关系的，炒作不已的，洋相百出的，辛辛苦苦的，徒劳无功的，轻举妄动的，用东北话来说嘚嘚瑟瑟的，适得其反的，我们还见得少吗？还需要举例子吗？

连一个体育比赛、一个运动游戏也是如此，如果你竞争的私心发展到吃兴奋剂的程度，下场会如何呢？如果你私心杂念过重，那么你在比赛中必定失常，必然输掉。相反，如果你目光高远，心态平衡，才是最佳状态。

有心栽花花不开，无心插柳柳成荫，原因就在于，太有意、在意、刻意、经意为己营私，跑闹叫跳，私心就变成杂念，动作就会变形，言语就会走板，态度就会失常，发挥就会受损，见解就会偏执，心态就会不安，你会变得唠叨、狭隘、神神经经、咋咋呼呼、鼠目寸光、小肚鸡肠、小人长戚戚、鬼鬼祟祟、气呼呼、恶狠狠……最后只能是孤家寡人，贻笑大方，一事无成，留下笑柄。

本章无私故能成其私，也可以歪批《道德经》，作一个调侃解。老子本来无私，他强调的是无私才有可能成就一二事情，才能不像一些蠢材那样一事无成。这样，他的无私，便成了他的有私的证据，据此可以罗织出老子最私、最狡猾、最精于算计、过于聪明的罪状。

就以此章为例，老子是从天长地久说起的。天地所以能长且久者，以其不自生，故能长生。他师天法地，告诉人们不要太自我经营、太一心为己、太追求长生。他认为天地之所以能够长久、长生，正因为天地并不为自身打算。他接着劝导世人要向圣人学习，以圣人为榜样，把自己放得靠后一点，放得远一点、边缘一点、靠外一点，所有这些你都忘掉了，只记住了他说了身存身先成其私。

老子讲的是大道，但是他也提到了具有长远眼光的利益选择、利益判断，何者才是长远利益。你读了一遍，大喜。看啊，老子也与我一样为自身打算，考虑私利……你呀你！

读《红楼梦》也有这样读的，读来读去只读到了几句不雅的黄话，乃断定《红楼梦》与他一样黄。

第八章　上善若水

上善若水。水善利万物而不争，处众人之所恶，故几于道。

居善地，心善渊，与善仁，言善信，政善治，事善能，动善时。

夫惟不争，故无尤。

最好的状态是水的状态，最好的品德是水的品德。水善于给万物以好处，却不争取自身的利益。它不拒绝待在别人不愿意待的地方，所以接近大道。

它总是待在最适宜的地方（给自己的定位恰到好处）；它的心胸深远阔大；它的交往和善亲切；它说话诚信可靠；它为政为得良好；做事做得成功；行动符合时宜。

由于它不争夺什么，不与谁发生争执，也就不会有什么过错或被埋怨。

第八章讲的“上善若水”，是一句名言，也是一句美言，它家喻户晓，朗朗上口。一个上，一个善，一个若，又一个水，立刻产生美感，虽然你一时不容易弄清它的含义，然而它确实脍炙人口。这说明含义是重要的，解读是必要的，但不是唯一的。感觉也是同样重要的，直观、审美与声韵，修辞与造句，或者用古人的说法叫炼字与炼句，也同样可能给人以愉悦与启示。

水本身给人的印象极好。它有利于万物，为生命所不可或缺。

它滋润万物，提供生机，提供生长，提供灵动。它晶莹干净，为一切洗涤清洁所必需。它流动适应，充满生机动感。它映射天空大地，自己却无色透明。它容纳一切，对万物一视同仁。它构成风景，美丽纯洁……上善若水，这样美丽的精彩绝伦的话语，真不知道老子是怎么想出来的。

上善为什么若水？若水的什么？怎么个若水法？怎么样学习它的那个若水法？老子都没有细讲，仅四个字，给了你想象与解读的空间。这也是老子俭啬主张之体现吧，无声胜有声，少言胜多言。

同时他讲了居善地：就是说水能够很好地给自己定位，不往上跑，而是往低处走，叫作人往下走，眼睛向下。心善渊：水有广阔的心胸，有很好的容受性，有容乃大，切莫狭隘封闭，鼠肚鸡肠。与善仁：就是说做到与人为善而不是与人为恶，不是一脑门子官司，老看着旁人欠他一百吊钱。水滋润万物，而不毁坏什么。当然有破坏性的水害，但是那种水害的能量来自外力——风力、月球的吸引力、由于过分蓄积而造成的势能等，并不是水要害人。言善信：说的是水说到做到，从声响到流到，并无虚夸，从不欺世盗名。政（正）善治：水能满足干渴，满足群体的需要，能推动水车，能做到一些需要它做的东西，它有自己的规律和章法，有自己的稳定性、规律性与可持续性。这样为政，就不会扰民害民，就不会忽左忽右，强横霸道。事善能：水有水的多方面的能力、能量，冲流，浮载，灌溉，洗涤，溶解，调节，等等，从不失职。动善时：到了一定的高度、受到了一定的推动或者吸引，该启动就启动，不会轻举妄动，也不会麻木不仁。这里的关键是它给自己的定位从低，它不争夺竞争，它从不自出心裁，它永无过失。

这样解释完了仍觉未能尽意。还是引用一些歌颂水的美景美德的诗句与名言吧：

> 子在川上曰，逝者如斯夫，不舍昼夜。（《论语·子罕》）
> 知者乐水，仁者乐山。（《论语·雍也》）

水的流动是时间的形象代言，水的流动是智慧的象征。水在告诉我们一些更大、更根本的东西。愿我们的知性永远像水一样灵动清明，永不干涸。

沧浪之水清兮，可以濯我缨。沧浪之水浊兮，可以濯我足。（屈原）

清而不矜，浊而不恶，掬之可用，源源不绝。

问渠哪得清如许，为有源头活水来。（朱熹）

道就是最大的源头活水！道永远清如许！

君不见黄河之水天上来，奔流到海不复回。（李白）
无边落木萧萧下，不尽长江滚滚来。（杜甫）
金涛澎湃，掀起万丈狂澜，浊流宛转，结成九曲连环。（光未然）
桃花流水窅然去，别有天地非人间。（李白）
月光如水照缁衣。（鲁迅）

上善若水，月光如水。上善可如月光？清幽明澈，润泽大地，而且有一种柔性。所以是：

随风潜入夜，润物细无声。（杜甫）
风乍起，吹皱一池春水。（冯延巳）

与“春江水暖鸭先知”（苏轼）一道，告诉我们，水最知春、乐生，有大愉悦焉！

流水落花春去也，天上人间。（李煜）

水也惜春。春亦惜水乎？

……这些言说，都比逐字逐句的解释更好，这也是“道可道，非常道”的证明。上善若水者，常道也，非可尽道也，保持对于水的诗性感觉比详加解说更善、更若水。

从这一章里我们还可以得到一个启发，老子在第二章里已经对美呀，善呀提出了质疑，但是此章里讲了那么多“善”字。可见，善的价值老子仍然是承认的，不论作善良、和善、善心、善意讲，还是作以为然——称善讲，或者作善于、善为、善舞、善贾讲即作为副词讲，或者作擅长讲，都是一种正面的价值标准。

第九章　功遂身退

持而盈之，不如其已；揣而锐之，不可长保；金玉满堂，莫之能守；富贵而骄，自遗其咎。

功遂身退，天之道也。

抱在怀里，满满当当？不如就此罢休、放下。锋芒毕露，尖锐刺人？不可能长久保持锐利的。金玉满堂，光芒四射？你守护得住吗（总要慢慢地走失嘛）？财大气粗，由于富贵荣华而傲气冲天，你这是自找毛病，自找倒霉。

事情做成了，成功了，也就该急流勇退了，这才合乎天道呀。

第九章的中心是讲物极必反，毋为已甚，急流勇退，见好就收。这样的道理在我国已经成为常识，说法很多，做到的却很少很少。

这一章应该说是最少争议的。传说孔子撰述的《尚书》中已经提出了“满招损，谦受益”的济世良言。直至社会主义的中国，毛泽东讲“谦虚使人进步，骄傲使人落后”。孔子、孟子都用水作正面的形象说事。而盈、锐、满、骄，也不见有人不承认它们是四害。

《红楼梦》里秦可卿临死前托梦王熙凤，就讲了这样一番道理：

常言“月满则亏，水满则溢”，又道是“登高必跌重”。

如今我们家赫赫扬扬，已将百载，一日倘或乐极悲生，若应了那句“树倒猢狲散”的俗语，岂不虚称了一世的诗书旧族了！

又说：

否极泰来，荣辱自古周而复始，岂人力能可保常的？

早在老子的时代，春秋后期或者战国早期，老子已经看够了多少盈、锐、满、骄的个人或者势力，包括政权“其兴也勃焉，其亡也忽焉”，就是说一个王朝有时起得也快，垮得也快。而垮的原因，恰恰就埋伏在它起时、兴盛时、看好时的盈、锐、满、骄之中。

《史记》里记述了太多的盈、锐、满、骄直至灭亡的故事。众所周知的项羽、韩信不说了，《范雎蔡泽列传》中的蔡泽，司马迁其实没有怎么写他的丰功伟绩，而是专门写了一段他怎样说服范雎功遂身退。蔡泽是这样说的：

今主之亲忠臣不忘旧故不若孝公、悼王、句践，而君之功绩爱信亲幸又不若商君、吴起、大夫种，然而君之禄位贵盛，私家之富过于三子，而身不退者，恐患之甚于三子，窃为君危之。语曰“日中则移，月满则亏”。物盛则衰，天地之常数也。进退盈缩，与时变化，圣人之常道也。……今君之怨已雠而德已报，意欲至矣，而无变计，窃为君不取也。

多么有趣，日中则移，月盈则亏，水满则溢，虽然具体说法略有不同，其基本精神却是从谋臣蔡泽到老子，再到清代小说《红楼梦》中宁国府的美人秦可卿少奶奶的共识。而功遂身退，或者用一个更加通俗的说法叫作急流勇退，更是为人所称道。苏轼有《赠善相程杰》诗曰：

火色上腾虽有数，急流勇退岂无人。

不退，老在火上腾腾腾，好吗？

而明朝冯梦龙在《警世通言》卷三十一中的说法是：

官人宜急流勇退，为山林娱老之计。

著名的单弦牌子曲《风雨归舟》就是专门写“卸职入深山，闷来时抚琴饮酒”之乐的。都爱听，都不爱这样做。

那么许多人为什么有此认识却无此行动，即做不到急流勇退，直至自取灭亡呢？蔡泽也有个说法：

且夫翠、鹄、犀、象，其处势非不远死也，而所以死者，惑于饵也。苏秦、智伯之智，非不足以辟辱远死也，而所以死者，惑于贪利不止也。是以圣人制礼节欲，取于民有度，使之以时，用之有止，故志不溢，行不骄，常与道俱而不失，故天下承而不绝。昔者齐桓公九合诸侯，一匡天下……吴王夫差兵无敌于天下……遂以杀身亡国……此皆乘至盛而不返道理，不居卑退处俭约之患也。

他讲得好，是贪欲和诱饵使人类或鸟类退不下来，是至盛的处境使人热昏，拒绝退下。蔡泽的论述洋洋洒洒，旁征博引，高屋建瓴，后边还举了商鞅、白起、吴起、大夫种的例子，都是该退不退，终至杀身之祸。其实这更像是司马迁的议论——借题发挥，而不大可能完全是蔡泽的原话。

《史记》通过蔡泽之口，从理论上论道：

易曰“亢龙有悔”，此言上而不能下，信而不能诎，往而不能自返者也。

原来这里已经提出了“能上能下”的富有当代性的命题。而蔡泽整个的“上而能下、信而能诎、往而能返”的主张，颇似来自老子的真传。

当然客观分析起来，当退不退的原因也与体制有关，与选择的可能性是否存在有关，并与人的结构素质有关。一个人如果除了一种职业、一种身份、一种语言以外，其他什么都不懂，他还能退个什么劲呢？我就听到一位参加革命多年的老朋友退休（离休）前的讲话，他说，他自少年时代参加革命，从来没有离开过革命的队伍呀……他已经声泪俱下了。

或有学者讨论，功遂而身退中的“退”字，并不意味着退休、退出，而叫作避位而去，而是指的敛藏、不张扬膨胀。这样的解释虽然灵活，却可能为恋栈者留下了借口。什么叫身退，一般人都掰扯得分明，不再深入讨论，不受学问的迷惑也许更好。

这里还有一个说法，叫作功遂身退是天道。这也可以用蔡泽的话来说明，日中则移，月满则亏，都是天象天道。类似的事例多了去了：夏尽秋来，夜长破晓，斗转星移，阴晴寒暑，无不一一向着对立的方面转化。呜呼，天若有情天亦老，人间正道是沧桑！纵使千年铁门槛，终须一个土馒头！退步抽身的道理讲了几千年，又有几个做到了呢？

同时，世界上的道理、大道并非只有一个方面，只有一种言说表述的方式，并非没有悖论至少是与之相反相成、互悖互补的论存在，就是说也有堂堂正正的“反身退”的道理：其中一个说法就是“鞠躬尽瘁，死而后已”，自有其感人处。虽然感人，却未必明智。你是死而后了，尽了瘁了与“已”了，事业呢？国家呢？百姓呢？对他们是有好处还是没有好处呢？

第十章　如婴儿乎

载营魄抱一，能无离乎？专气致柔，能如婴儿乎？涤除玄览，能无疵乎？爱民治国，能无为乎？天门开阖，能为雌乎？明白四达，能无知乎？

（生之畜之。生而不有，为而不恃，长而不宰，是谓玄德。）

你的灵魂，你的精神，能不能永远与大道在一起而不分离、不撒手呢？你集中自己的注意力，使自身温柔和善，能不能像一个婴儿那样呢？你经常洗涤你的头脑与心胸，能不能做到干干净净、无瑕无疵呢？你又爱百姓又要治理好国家，你做得到不矫揉造作、不苛刻烦琐、不主观武断、不强迫命令，而是无为而治，听其自然吗？你的各种器官运转开阖，你的所思所感起起伏伏，你能不能做得到平静、沉着、从容呢？你既然那样明白事理、信息通达，能不能少用或不用什么智谋，而自自然然地做事、为政、做人呢？

（“生而不有……是谓玄德”句，与第五十一章结语重复，依陈鼓应转依马叙伦说，将之移至第五十一章再论。）

第十章全部是用提问的方式来展开自己的论述的。这里带有一种不确定性与呼吁性、祈使性。这是一种理念，这是一个高标准，这是一个请求。这是如美国黑人领袖马丁·路德·金的说法：“我有一个梦。”能做得到吗？能不能做到呢？你为什么不这样努力呢？何不更符合大道一点，更大气和雍容一点呢？

抱着唯一的大道，不离不弃这样的大道，坚守这样的大道，忍受得住各种眼皮子底下利益的诱惑与宵小的骚扰，经受得了历史与人生的种种试炼，这是第一位的要求与忠告。这就是说，任你千变万化，我有一定之规，这就是静气、定力、涵养、明辨，这是修身做人的大功夫。

致柔与守雌为雌，含义接近。这与西方世界对于绅士的理解也是一致的。绅士 gentleman，意译是文雅的（男）人，硬译则是轻柔的人。我在二十世纪八十年代接触一些欧洲的绅士的时候，他们给我的最深、最强烈的印象，是他们细声细气，有时候像是低声下气，与中国人的大丈夫的豪气不同，与许多美国中西部的农家子弟也不同。你查《牛津英汉词典》，它对 gentle 一词的解释是和善的、友善的、温柔的与轻轻的。这与老子的要求一致，然而英语中的 gentle 的含义在于文明礼貌举止，老子的出发点则深广得多，那是在于大道，在于哲学，在于做人和行政以及做一切事。

如婴儿的含义还有待进一步考量。人这么老大了，一大把年纪了，还细细柔柔的像是个婴儿，婴儿纯洁，婴儿无心，婴儿是弱者弱势，婴儿是毫无侵略性、扩张性的，婴儿不争、不计较、不吹嘘、不炒作、不经营、不假大空与假冒伪劣。原来老子认为，在人的成长过程中，在人的学习与积累经验的过程中，失去了许多原生的优秀与自然而然的符合大道的东西。这倒像是我在半个多世纪前写的《组织部来了个年轻人》中的表述，一个人“经验要丰富，心地要单纯”。这带点乌托邦，是婴儿兼大道的乌托邦。

涤除玄览（鉴），这使人立即想起孔子的“三省吾身”，想起道家与佛家的静坐、打坐，想起气功，想起所谓的“闭门思过”，想起“心似平原走马，易放难收”的教导，也想起基督教的忏悔、洗礼，甚至也想起弗洛伊德式的心理治疗。心灵深处像是一面大镜子——玄鉴，各种的影像、有害信息与四面八方的灰尘都会使之不那么清明，不那么灵敏，不那么公正。你的镜子可能变脏，变得不平，变成哈哈镜，更可能变得越来越模糊和不准确。

这里有一点心功的意思了。如果不夸张使之练功化、功夫化、走火入魔化的话，这种自我的心理清洁，倒是一个有益于身心的功课。我希望每个人每周至少有一次，练练心功，涤除一下玄鉴，清洗一下贪欲、烦恼、杂念、恶念、焦虑、紧张，这可以通过静坐、通过太极（拳或剑）、通过书画音乐来进行，也不妨通过重读《老子》来完成。

这里有一个问题，电脑的数据库有存储与记忆的功能，也必须有删除、备份、压缩与再彻底删除直至重新格式化的功能。如果电脑的功能是只进不出，数据早晚会因存储过多而完蛋。何况还会有电脑病毒，如果不经常进行杀毒软件的升级与对于各种病毒的扫描清除，电脑也会被病毒击败作废。人心何尝不如此！对人心进行适当的清泄、洗涤、扫描与删除，是必不可少的。

例如，一个人是记仇清晰、眼里不掺沙子、睚眦必报好，还是不计小过、有“完”有“了”、对旧账宜粗不宜细好呢？睚眦必报，语出《史记》对于韩信的描写。韩信的下场不能不说明，睚眦必报是一个不恰当的选择。

爱国治民，应该无为，这是针对统治者说的。春秋战国时代，诸侯君王争雄称霸，励精图治，富国强兵，变法求效，合纵连横，是有一番作为的。但同时急于求成、急功近利、好大喜功、扰民害民、阴差阳错的事儿也确实不少。老子总结了这些行政上的经验，提出了无为而治的理念，应该说是很具有突破性的。它使人耳目一新，而且老子的这些想法里无疑有反对苛政暴政、运动百姓、瞎指挥的含义。

对于今天的人众来说，也许我们应该问：升官发财、追名逐利、欲望获得、奖项彩头、排名先后、酒色财气，能无为乎？能自制乎？能知止乎（儒学也讲知止而后有定啊）？能做一个脱离了、至少是减少了好些低级趣味的人乎？少一点低级就多一点高雅，少一点野蛮就多一点文明，少一点为私利的活动就多一点学问和成就。事情就是这样。

天门，从陈鼓应教授说可释为感官。人的各种感觉神经系统每日每时都受到外界的刺激，都不停止地运动与反应，但同时我们应该有个主心骨，有个承受力，有个自我调节和平衡的能力与机制。尤其在一个竞争激烈、节奏加快、变动幅度越来越大的时代，能够使自己处于一种相对虚静的状态，是值得努力的。

天门，也不妨解释为环境，即外界的各种机关、耳目、门户、窗口，外界对于你的观察、评价、反应。我们说的隔墙有耳，我们说的天知、地知，都含有这样的意思，同样也可以说得通。

有一种说法，是说现在许多事情还不完善，还有待于争取与奋斗，如果现在就提倡虚静、平和、中庸，那就是妄想拉住历史的脚步，不利于实现时代的使命。我想这是一种误解，精神状态尤其是自我修养的问题，与一个人的历史任务、作为与奋斗，这不是一个平台上的概念。毋宁说，一个境界与修养上比较沉得住气、比较从容，总冷静自如的人，才有可能面对与正确处理现实的复杂的难题、尖锐的挑战、繁重的任务，乃至严峻的斗争。只有用冷静应答火热，用平和应答激烈，用从容应答急切，用稳重应答煽情，才有可能做一些有用处、有作为的事。如果由于时代的浮躁我们自己便都越加浮躁起来，如果由于别人急赤白脸你也火冒三丈起来，如果由于遇事紧急你也惊慌失措起来，如果由于问题严重你也愁眉苦脸起来，事情还有什么希望呢？只能是情绪化、冲动化、一筹莫展化，乱喊乱叫，盲动胡闹，胡搅蛮缠……把各种事务搞得更糟。

至于不用智谋、少用智谋的问题，我们民族的智者早已懂得大智若愚的道理，懂得“邦有道则智，邦无道则愚”的道理。智谋如同财产，你有一百万，平常情况下，需要流水进出的，不过是一小部分。不是说有了百万家产，一进超市就必须全部花掉。你有一定的权力，也不是说你一天就要运用掉权力的全部。你有许多武器，并非一出手就要把十八般兵器全部用上。毋宁说，你用出来的手段越少就越好。一句话能解决的不必说两句话。一比画就能解决的不必动真格。两毛钱买得到的东西何必花十块钱？

一个鸡蛋就够用的蛋白质需求不必吃二斤鸡蛋。这本来就是常识。

然而老子看多了人们的智谋滥用，与兵力滥用、资源滥用、人力滥用、时间滥用一样都是不可取的，都是属于自掘坟墓、自找苦吃的行为。过度的滥用只能降低诚信，减少公信力，引起不必要的警惕，事倍功半，累死自己，气死自己。

我就见过这样的人，一个弼马温的身份，一个暴发户的来历，已经足以使之如醉如狂，神经大发，话痨、会痨、辩痨、权痨，三魂出窍，七魄生烟，遇事一肚子气，个个欠他一百吊银子，越是拔份儿越是顿足恨自己没有更高的地位、金钱与权力，怎么摆怎么不合适。这真是难得的反面教材呀！

老子的主张：抱一（稳定）、致柔（谦和）、涤除（纯净）、爱民、治国、无为（善治）、为雌（平静）、明白、无知，这是针对特定病症的一剂良药。应该说这服药剂，偏重于清泄，去虚火积食。它有一定效力，但并非包治百病。对于虚寒之症、垂危之症，还要有补剂。对于抑郁之症，还要吃一点兴奋剂。

第十一章　无之为用

三十辐共一毂，当其无，有车之用。埏埴以为器，当其无，有器之用。凿户牖以为室，当其无，有室之用。

故有之以为利，无之以为用。

三十根辐条构建成一个轮子，轴瓦与车轴之间是留有空隙的。有了空隙，轮子才能转动，车辆才有车辆的用处。和泥炮制做成器具，由于器具有自己的空无（空间），才能使用。开门凿窗做成房舍（疑指洞穴、窑洞式的房舍，否则不应该说开凿而应该说建造），由于室内并无堆积占据，门窗都是留下了空隙的，才能当作房舍来使用。

这就是说，万物万事，有了有，才有了依凭，有了方位，有了握持的便利。同时，因为预留了空间、预留了缝隙，留下了不确定性、留下了余地，就是说预留了空无，它才有发挥、使用、运用、发展的可能。

第十一章开始谈有与无的关系。《老子》的第一章讲了道，并马上讲到了有与无。第二章讲了道高于价值。第三章讲了道的虚无与永恒。第四章讲了道的品格。第五章讲了道的下载即道的硬件天地与师法天地的圣人。第六章讲了道的另一个名称：谷神，而它的功能与玄牝相似。第七章再讲天地与如何法天地。第八章再讲道的另一个形象与品质：上善若水。第九章讲到盈、锐、满、骄等的背道而驰、功遂身退的天道。这是《老子》中首次出现天道的词儿，是把道与天联系起来，如同讲计算机主机的运算程序。道是计算机的原理、基本程序、动力与启动，而“天”是主机。至于盈、锐、满、骄则是破坏计算机软硬件的四大自毁程序或原生、次生病毒。第十章讲人应该怎么样去得道、修道、行道，讲的是道与人。

第十一章讲的则是有与无，这是道的原理方面的核心。犹如计算机运算的基本符号：1与0。尤其是关于“无”即“0”的伟大作用的论述，是老子的一大发现。万物万事都必须留有空间，留有余地，留有不确定性，留有未完成性，留有空白，也就是留下无。房子的构建靠地基、墙壁、屋顶、门窗。房子的使用价值则很大程度上取决于使用面积或体积，也就是取决于它的空间即无的体积、面积。轮子的运转需要空隙、器物的盛装需要容量，容量也是空间——无，而不是实物。

中国人绘画讲究留白，作文要求含蓄，读文不但要读字与行，即“有”的部分，还要读字里行间，即“无”的部分。政策不但要看它规定了什么、管住了什么，更要看它留下了多大的发挥个人与集团积极性的空间，有哪些东西它是不限制、不禁止的。市场经济之一般优于计划经济，是因为它留下了更多的“无”，靠价值规律、靠“无形的手”去掌握而不是靠行政意志与计划。

一个会说话、会做事的人，人们不仅观察他或她说了什么、做了什么，还要研究他或她没有说什么、没有做什么。二十世纪五十年代宋庆龄副主席访问印度，尼赫鲁总理致辞说：“夫人，许多年来我们注意着您说了什么，做了什么，没有说什么，没有做什么……”这话讲得实在是妙极了。

有时候我觉得无是最高境界的有，是最最美妙的有，是得其神韵的有。一个人没有最高的头衔，例如孔子，却实际上起着万世师表的作用，不是更伟大吗？设想一下，如果孔子当了鲁国的宰相，如果孔子有过商鞅、吴起、李斯、管仲、苏秦、张仪式的职位与辛劳，他还能有今天的地位吗？有了实际事物的充实与疲劳，有了现实主义的妥协与因应，你将失去多少理想主义的美丽？！再如邓小平，他的无最高头衔身份，正是他对自身的威信、权力、经验、魄力、把握性与正确性的最高级的自信的结果与表现。而越是一个没有把握、没有足够货色和“活儿”的人，越是计较自己的名位，离了名位一天都不能活，这样的例子还少吗？

为什么我们评价一个人，宁愿等到他身后，等到盖棺之后再来论定？这也是因为无，要求无：他已经不在人间，评价中更少利益考量，更少顾虑畏惧，也更少意气偏见。没有现实的非正常因素干扰你，你的评价更接近真实可信了，更站得住脚了。

老子对于无的阐述教给了我们考虑问题的减法，即无了至少是少了私心杂念，才有澄明清晰。无了意气用事，才有客观公正。无了鸡毛蒜皮，才有正经成就。无了啰啰唆唆，才有见识境界。无了、少了蝇营狗苟，才有真正的人物。无了怨天尤人，才有勇猛精进。无了卑躬屈膝，才有堂堂正正。

而那些卑微，那些低下，那些愚蠢，那些笑柄，那些倒行逆施，不恰恰是一心占有，一心争夺，一味计较，一味抠搜的“有”个没完的结果吗？他们的恶言恶行，与其说是由于少了什么、无了什么，不如说是，恰恰是有了太多不该有的神经兮兮、吹牛冒泡、私欲膨胀，患了多动症吗？

让我们想想那些以“无”造的词吧：无量，无限，无界，无私，无欲，无畏，无疑，无惊，无虑，无愧，无悔，无求，无尤，无（挂）碍，无尽，无等觉（佛教名词，韩国光州的无等山即因此而命名）等。这些词都有正面的含义和耐人寻味的内涵。另外如无常，无定，无知，无缘，无味，无觉……则虽有中性或负面意思与某种宿命感，却仍然给人哲理玄思的启示。

无，常常是有的前提。有，也常常是无的后续结果或者无的变形。有备无患，有恃无恐。有心栽花花不开，无心插柳柳成荫。战无不胜，天下无敌，无懈可击，无所不在，无所不能，永垂不朽，万无一失。忍无可忍，是可忍孰不可忍？邦有道则智，邦无道则愚；其智可及也，其愚不可及也。这最后的两句话是孔子说的，他说："宁武子这人，国家太平时，就聪明；国家混乱时，就愚笨。他的聪明可以学得来，他的愚笨别人学不来。"有的译成：国家混乱了他就装糊涂。我以为不一定是装糊涂，装糊涂成了表演艺术。问题是一个人具有合乎大道的本性，邦一无道，他还真的傻了，一条见解也说不清楚，一点策略也搞不出来，既没有灵气，也没有高招，这种本能、本性地合于大道是连孔子也学不到的。

从上述的这些成语、熟语中，我们可以探讨出许多"有之以为利，无之以为用"的道理。

再说，无了以阶级斗争为纲，才有以经济建设为中心。无了教条崇拜，才有与时俱进。无了虎狼之心，才有了心存善良。无了患得患失，才有了宠辱无惊。无了愚昧迷信，才有了科学理性。无了自吹自擂，才有了实事求是。无了惊惧焦虑，才有了心理健康。有所不为，也就是无为的起码条件，才有了格调与尊严；而无所不为，什么都干，我们说的要什么有什么，就很可悲了。

我早就体会到了什么叫好人、什么叫坏人。好人就是有所不为的人，坏人就是无所不为的人。有所不为的人比无所不为的人少一点装备武器，坏人造谣，好人不能造谣。坏人整天打小报告，好人不能也去打这种类型的报告。坏人招多、招奇、招狠、招毒，而好人只有一个武器：大道。最后还是好人取胜的机会多。如老子此后所说，"天道无亲，常与善人"。

第十二章　五色目盲

五色令人目盲；五音令人耳聋；五味令人口爽；驰骋畋猎，令人心发狂；难得之货，令人行妨。

是以圣人为腹不为目，故去彼取此。

五颜六色的刺激令人眼花缭乱，它是伤目的。无奇不有的声响叫人耳聋，它是伤耳——听觉的。山珍海味，吃得人上火逆呕，它是伤口腔与肠胃的。游戏、娱乐、骑马、射猎叫人兴奋如狂，难以自控，它是伤心（精神与专注）的。珍宝豪华，奢侈商品，诱惑你去做出不良的乃至违法的罪过，它是坏事的。

所以有道行的人考虑的是自己的内在实际需要，而不是无限地对于身外之物的贪欲渴求。

每当读到这一段话，都难以相信这是两千五六百年前的文字，它太适宜于如今的消费主义、高科技时代、全球化时代、生产力如脱缰的马一样地迅猛冲向前的时代了。高度的发展与设施使人们失去了大自然，失去了地气、阳光与风，失却了对于季节与天象变幻的感觉。精美的食物弱化着消化能力，剥夺着天然的味道，制造了越来越多的高血压、糖尿病、脂肪肝与肥胖症。而各种有害信息，导致犯罪的诱惑，也正使当今有识之士担忧而且痛苦。当然还有老子所无法预料到的其他难题：环境、能源、武器、外层空间的争夺……在欢呼人类文明的巨大进展、欢呼人们的生存与享受达到了前所未有的高度与改善的可能的时候，我们不能不清醒地反思我们在造什么孽，我们的发展究竟是在提高人们的生活质量与文明程度还是相反？

老子的这一段话具有济世危言、救世危言、警世危言、骇世危言的性质。是时候了，该对消费主义、欲望驱动、非科学的发展主义、敛财主义、金钱至上、以富为价值标准的各种疯狂与哄闹做一个清理与检讨了。

当然，老子的那个时候，生产的发展、生活消费品的供应与占有是远远不能与现在相比的，但是当时的那些王公贵族、名将名相、富商大贾的骄奢淫逸，想来也已经非常突出。什么酒池肉林，什么动辄赏赐千金，都够刺激的。

这里同时有一个问题，从历史上来看，中国的道学（包括儒家与别的家）又有长期地轻视人的基本愿望、基本需求的倾向，有一种残酷地压制人的欲望尤其是男女的性欲望的传统，用各种令人发指的手段与理论使情欲非法化、罪恶化。我们不能不看到，中华民族的多数人口，长期处于饥寒交迫之中，中华民族吃饱了肚子并没有几年。我们的民族在满足自身的基本需要方面，处境实在是太可怜了。

中国历史上存在着另一种情况，统治者骄奢淫逸，却反过来伪善地去要求饥饿、半饥饿状态的民众禁欲和勒紧裤带。把正当的欲望当作罪恶，制造压抑和变态，例如要求女子守节。我们在以“五四”为代表、为发端的启蒙运动中，包括了维护自己的生存权，维护自己的正当欲望，并使之得到满足的诉求，这同样是重要的，对于中国是一大进步，是翻天覆地的变化。

发展生产力，解放对于人的禁锢，满足人民的基本需要、小康需要与进一步殷实的需要，同时注意在发展与欲望的满足过程中产生的新问题、新麻烦，这些东西缺一不可，也不能使之互相对立起来。正如印度“圣雄”甘地的名言：自然能够满足人的需要，却不能满足人的贪欲。能懂得自己的正当需求与贪得无厌的区别，这就有点做人的功夫与底线了。

发展是硬道理，我们着眼于发展，这为的是从整体上来说贫穷落后的中华民族；从个人来说，财富与地位的发展就绝对不是硬道理，不是唯一的，我们更应该关心消费的适可而止，学问与精神境界的精进，道德与人格的完美，对于群体的奉献，对于真理——大道的追求。而五色、五味、驰骋畋猎、难得之货这些感官的享受，确实是不过尔尔，对于奢靡享受范畴的新奇淫巧，确实应该抱清醒警惕与适当批判的态度。

第十三章　宠辱无惊

宠辱若惊，贵大患若身。

何谓宠辱若惊？宠为下，得之若惊，失之若惊，是谓宠辱若惊。

何谓贵大患若身？吾所以有大患者，为吾有身；及吾无身，吾有何患？

故贵以身为天下，若可寄天下；爱以身为天下，若可托天下。

遇到好事或者坏事，受到抬举或者侮辱，人都会很受刺激、很激动。为什么呢？毛病就出在太看重自身上了。

什么叫蒙受到了光荣或者羞耻的刺激呢？争宠、受宠之心本来就不高尚，得到光荣了，一惊一乍；失却光荣了，又是一惊一乍，这就叫宠辱若惊。

那么什么叫大患若身呢？我们之所以有那么多不自在，那么多患得患失，就因为太在意自身。如果没有自身的私利考量，还能有什么不安、烦恼直至歇斯底里？

所以说，如果你能够像在意自身一样地在意天下，如果你能将自身奉献给天下，就可以把天下交给你负责，交给你管了。你要是能够像爱护自身一样地爱护天下，把自爱的心情开阔为爱天下，也就可以将天下委托给你照料了。

第十三章提出了天下、吾身、宠辱、寄托（天下）等范畴，也颇有新意与耐咀嚼之处。

宠辱若惊还是宠辱无惊，这是一个激动人心的话题。

羞恶之心人皆有之，谁能甘于受辱？“士可杀不可辱”，语出《礼记》：“儒有可亲而不可劫也，可近而不可迫也，可杀而不可辱也。”

但同时，宠辱无惊，这已经成为国人的一个精神境界与修炼的指标了。一个叫作刀枪不入，一个叫作宠辱无惊，这就叫作“金刚不坏之身”，这既是武侠的也是士人的理想。

问题要看是什么事，如果是外敌入侵，如果是面对大是大非的考验，那就要讲可杀不可辱了。偏偏在我们内部，在我们的日常生活中，在我们的人际交往特别是社会生活中，每天都有无数的小小的却也是令人困惑的宠辱，有各种身外之物的令人高兴与不高兴、合理与不合理。

对于某些小心眼的人，座位的排列、发言的先后、文字的版面、老板的眼神、一句话的说法、一个小道消息的传来，都会带给你或宠或辱，或惊或怒或狂。

这与我们的生活方式、历史条件与价值观念有关。我们自身的宠辱有时候太多地依赖于外界对你的态度与评价，依赖于一些无聊的细节。而对于外界的态度与评价，你不可能要求它太有准头，人们对它不应该期望过高。在某些历史的过程中，一宠一辱，座上客与阶下囚的距离只有一厘米、一瞬间。祸福吉凶，瞬息万变。有时没等你弄明白，宠就发生了，或者辱就扣下来了。你还是你，而一宠一辱，一誉一毁，相距何止十万八千里？你自己也闹不清楚到底是怎么了。

外人也罢，某个集团势力也罢，社会也罢，世界也罢，对你的反应，往往不是按照你的真实情况而是按照他们的想象与需要，他们对你的想象与他们的需要恰恰一致了，于是铺天盖地之荣之誉会在一个早上自天而降。同样，如果你的表现恰恰不能满足他们的想象与需要，再加上俗人难免的嫉妒啦，谗言啦，以及你不能不正视的个人确有的缺失不足的因素的影响，于是外界对你的反应会瞬间一落千丈，荣极易变为辱，誉极易变为毁。

外界的镜头可能放大，可能缩小，可能变形，可能扭曲。可能是毁誉无定、荣辱无端，也可能是事出有因、查无实据。谁让你自己不可能做到绝对地百分之百地无懈可击呢？如果再一惊一乍，你还活不活了呢？

人们没有太多的办法丝毫不为这一宠一辱或一辱一宠所刺激。

比如我，七十多年的大起大落、众说纷纭、知音误解、恩恩怨怨，想起来足够喝一壶的。我从十几岁读《老子》，特别佩服这个关于宠与辱的论断，关于人之大患在有吾身的论断，恨不得自己能够做到宠辱无惊，能够置吾身于度外，但是做不到。做不到也还要背诵这段言论，越做不到，越对老子的有关论述赞美叹服，向往不已。

我多么希望自己能够做到永远快乐、永远镇定、永远坚强、永远稳如泰山啊。

然而不是的，我会感到晦气，我会感到恐惧，我会感到莫名其妙，我会感到哭笑不得，我会焦虑、失眠、愤愤不平。

人都是喜宠惧辱的、都是求荣避耻的。做不到也罢，知道一个老子，知道一个宠辱无惊，知道有个人之大患在有吾身的说法，好。知道与压根儿不知道这样的理念，是不同的。有一个这样的标杆与完全没有标杆，是不同的。我会想方设法去理解已经发生和仍然可能发生的一切，我会以宠辱无惊作为自己的修养目标、心理调节目标。我会从一惊、大惊转变到少惊，最后终于做到基本无惊，这个过程很少超过四十八小时或七十二小时。我对老子的宠辱无惊的提法十分入迷。做不到也要努力做，努力去接近这样的目标。

积七十年之经验，深知把宠辱若惊说成是由于“大患若身”，理论上很有说服力，实际操作上太难办。这个理论、这个提法过于彻底了，太彻底了反而脱离了生活与实际。人只要活着，就不可能那样彻底。谁能从根本上灭绝了吾身呢？要没有吾身了，岂止是宠辱，吃喝拉撒睡、油盐酱醋茶的问题都不存在了。

身的存在与被关注是一个客观事实，耶稣上十字架之所以感人，因为他的肉身承受了太多的痛苦。江姐之受酷刑而坚贞不屈，也因为有她的肉身的承担格外令人肃然起敬。及无吾身，既没有壮烈也没有苟且，既没有叛徒也没有英雄了。这在活着与没有失却知觉的情况下很难做到。

那么怎么样才能宠辱少惊一点？第一，要把个人得失看得淡一点，及无吾身虽然难以做到，及淡一点吾身，不要死盯着个人，心里装点大事、正事，至少分散一下那点为自己打的算盘，这是不难做到的。这也是人格的一个理想，叫作大大减少自己的那点低级趣味。第二，要有远见，看到宠辱之后还会有转机，有发展变化，三十年河东，三十年河西。第三，要有眼光，要知道宠过分了，会起客观上的辱的效果；而辱过分了，结果只能给你加分。第四，最最主要的要有对自己的信心。这就不是完全的“无吾身”，而是“壮吾神”“悦吾心”。宠辱是外界加给你的，精神境界与精神能力则只决定于自己，它们只属于你。只要自己不垮，谁也无法从精神上摧垮你，除非是肉体消灭，谁也不能把你怎么样。

人们能做的是从长计议与从大处计议。一时的荣辱，事后观察起来也许相当可笑；一时的顺利或挫折，从远处一看也许适为相反。你的滔滔不绝、你的连升三级、你的连连获利，也许正埋伏着偌大的危机险峻，也许正在送你下十八层地狱。至少，你的侥幸得宠（包括老板的宠、群体的宠或媒体的宠），很容易成为他人与历史的笑料。

如老子前面说的，“后其身而身先，外其身而身存”。是那么个意思，虽然做不到绝对百分之百。

至少在不顺利的时候、在受辱的时候，你应该保持沉稳，你应该保持干净。你应该保持自我控制，你完全可能由于成功的自我控制而终于堂堂正正，站稳脚跟。

即使你受到了不公正的对待，你应该有信心战胜宵小，感动他人。你应该有信心铩羽后还会展翅，有所作为。你应该有信心自得其乐，人莫予毒，照样明朗健康、快乐有为。你应该无所求，无欲则刚。老子的观点则是无欲而柔，不骂阵，不叫板，不掰扯，必要时接招玩两下，与辱及毁偶做游戏（切记，只能以游戏视之）——其实最好是恕不奉陪。

对荣与誉，不妨一笑，更好的选择则是及时忘记，忘得越快越好。

如此，也就没有谁能伤害你、侮辱你。

从某种意义上来说，辱其实都是自取其辱。你斤斤计较，你追求利益，你攀龙附凤，你辛辛苦苦，你有所期待，你做梦求签，一旦未成，自有失落、丢人、耻辱之感。而如果你品德高尚，智慧超人，对于看不中的一切根本不放在眼里，就是说你更看不中那些不足挂齿、有心理疾患的宵小……有所不为、不求、不屑、不齿、不嬲；如果你对个人得失只不过微微一笑，眉毛一扬，眼皮一眨，虫虫、虫虫飞，一阵小风无影无踪——又有什么可惊的呢？

还有一种自取其辱，就是由于自己的失言，由于自己的强不知以为知，由于自己的说话、做事留下了空隙，你出了一回洋相。这种情况下，越早明白、越早调适妥善越好。《论语》上讲得何等好啊，子贡曰："君子之过也，如日月之食焉。过也，人皆见之；更也，人皆仰之。"过错为众人所见，改正为众人所景仰。

在有些问题上，儒家与道家殊途而同归，同归于中华文化这棵大树、老树上。

说到底最能伤害自己的正是自己的那个宠辱若惊，那个大患在身。你硬是无惊了、豁达了、不放到眼里了，宵小们也就没戏了。他们能够做到的不过是贻笑大方。

因宠而惊就更是幼稚与浅薄。惊了就不得体，惊了就发高烧，惊了就降低智商，惊了就少了冷静、周密、精确与气度，惊了就得罪人，就坏事，就往反面走。

把爱身提升到、扩展到爱天下，这是中国式的思维方法。修身、齐家、治国、平天下，从来就是联系到一起的。叫作推己及人，叫作民胞物与，叫作提升精神，叫作开阔心胸。

这一段反映了老子思想的灵活性与回旋性。他一上来已经讲了："吾所以有大患者，为吾有身；及吾无身，吾有何患？"他似是在提倡不要有吾身，吾身乃是各种患得患失的根源。但最后，他却归结为"贵以身为天下，若可寄天下；爱以身为天下，若可托天下"。那么就不是及无吾身，而是怎样去扩大身的内涵，统一身与天下，以天下为己任，以天下为贵、为爱如身，爱天下、贵天下如身。这样，及吾有身，就不是一个消极的思路，而是一个积极的扩展。

这里的寄天下、托天下的说法，值得注意。这与天授王权或者真龙天子的观念不完全相同：第一，成为天下的主事人是有条件的，不是无条件的，条件就是贵以身为天下，爱以身为天下，就是确实献身天下或者比献身更高，因为已经分不开天下与自身的区别了，已经身为天下，天下在吾身了。而不是为一己的私利，单纯的一己私利早已不复存在了。第二，不是天生，不是龙种，不是神赐，而是寄之、托之，这甚至于有一点代议、代行、受权、授权的意味，虽然这样的观念不完整也不可能完整清晰，更不可能早已现代化。

我们阅读和讨论老子，目的不是回到老子的主张和时代，而是从老子中发掘我们民族的精神资源，寻找我们的智慧遗产，为了今天，为了明天，为了未来。

宠辱无惊也好，无吾身则无患也好，都是有条件的、有针对性的。如果抽空其具体内容，专门进行强辩，老子之论站不住的地方还多着呢。宠辱无惊，外敌侮辱你，你还无所谓吗？患在有身，那就只有自杀求道了。或可一笑，实为无聊。

第十四章　夷希微混

视之不见，名曰夷。听之不闻，名曰希。搏之不得，名曰微。

此三者不可致诘，故混而为一。

其上不皦，其下不昧，绳绳兮不可名，复归于无物。是谓无状之状，无物之象，是谓惚恍。

迎之不见其首，随之不见其后。执古之道，以御今之有。能知古始，是谓道纪。

看也看不见，这就称作夷。听也听不到，这就称作希。摸也摸不着，这就称作微。

这三方面的特色，无法寻根究底，无法求真求实，只能混合在一道模糊着来一揽子感受。

它的上面并不明亮，它的下面并不昏暗，你追逐着它、揣度着它却无法把它表述命名，体悟的结果只能是将它归结为无物、无象、无形、无声。也就是说，它是无物之物，无形状之形状，这就叫作——模糊与变动，不确定与超越有无。

正面迎着它，你看不见它的头。后面追随它，你看不到它的尾。你如果能掌握古来的大道来处理当今的一切，就能了解古来的大道是怎样开始运行作用、是怎样初始化的，也就是进入了大道的运转过程。

夷、希、微、惚恍，无头无尾，无开端无结束，这里又是讲大道的特性与品格了。像一些宗教的造物主具有众多的美名与美德一样，祂的每一个名称都代表一种美德。同样在老子这里，到现在为止，他已经告诉了我们有关道的众多品质和说法：不可道，不可名，始，母，妙，徼，玄，不言，无为，弗居，冲，渊，湛，虚，动，中，谷神，玄牝，绵绵，若水，无尤，抱一，致柔，婴儿，无疵，为雌，无智，玄德，无，有，利，用……

现在又加上了夷、希、微、惚恍与无头无尾，所有这些强调的都是大道的模糊性、混成性、抽象性、本质性、无限性与非具象性，还有灵动性、活性、非僵硬性、终极性、至上性、普泛性，甚至于也有实用性。

同时，这一段落的意思是让你细心体察、深入感悟，活跃你的想象力、思辨力、感受能力，调动精神的敏锐、专注与恭谨小心，进入境界、交通大道，同时不要心浮气躁、急于求成、过于实用主义。

“其上不皦，其下不昧”，上面不亮，下边不暗，这是指道的非局限性。任何一个东西都有它的阳面阴面、向光面背光面、前面（向着受众的那一面）后面……但是大道没有，因为大道突破了任何具体物体、物质的局限性。

这些论述也带有修辞学上的强调重复与逻辑学上的同义反复的意思。逻辑学上一般指同义反复是一种无意义的论证，但是在修辞学上，这种强调重复却表达着一种精神、一种赞美、一种礼赞、一种服膺。

我甚至于可以设想老子李耳大师在运用汉字时，找到了这样繁多的讲说大道的词儿，他老人家应该有一种兴奋的心情。这可以叫作“道与语词的联姻”，是“道与语词的狂喜联欢”。经验所难以到达的大道，终于通过汉语的富有想象力、抽象力、概括力与描绘力形象性的词语，令人狂喜地表达出来了。

如果不是牵强附会的话，那么这种夷、希、微、惚恍的描述还真与宇宙发生学沾点边，有点给人以联想：关于星云，关于恒星爆炸，关于黑洞，关于空间与时间的无穷大。

当然，老子的道论与物理学和自然科学无关，老子举的一些与自然有关的例子，如水如风如牝如草木的例子，科学含量都极其稀缺。老子的长项是他的思辨能力，是他的逆向思维能力，是他的远见，是他的执着于大道的激情加冷峻。他的同义反复是一种激情的表达，也是大道的魅力表现。古代的中国人同样需要有终极眷注、终极追寻。但是对老子这样的智者，他找到的不是人格神或神格人，不是玉皇大帝也不是阎王爷与灶王爷，不是牝也不是火的图腾，而是无所不包、无所不能、无所不成、无往而不利的大道。

那么强调大道的无形、无声、无痕、无迹、无物，可以认为是突出它的本质性、概括性、灵动性、至上性，避免它的庸俗化、偏执化、简易化与具体化。可以广阔是避免它的邪教化。一具体化了就会变成仁爱呀，谦逊呀，聪明呀，礼貌呀……为人处世层面或举止层面的东西，这种为人处世、举止方面的要求极易流于作伪或至少是形式主义，流为计谋与处世奇术，反而丧失了大道的恢宏与渊博品质。或者具体化后变为迷信，变为方术，变为牵强附会，如迷于练某种功夫、迷于咒语、迷于服药等。

学道，不能学得太琐碎、太具体，而要学其精微，学其夷希，这也是我爱讲的大道无术的意思吧。

第十五章　微妙玄通

古之善为士者，微妙玄通，深不可识。

夫惟不可识，故强为之容：豫兮若冬涉川，犹兮若畏四邻，俨兮其若客，涣兮其若凌释，敦兮其若朴，旷兮其若谷，混兮其若浊。

孰能浊以止？静之徐清。孰能安以久？动之徐生。保此道者不欲盈。夫惟不盈，故能蔽不（而）新成。

从前那些好好学道和实行道的人，精微、智慧、深刻、明白。（另一种版本，是“古之善为道者”。从含义上来说，“善为道者”清楚准确，直奔主题。从行文上来说，老子一直是以各个不同的角度，对道进行立体的描绘与发挥，这次从“善为士”的角度来说，即从学道、悟道、得道为士的角度说事，是可取的。这里如果是讲“士”，其“善为”仍然是指他们对于“道”的体悟与精研。因此，两种版本的释义，应无大的区别。）

由于他们的深度，他们大道的深奥与境界是不容易为旁人所体察认知的。

正因为不易体察，所以更要勉为其难地予以形容：得道的人是一些什么样的人呢？他们小心翼翼，像是冬季渡过河流。他们慎重谦和，像是顾虑会受到四邻的不满或攻击。他们认真严谨，像是作客他乡，不可大意。他们慢慢地展开发挥，像是冰雪消融。他们实实在在、厚重本色，像是原生的木头。他们接受包容，就像是一个山谷洼地，兼收并蓄，好像是不避污浊。

那么，谁能停止污浊呢？靠平静的过程使它沉淀而清明。谁能安定永远呢？靠微调与和风细雨让它焕发生机。得道的人不求满盈，正因为不求满盈，看似保守，却不断取得成功。

这里有一个深不可识的提法，这说明了老子的感慨，乃至于可以开阔地解释为牢骚。老子的许多想法与俗人不同，超前一步，不无怪异之处。他在书中已经屡次叹息大道的不可道、不可识，难以被人了解、被人接受。虽然他从理论上强调挫其锐、解其纷、和其光、同其尘，实际上他的理论仍然非常另类，他的锋芒是遮蔽不住的，他的锐与可争议性（纷）难以挫折解除。他的耀目之光，和不下去。他的与俗世俗说的差距，欲和之而难能。

而老子所谓勉为其难地形容善为士者——善于做人做事、为政为道——的状态，豫兮（谨慎小心）、犹兮（斟酌警惕）、俨兮（恭敬严肃）、涣兮（流动释然）、敦兮（淳厚朴直）、旷兮（开阔深远）、混兮（兼容并包），起码前三个兮——唯豫、唯犹、唯俨，与儒家无大的区别。儒家就是讲“温温恭人，如集于木；惴惴小心，如临于谷；战战兢兢，如临深渊，如履薄冰”。

儒家又讲什么“如坐春风”。《论语》中说“莫春者，春服既成，冠者五六人，童子六七人，浴乎沂，风乎舞雩，咏而归”。也就有了涣——如冰之将释或已释的意思。

用现代语言，涣兮就是解冻。苏共二十大后曾被称为解冻。我们则曾批之为修正主义。想不到，老子两千多年前就用过解冻的比喻来讲善为士者的处境与心态。

儒家同样是讲形象思维的，而且很美。

温温恭人，出自《毛诗》，显然老百姓已经接受这样温良恭俭让的举止规范。如集于木是指人们集合在木头（树木）上，小心翼翼，怕掉下来，与下面的惴惴小心、如临深渊并列排比。我读到这里想到的则是女子体操运动员平衡木上的表演，还有一群鸟儿停在一根枝杈上，谁也不敢碰谁。当然都是温和的与小心翼翼的。

有一种解法，说温温恭人是君子，而惴惴小心是小人。是不是过于喜欢划分阵营了呢？老子不会从这样的意义上来讲什么豫、犹、俨、涣的。

还有一点语言上的趣味。道的前两个特性豫与犹，合起来就是豫犹，倒读就是犹豫。今天“犹豫”一词似乎带些贬义，似乎是描述一个人胆小，没有决断，没有承当，不够男子汉。而老子是将之作为道性来赞扬的，是不是现在的人比古代人更没有耐性、更易于轻率冲动呢？

“涣”字也是如此，涣散云云，尤其是斗志涣散云云，是非常贬义的。但是老子用它来说明一种将释的、释然的、放松的与灵动洒脱的解冻状态，一种绝不僵硬、绝不板结的状态。这也说明世界上许多名词、许多名，它们的褒义与贬义也是转化变异的，头脑的僵硬会带来语言的僵硬，头脑的释然灵动会带来语言的灵动释放，这值得欢喜。

老子举的旗、讲的话，是不无怪诞的，是带着一股故意抬杠的冲动的，但是再特立独行也不可能自我作古，不可能不受他人、其他学派及社会主流文化的影响，老子的论述仍然是中华文化这株参天大树上伸出的奇葩伟枝。老子的无为、不仁、非礼义，是与儒家针锋相对的，但是豫、犹、俨、涣、敦，儒家也是能够接受的。“旷”字可能稍有争议，但细读《论语》，孔子也不无旷的风格。“混”字更难一点，但是孔子的“有教无类”，不也有混的意思吗？

还有一个问题，小心谨慎，斟酌警惕，恭谨严肃，这些类儒的教导《老子》通篇讲的是比较少的，只在此章一见。老子更爱讲的是无为、不言、居下、惚恍、不争、无尤、无死地、不仁……也就是与儒家相反的朴厚玄妙、装傻充愣——大智若愚、大勇若怯的那一面。为什么这里讲起豫、犹、俨来了呢？老子其实也不是只讲一面理、只有单向的思维的。他是无为而无不为，无惧而无不惧，无危而无不危，这是符合老子的辩证思维模式的。同时，借此，老子道出了他对于大道、对于悟道得道者的敬意，乃至敬畏。

我还愿意进一步探讨豫、犹、俨与涣、敦、旷、混。有的学者从中体察老子的风格。我以为，前三者——谨慎、畏惧、端庄，是春秋战国乱世造成的某种不得不有的防范与自我保护心理，但也符合老子偏于阴柔的主张。前三项讲起来，有人甚至嘲笑老子是一个内心恐惧、畏畏缩缩、委委琐琐、躲躲闪闪的小人物，如契诃夫笔下的小公务员与套中人。后四项呢：舒展、质朴、旷达、兼容，就够得上《中庸》里说的“天命之谓性，率性之谓道”了。后四项是解冻的结果，本色、开阔、不择细流、略带野性，这才是老子的真面目，才是老子的真性情。

而说老子的特点是内心恐惧，则是极廉价、极肤浅的印象思维、表层思维、小儿科思维。

还有一个话题值得探讨：什么样的人格才是最完全的？什么样的个性才是有内涵的？

既能温恭谨慎、小心翼翼，又能旷达性情、质朴包容，这不是很好吗？比起一味任性、小性如在宝哥哥面前的林黛玉，或一味公关、滴水不漏的宝姐姐，不是很好吗？

老子强调的重点与儒家还是不同的，温恭也好，谨慎也好，老子强调的是不要满、不要盈，他从毋满、毋盈的角度来思考这一切。这一章的中心思想是不盈。宁可要容释一点、敦朴一点、旷野一点、混浊一点，而不要盈满僵硬、狭隘难容、刚愎顽固（难以溶释）、刻薄苛察、心细如发、洁癖排他。老子的用意是，只有不盈，只有体认得到自己的缺陷空白，才有空间，才有未来，才有生命，才有发展，才有大道。

老子讲浊以止，静之徐清；安以久，动之徐生的道理。他理解的得道者的状态，并不是死水一潭，不是形如槁木，心如死灰，而是可以静之动之、清之生之的，但是要徐，要慢一点，要克服浮躁。这种静之、动之的道，是不欲盈、不盈的基础。盈则僵死呆滞，不盈才有徐清、徐生的余地。

他针对的仍是当时的侯王士人的毛病，他想的仍然是匡正时弊。他致力于呼唤的仍然是一个大道的王国，自然的王国，无为的王国，淳朴的王国。

这一章讲善为士者，认为他们是微妙玄通、深不可识的。不是士不可识，而是大道不可识。不是大道不可识，而是你们不识。既然你们不识，我也就不想示给你们了。国之利器，不可示人。人之利器，更不可示人了。我不愿意打，你不愿意挨，深奥不可识起来，不也很好吗?

可道者非常道，可名者非常名。然后老子强为之形容，强为之又道又名:这是老子的俯就，也是老子的无奈，又是老子的自嘲。连你自己都承认是强为之容，承认是深不可识，你又如何期待读者、听者明白你到底是在说什么?

像冬天跋涉河流，像顾虑四邻，像接待贵宾或作客他乡，像冰雪即将消融，像原木的粗糙朴厚，像谷地的地势低洼而又开阔，像江河的不择细流、混浊浩荡。这些形容，除四邻与宾客是社会生活现象外，其他的都是自然现象。这说明，老子正是从自然与社会的诸种现象中体悟出大道的存在与微妙玄通深远伟大的。他的大道，既是推测、想象、思辨的产物，也是直观、感受、体贴的产物，是自然与生活的产物。他的举例说明了他一面论述大道，玄而又玄，出神入化；一面倾听世界、重视感觉、注意万物、描绘具体，善于举一反三、触类旁通，善于从外界、从天地、从自然、从生活中寻找灵感与大道的征兆，善于从自然现象与生活中得到启示与聪明，从观察、感受、经验与具体事物、直观万象中得到启示。

老子是一个思想者，但他首先是一个阅读者，阅读自然，阅读天地、雨露、溪谷、水、玄牝、橐籥、万物、万象……这又与格物致知之说接近了。

师法自然，是中国的文化传统。学画的人会这样，学武的人也会这样，如猫窜狗闪鹰抓虎扑，学哲学的人也喜欢这样。

中国人是喜欢讲“悟”的，佛学进口以后，则干脆讲觉悟。悟与我们今天讲的思考或者分析不完全一样，它是形象思维与逻辑思维的统一，是推理判断与玄思妙想的统一，是理性清明与神秘启示的统一，是对外物与对内心的发见的统一，是思维也是感想感情的飞跃，是用于针对对象的，更是用于针对内心的。

中国的传统文化珍惜统一、同一、归一、返一。此章所述是士——人与道的统一，也是道与自然、社会、生活的统一，即道与天的统一。它表达的是天人合一、天道合一、人道合一、自然与文化合一的思想。这样的合一、统一、归一，是老子的主心骨，也是中国文化的主心骨。在中国，不论学什么，一直到为政、为兵、为医、为师、为巫祝、为堪舆，都要师法自然。自然永远是我们的老师，中华文化的老师。老子的道也是法自然的。这样的思想虽嫌笼统，仍极可爱，极珍贵，颠扑不破，永放光辉。至于有人从中国的环境问题来论述中国人并未做到天人合一，那却是对古人的苛求了。注意环境保护，那是应该用来要求我们这些当代国人的。其实老子理想的小国寡民，不贵难得之货，老死不相往来，客观上绝对符合环保的理念。如今的环境破坏，不是中华文化传统的欠账，而是违背中华文化传统，尤其是违背老子主张的恶果。

古人有老子那样微妙玄通、深远伟大的概念，够令人惊叹的了。

第十六章　致虚守静

致虚极，守静笃。

万物并作，吾以观复。

夫物芸芸，各复归其根。归根曰静，是曰复命；复命曰常，知常曰明。不知常，妄作凶。

知常容，容乃公，公乃王，王乃天，天乃道，道乃久，没身不殆。

我们要达到虚空、虚无、谦虚的极致，不搞偏见，不搞强求，不搞自己的一本糊涂账，绝对不刚愎自用。保持平静、恒定和诚实厚重。

世间万物，各自运转，万物杂陈。我们可以观察它们的循环往复、千姿百态、千变万化，然后该什么样还是什么样，能什么样就是什么样，各自回到自身的本初状态。落听（làotìng）了，沉淀下来了，也就静下来了。这就叫回到自身，回到自身就是恒常，知道什么是恒常就是明洁。不懂得恒常，轻举妄动，就会造成灾难祸患。知道了恒常就会有所容受，沉得住气。能容受、能沉得住气，就能公道，不偏私。能公道，不偏私，就能成为首领。当上首领，就要知天意天命，与天道保持一致。知道了天意天命，像天一样地公正无私，一样地涵盖万物，也就接近于大道了。有了大道的指引，就能长治久安，长命百岁，天长地久，到死也不会出大错失。

这一章老子从人的修养与人生姿态方面讲大道的要求。首先的要求是虚静。虚就是给自己的头脑、内存、硬盘、系统，留下足够的空、空白、容量。一台电脑，如果什么都占满了，这个电脑就无法工作，而只能动辄死机，变成废品，除非重新格式化，把一切废旧数据删除。一个人也是如此，就知道那么几条，膨胀得哪儿也装不下，实际上已是废人。我们常常说从头学起、从头做起，也就是重新格式化后再开始运算，当成一台新电脑来从头开始。

静的含义不是一动不动，而是要有准头，要平心静气地理智思考，要慎于决策，要把心沉下来，把头脑理清楚。也就是说，要心静，不要慌乱，不要焦躁，不要冲动，不要忘记了大脑不会使用大脑而只去听内分泌的驱动。还要克服一时的情绪刺激，利益诱惑，心浮气躁。

且看，不论是官场，是文坛，是商场，多少人奔波忙碌，轻举妄动，争名夺利，跑官要权，枉费心机，神神经经，咋咋呼呼，丑态百出，适成笑柄。反过来说，凡有成绩的，又有几个不是心静得下来、心专得下来、大脑能够正常运转工作的?

生活在某种平常的却也是俗恶的环境里面，往往是一动不如一静，尤其是在对与自己有关的事务上，不许动，举起手来，这往往是最佳的选择。

静的结果哪怕是没有办成事，至少可以保留采取进一步措施的可能性，可以维护一个高雅的形象，可以事后回忆起来不至于羞愧得无地自容。

其实任何一件具体的事务，一篇论文或一笔生意的成败，一项奖金与一个头衔的得失，一种舆论与一些受众的评价，都会受到一时的各种偶然因素的影响。有灵机一动也有阴差阳错，有天上掉馅饼也有喝凉水塞了牙，有侥幸也有晦气，不过一时，转瞬即逝。而你的修养、你的本领、你的境界、你的活儿，才是顶天立地、我行我素、我发我光、我耀我土，谁也奈何不得的。

一时的晦背只能增加你的光彩。

所以我们不太喜欢“活动”这个词，你活动得太厉害了必然就轻飘了，轻佻了，掉份儿了。

“万物并作，吾以观复”这一句，有点旁观的超脱，有点恬淡，令人想起程颢的诗《秋日偶成》：

闲来无事不从容，睡觉东窗日已红。
万物静观皆自得，四时佳兴与人同。
道通天地有形外，思入风云变态中。
富贵不淫贫贱乐，男儿到此是豪雄。

这位近千年前的儒家学者大程，此诗除豪雄云云可能为老子所不取外，其余的话与老子的学说完全一致。我甚至觉得他的“万物静观皆自得”之名句，当出自“万物并作，吾以观复”。而富贵如何、贫贱如何，也不无宠辱无惊之意。

这一章还有一个重要的论述，观复，复命，归根，曰常，知常。许多学者先贤主要从事物变化的循环往复上解释这些命题，认为老子的用意在于说一说万物的变易不已。我的经验主义的理解，则偏重于设想老子所强调的在于：千变万化之后回到本态。任何人与物都有自己的本态、本初状态，也可以说是常态。但是人又受许多外力的影响，受许多机缘、群体、社会、历史、他人与集体意识、集体无意识的影响而偏离本态、常态。忘乎所以，叫作不知道自己是老几了。

比如江青本来是一个爱出风头、爱表现自己的二流左翼演员，是一个追求革命却又对于革命没有太多了解的年轻文艺工作者，后来阴差阳错，成了非本态、非常态人物，成了祸害。最后竟没能恢复本态，就是没能复命归根。悲夫！

比如萨达姆·侯赛因，他是一个民族主义和信仰主义者，胜利者、独裁者、英雄、囚犯、问绞者……他也转悠了一大圈，没能复命归根、知常曰明。他的命运主凶，是一个悲剧。

比如鲁迅，被视为圣人，被树为完人与超人，又被一些人痛恨与詈骂。其实鲁迅有自己的本态、常态，他是一个深刻批判的冷峻的作家与战士、思想家与斗士，有他的伟大，也有他的悲情与激烈。

比如胡适，他是学者，但是他在学术上尤其是思想上的创意性贡献有限。他是自由主义者，他为中国的思想界、文学界带来了许多启发。他被列为候补战犯，他被全国批判，现在又恢复了他的本态，他的书在海峡两岸都出版，却也热乎不到哪里去。

比如我自己，本来是个“好学生”“好孩子”的状态，少年时期一心想当职业革命家，成绩有限，弄成对立面也是历史的误会，与其说是误会不如说是历史拿人开玩笑、寻开心。然后是委员、部长，然后……回到我积极参与的与孜孜不倦的写作人的本态、常态。我的幸运就是终能复命归根，略略知常曰明，当然只是基本上与大概其。

谁能清醒？谁能明白？谁能不被一时的潮流卷个晕头转向？谁能不跟风前行？谁能不势利眼？谁能不苟且迎合？

而如果能虚极、静笃、观复、曰常、归根、复命、知明，就是有了道行了，通了大道了。

老子再次强调人与大道的统一。他的“复命曰常，知常曰明……”后面是“知常容，容乃公，公乃王，王乃天，天乃道，道乃久，没身不殆”。回到本态就能恒常，能够恒常就能明洁，能够恒常（虚极、静笃、不意气用事）就能容受，能容受就能公道，能公道就能当首领，当了首领就要知天意天命，知道了天意天命就与大道一致，亲近了并一致于大道，就能天长地久，至死也不会出现危殆灾祸。这种论述方法是中国特有的一鼓作气、步步高升的串起来的立论法，文气恢宏，高屋建瓴，势如破竹。《大学》从诚意、正心开始，一路论到修身、齐家、治国、平天下，也是这种串论法。缺点是它们的逻辑依据并不充分，必要条件并不等于充分条件。我们不妨认定，修身对于治国是必要条件，但并不就是充分条件。自我修养很好的人、为人很好的人，就能统治一个王国并使之胜利前进了？未必。一个人能够复命回到本色就能与天道一致了？也未必。倒是逆对定理能够成立：一个人如果连自己是老几都动辄闹笑话，他怎么可能有容纳性、公道，明白事理、做成大事？

从小的前提得出大的结论的过程并不可靠。从一个复命、知常，就能扩展到能容、能公、能王、能道直到没身不殆上去？太夸张了，太直线前进了。

再说，任何一个小的因素都可能造成干扰、紊乱，都会有不同的结果。而且生活中有偶然，有变数和异数，有意外的与无规律可循的灾难或幸运。你再通天道，架不住一个交通失事或传染病的流行。你再不通天道，万一碰上彩票中奖也会命运改变。西方的偏于科学数学的思维方法，就很重视这些具体的元素。近年还时兴起紊乱学说来，它的代表性说法是，南半球某地的一只蝴蝶偶尔扑棱一下翅膀，它所引起的微弱气流，几个星期后可能变成席卷北半球某地的一场龙卷风。这是一种西方式的从偶然到巨大的必然的思想方法的精彩命题。而老子式的有了天道就没身不殆的命题，取向恰恰相反，是认定有了大前提就可以势如破竹，一通百通，一了百了。

与西方相比，中国的思想家强调的是必然，是前提决定论，是大概念决定论，是决定论而不是或然论。

中国的模糊逻辑的方向是，大道决定一切，抽象决定具体，本质决定现象，本原决定结果。同时，现象体现本质，具体体现抽象，一切体现大道。两者呈递升或递降的类多米诺骨牌效应，即有 A 则→B，有 B 则→C，C→D→E 直至 Z，同时得 Z 即可断定 Y，得 Y 即可上溯→X→W→V→U…一直到 A。这大体也是毛泽东所论述的主要矛盾决定次要矛盾，主要矛盾解决了，次要矛盾也会迎刃而解的公式。这样的思维模式决定了老子“知常容→容乃公→公乃王→王乃天→天乃道→道乃久→没身不殆”，也决定了孔学的意诚→心正→身修→家齐→国治→天下平，以及平天下→治国→齐家→修身→正心→诚意的公式。

而西方的思维方式则强调区分，分析分解，强调细节决定成败，偶然也可以变成必然。有时候就是头痛决定头，脚痛决定脚，头痛医头，脚痛医脚；同时强调任何公式应该来自实验、统计、计算，而且推理不但要有大前提还要有小前提，还要区分必要条件与充分条件。有容是公的必要条件，但是不是充分条件呢？难说。你虽然有容，但是缺乏知识与专业的准备，你不可能做出公正的判断。公乃王更是如此，公是做一个好王的必要条件，不甚公但是有实力、有手段、有客观的需要，照样当王不误。同样，甚为公正公道，不但当不成王，连命都保不住的例子也不是没有。

第十七章　我自然

太上，下知有之。其次，亲而誉之。其次，畏之。其次，侮之。

信不足焉，有不信焉。悠兮其贵言。功成事遂，百姓皆谓：我自然。

最高明的统治者，下边只知道有这么一些人，知道有他们就是了。差一点，人们还需要忙着靠拢他们、歌颂他们、讨好他们。再差一点，这些王侯官员让人害怕、畏惧。更差的是被老百姓轻蔑和嘲笑的那些统治者：他们缺乏公信力，人们信不过他们。

如果你做了不够诚信的事情，也就有人不相信你了。好样的统治者是从容不迫的，说话也不多，言语珍贵。事情都办成了，老百姓说，那是我们自己干的呀。

老子在第十七章勾画了一幅理想主义的行政图画。他不像无政府主义者设想的那么绝对与脱离实际。承认有这么个统治者的存在，跟自己没有那么大的关系，互不相扰，不那么亲密，也就不会产生多少矛盾，保持着某种距离。亲戚远来香，官员也是适当保持距离为好。

又亲近热乎，又赞歌高唱，好是好了，太好了期望值就高，高了就容易失望：所谓爱恋生期待，期待生嗔怨，嗔怨生烦恼，烦恼生不满，最后弄不好会反目成仇。

亲近热乎，赞歌高唱，还容易产生虚伪，变成手段，变成心机。

在上述情况下，在上的人物不容易及时发现问题，及时调整修正。在赞歌盈耳的时刻，孰能清醒，孰能改过？陈毅有诗云：“岂不爱推戴，颂歌盈耳神仙乐。”

使人畏惧其实也是必须面对的事实，一方面国家是用暴力来维持自己的统治的，但另一方面迷信暴力则只会自取灭亡。因为只有力量而没有信任是危险的，是容易转眼崩溃的。

让老百姓觉得是自己在办好自己的事，这就更理想了，这就是自己解放自己，自己救自己。为政之道在于相信人与发挥人的能动性、创造性。为政者、统治者集团再高明、再伟大，能做成的事其实是有限的，而如果是老百姓的力量、积极性都发挥出来了，能做的事要大得多。做不到这一点的人，他为政不可能成功。多咱老百姓能有自己办自己的事的能力，有自己帮自己的感觉，能自己消化问题，能自救、自慰、自强，能为自己办事而不受干扰、只受支持，这个国家就大治啦。

第十八章　大道废有仁义

大道废，有仁义；智慧出，有大伪；六亲不和，有孝慈；国家昏乱，有忠臣。

大道被丢弃了，人们各行其是乃至胡作非为了，才会出现对于仁义道德的提倡彰显。智慧计谋发达了，心眼儿越来越多了，虚伪与欺骗才会越来越多。礼崩乐坏，六亲不和，六亲不认，才痛感到了孝子慈父的可贵乃至人为地去进行本来不需要灌输的孝慈规范教导。国家政治乱了套了，国君无德无才陷入危难了，才大呼大叫地闹什么忠呀，勇呀的。

这几句话分量很重，内容尖刻，逻辑铁定，观念惊人，语气沉痛，字字带血，掷地有声。我的感觉是，这是老子的警告，是老子的痛心疾首，是老子的诅咒，是老子击起的一道闪电。

一般人都认为，仁义道德、智慧谋略、孝子慈父、忠勇良臣，是国家的宝贝，是社会的栋梁，是价值的核心。而老子的逻辑恰恰相反。人们压根儿就应理所当然地和睦相处，互相帮助，同享天饷，共度美好的生活。只是因为有人心存诡诈，歪门邪道，社会风气败坏，才需要把一个仁义道德呀，爱心呀，助人为乐呀，见义勇为呀挂到嘴上。如果本来人人都做到了这一点，还人为地推行推销个什么劲儿？

智慧谋略，有一点是可以的也是必要的，但是太强调智慧的结果，却是忽视了天然的大道，是用尽心机为自身打算，一直发展到损人利己，虚伪狡诈，诡计多端，尔虞我诈，大骗子玩弄着小骗子，小骗子糊弄着大骗子。

家庭亲属，天伦之乐，父慈子孝，兄弟手足，相亲相爱本来是天性，把慈与孝变成道德规范这本身就不自然、不真实了。成了规范标准以后，便要作状，便要显示，便要竞赛，便要勉强，便要口是心非，便有万般假冒。事实是把孝挂在嘴上的人一定不孝，把慈挂在嘴上的人一定不慈。母亲为孩子喂乳的时候需要声明我是慈爱的吗？孩子绕父母之膝而快乐的时候他会说我要做孝子吗？一个孩子一边为双亲做一点服务，如搀扶双亲走路或给双亲倒一杯水，他需要一边说我是在尽孝吗？如果他做一点点事的时候一再声明是为了孝，他的双亲能够舒服得了吗？

忠啊忠啊，我们的经验可不少，只想一想什么时候一个“忠”字在我国大地上满天飞满是价喊吧，那是“文化大革命”，那是林彪、“四人帮”横行的时候，大喊忠的时候，也就是动乱浩劫，阴谋陷害，残害忠良，遍地冤屈的黑暗时期！

老子的这些说法很警世醒世，贾宝玉后来发表反对文死谏武死战的理论，用的也是老子笔法。宝玉的意思是，文死于谏了，说明君昏；武死于战了，说明国之不保，君之无助。我戏称宝玉是用极左反对极左。可见老子的老到。

民间也讲什么家贫出孝子，国乱显忠臣。虽是从正面的角度讲说与老子此章所讲到的同一类现象，也同样启发人的思维：对于忠臣、孝子之提倡，不能不心存思忖。

老子有一个假定则是纯粹的乌托邦。他假定人之初性甚善，不搞这些文化智慧、价值道德、学问知识、政治军事，本来会天下太平，淳朴良善，伊甸乐园。他的这个假设不能成立。人是要进化的，大脑是要发达的，科技是要使用的，民族、国家、集团是要结合构建的，利益是有冲突的，人是要竞争的，恶与善同在，竞争与进步同在，罪恶与文化同在，你无法用消灭禁止文化进步科技智慧的方法防止罪恶。相比之下，西方的原罪观念与用法律和相互监督限制惩戒犯罪的路子更现实一些。

老子的意义不在于他开出了防止文明与道德旗帜下的罪恶的药方，不，他的药方里包含了不可能的虚幻。他的这些精彩论断的价值在于指出了问题。他的悲哀是深刻地看出了问题，看出了儒家诸教义不足以解决问题，却开不出真正解决问题的药方。也许，问题在于，老子想从根本上杜绝竞争，禁绝作伪，废绝智谋，灭绝犯上作乱与苛政害民，从内心里就赶尽杀绝一切争斗、谋略、贪欲、危殆的萌芽。和此前的及无吾身论一样，他想得太高、太根本、太彻底、太绝对了，反而是不可能的了。

老子指出的是：越是讲得好调门高，越要警惕假冒、伪劣、争夺、虚夸、言行不一和适得其反。不要上当，不要被各种好听的话蒙骗。宁可少说一点漂亮话，少听一点漂亮话，多回到自身的良知良能，回到本态与朴素，回到常识与本性，过更本色也更简单明白尤其是更诚实、更率真的生活。做一个更本真的人吧，走自己的路，让闹哄者去夺抢仁义、慈孝、智慧、忠心或者现代的别的好词儿或外语词儿如弥赛亚（救世主）的大奖与命名去吧。我们要的是大道，是返璞归真。我们不期待、不在意、不追求外界的夸张命名。

作为心功，作为内心世界的调整，老子讲得还是高明的。

第十九章　绝圣弃智

绝圣弃智，民利百倍；绝仁弃义，民复孝慈；绝巧弃利，盗贼无有。

此三者，以为文不足。故令有所属，见素抱朴，少私寡欲。

什么圣贤，什么大师，什么高人，什么榜样，去他的吧！去了他们，让老百姓生活得更踏实、更舒服一点吧，老百姓会从为政者的清明务实中得到上百倍的实惠。什么仁义，什么道德，什么牌坊，什么功德碑，去他的吧！去了它们，老百姓也就自自然然地孝亲爱子，享受天伦之乐，回归人性了。什么能工巧匠，什么技术超凡入圣，什么绝活、绝艺、绝品，去他的吧！没了它们，连偷盗者也不会出现。

圣智呀，仁义呀，巧利呀，这三个方面，作为文化是不够有效的，我们还需要其他的补充与精神归属。就是说要在意素净，坚持朴质，减少私心，控制欲望。

这一章可说是写得斩钉截铁、字字到位、横扫千军、力透纸背。其目光更是穿透了几千年、几万里。

这一章紧接上一章的激愤之论，进一步要求简朴本色，诚信自然，不要自己折腾自己，不要自己折腾完了再去折腾别人，再去折腾那个原先的折腾，不要老是自己与自己过不去，与老百姓过不去。

文化上、政治上，直至生产技术上，确实存在着这样的自我穷折腾没完没了的现象。你把一切举手之劳的劳务都变成机械化、自动化，车窗开关、马桶盖开合、麻将牌洗牌码牌，全都电气化、按钮化了，然后再想办法长跑减肥，制作各种健身器械。

还有整天忙什么管得太死了要放开，放开了赶紧要管住。炸完了再援助，支援完了再开战。再如在一些硬件落后工作跟不上的地区，挖出文物，清点文物，给文物估价，走私文物，盗窃文物，破坏文物，收藏文物，永无宁日。

再比如改革开放前与改革开放初期，光一个跳交谊舞的事就折腾了多少回，允许，不允许；允许，禁止；开放，再禁止……某省人大常委做决议不准跳（至今未撤销），现在想起来成了笑话。

无作为是不可以的，如何不滥作为，则是值得考虑的。

这一章还包含着这样一个意思：执政不要唱高调，不要树立过高的标杆，不要提出过多、过高的任务，一定要朴实本色、求真务实。

老子与当时的其他论者、学者一样，他们首先会讨论为政之道，同时也兼顾百姓民人（那时还没有“人民”一词）的利益。因为他们知道，如果过分损害民人的利益，为政（统治）也是搞不下去的。

老子看到了那时的诸子百家、王侯大臣，有许多道德化、理想化、修辞化的执政、为政理念，各人说的比唱的还好听，然而这些东西太高、太做作，用今天的语言来说就是太意识形态化、理论化、文学化、诗化、浪漫化，难以与现实接轨，没有几个人真正做得到，真正做到了的说不定又显得迂腐穷酸。

于是你指责我没有做到高标准，我指责你没有兑现高调的允诺。百姓因侯王没有做到高调而造反，侯王因为臣子或百姓没有做到高调而惩戒整肃。唱高调而做不到，于是出现了“满口的仁义道德，满肚子男盗女娼”的讽刺。而针对“好话说尽”的反弹，很容易变成“坏事做绝”的怒骂。

高调只能是乱源，只能是互相攻击的借口，只能是煽情的动员，只能劳民伤财、争执不休、天花乱坠、高入云天，令为政者与百姓茫无所措。

过分的高调还败坏社会风气，败坏政风文风，养成心口不一、言行不一、乔装打扮、空口求荣、花言巧语、清谈误国、假大空比赛、互不信任、互打折扣、互相摸底、钩心斗角的一系列恶习。不用考虑得太远太深，就想想“文革”的历程、“四人帮”的兴衰史，够咱们一代一代受用不尽了！

所以老子主张不要口若悬河地天天讲什么圣呀智呀，仁呀义呀，巧呀利呀的，多让百姓民人们过几天踏实日子、自在日子。让百姓多一点实惠，少一点高空立论、铺天盖地、耳提面命。

老子的替代建议是：用见素抱朴、少私寡欲取代圣智、仁义、巧利，以低调替代高调，以安之若素取代急迫紧张，以简单质朴替代繁文缛节，以清静无为取代励精图治，以相安无事取代奋发图强。他的主张有不现实处，有单向与片面处，但也有参考价值。一味的高速发展必然会带来全面的紧张，辅以老子的某些清凉精神，未必是没有意义的。

第二十章　我独昏昏

绝学无忧。惟之与阿，相去几何？善之与恶，相去若何？人之所畏，不可不畏。荒兮其未央哉！

众人熙熙，如享太牢，如春登台。我独泊兮，其未兆，如婴儿之未孩，儽儽兮，若无所归。

众人皆有余，而我独若遗。我愚人之心也哉，沌沌兮！俗人昭昭，我独昏昏；俗人察察，我独闷闷。澹兮其若海，飂兮若无止。众人皆有以，而我独顽且鄙。

我独异于人，而贵食母。

抛弃掉那些（矫揉造作、呆板死僵的）学问，你也就不会陷入困境了。是是非非，相差能有多少？善善恶恶，相区别能有多少？（可惜的是没有几个人能够具有独立和深刻的思考，而多半是）人云亦云，人畏我畏，人畏者谁能不畏乎？荒唐啊，蒙昧与无序的状态还不知道要延续多久呢。

随着大流，倒是可以热热闹闹、吵吵嚷嚷，像是在参加大宴会，像是去春游。我则是平平淡淡，像个对外界还做不出什么反应的婴儿，像是找不着家门的游子。

众人都有富余，而我一个人却好像丢失了什么，欠缺了点什么。是我的心智太傻吗？怎么糊里糊涂的？众人都觉得自己挺明白，我则觉得自己充满困惑。众人自以为什么都看到了，我则觉得自信不起来。世界像大海一样无边，世事像大风一样不定，无休无止。众人好似都有点把握，而我一个人在那里较劲，显不出高明和流畅，显得别扭而又鄙陋。

我和他人不同的地方，就在于我追求终极，追根求源。我要看的是本质，是永远，是大道。我不轻信表面的天花乱坠。

这一章我更注意的是追索它全文的逻辑与精神，因此在字词理解方面，我强调的重点与有些专家老师不太相同。

这一章有点特色：整个《老子》的讲论都是高高在上，睥睨大千，游刃有余，真理在握，大道在手，势如破竹，无敌于天下的。然而在这一章老子却不乏牢骚，有诉苦，有无奈，有嘲弄与自嘲，有智慧的痛苦、孤独、幽默与叹息。

这里有一个基本的悖论。智者、思想者、哲人如老子者，他认定他的见解是如一加二等于三一样朴素、明显而且毫无疑义的。他希望他所宣讲的见解也如两点之间以直线为最短一样毋庸争论，符合常情、常理、常识，易于接受，广行天下。而一切不同于他、与他的见地背道而驰的讲说，则是偏执、荒谬、愚蠢、不堪一击的。

他无意惊世骇俗，与众为敌；他无意故作高深，与俗鲜谐；他不认为他的理论知识多么难以接受。

而另一方面，他的见解是富有创意的、独特的，与凡俗的、随大流的见解是不同的。他是天才，他独具慧眼，他必然与众不同。他必然感觉得到庸众的随大流的乃至随主流的见解其实乃无见解的浅薄、廉价、简单、粗糙、人云亦云。而这些浅薄的多数，廉价的认知却要自以为是、人多势众、挟群体以搏哲人，压垮智慧，灭杀高智商。老子能感觉不到这些吗？

就是说老子不论怎么样强调自然、无为、举重若轻、万物自化，他仍然感觉到了他的见解与俗众间的距离、他的见解的挑战性与已经激起可能激起的反弹力。他提倡虚静无为，提倡得并非不吃力。

他容易吗？

随大流的，人畏我畏、人止我止的俗人如享太牢，即如同大吃大喝一样地舒服与懒惰；如登春台，即如同春季登高一样地满足与自得。俗人、庸人们啊，你们有多美！

这两句话虽然文雅，其实很富有嘲弄意味。很有些个众人皆浊而我独清的清高。有点冠盖满京华、斯人独憔悴的寂寞，甚至也有点老聃式的无可奈何的冷幽默。

而这一章对于“我”即立论者老子本人的（淡）泊兮、未孩（不会笑）、儽儽——疲倦而又闲散、愚人之心、沌沌、昏昏、闷闷、顽、鄙、独异于人的形容描绘，则显然带有自嘲与愤慨。

有什么办法呢？智商高的人从数量上来讲肯定少于智商低的人，他们或他一个人常常被智商低的、数量多得多的俗人所排揎。独立思考的头脑常常少于别人害怕我也就跟着害怕的怯懦与呆木的头脑，常常反而被糊涂人认为是愚傻顽劣、粗鄙犯呆。智者常常能够原谅与包容愚者，而愚者是不能原谅和包容智者的。智者的智，令他们感到的是骚扰、是压迫、是吃饱了撑得慌，是对比了自己的愚，是寒碜自个儿。尤其是小有聪明实际愚蠢得够呛的那种人，他们预感到自己在智者的面前会显得多么矮小寒碜，自命不凡的小文人与小小的自以为是会思想的人，更是视智者为不共戴天，叫作必欲除之而后快。

为真理与人众而苦苦思索而承担迷惑与痛苦的心灵，为了历史的前进不惧怕付出代价的真正高尚的心灵，是无法被自我感觉良好的、不求甚解的心灵所容纳、所理解的。

顺着这个思路发展下去，老子也许会捎带出老年间的中国式易卜生主义的色彩。但是毕竟不同，老子的整体学说的圆融与神奇，老子的智慧的涵盖性、辩证性、包容性与东方式的自足与自慰，使老子终于进入了并带领数千年的读者进入了玄之又玄，众妙之门，而不会太过于煽情地与众人对立，也不会吐块垒而过分激烈。孔子也提倡怨而不怒，思无邪，况高明如游龙（《史记》记载的孔子对老子的印象）的李耳大师乎！

唯唯诺诺与摇头呵斥，相差能有多少呢？善良美好与恶劣丑陋，相差又有多少呢？这句话比较好说一点，所以老子一上来先说这个不争论的话题。西方的说法则是，任何表白都是不必要的，因为对你抱有好意的人，你不必表白；对你抱有恶意的人，你表白他们也不信。西方还有一种不太严肃负责的一棍棒打死的说法，将一切争论说成是“口水战”。这一辈子我见到过的争论也不少了，仅仅听两方面的讲演、仅仅读两方面的文字，你是什么也得不到的。为争论做结论或暂时做一判断的力量，不在争论之中，而在争论之外。

但是其后紧接着说，别人畏惧躲避的，你或我也不能不躲着点，这样荒唐的事还方兴未艾呢。

老子说得现实、实在，明知道争斗的双方“饮水差知等暖寒”（钱锺书），却还不得不跟着有所规避，荒其未央哉——这样的荒唐还正来劲呢！

让我们在此章的最后讨论老子讲述的最初，他是这样开始此章的，只有四个字：“绝学无忧。”

四个字，神龙见首不见尾，潜龙勿用，见龙在田，潜龙在渊。

如《史记》上记述的孔子所言，老子的此话像一条龙，神妙莫测，如龙的尚未腾飞。它简约而又含混，另类而又含蓄，惜墨如金，似天机不可泄露。

我接触过的多数版本以此四字作为此章的开始。也有的将之置于上一章之结束。解释则无大异，认为老子说的是不要去学那些世俗末学，抛弃圣知礼法的学问，也就没有忧愁、忧虑了。

我宁愿选择其篇首位置，似更有冲击力与概括力。

我宁愿选择对之做更多义的解读，文字越是简练，说法越是含蓄，解读的空间就会越大，我们把它理解得太简明了，是不是有点辜负老子的文体和用心呢？是不是离众妙之门反而远了呢？

绝学无忧的第一层，可能如历代所解：学多了世俗一套、儒家一套、人为的矫揉造作一套，更添困惑，更与大道隔着一层了。不学这个才能无忧无愁，才能心明眼亮。

第二层，未必是学问与信息的毛病，未必是由于学问与信息——你所学到的那些东西的可疑，恰恰是智慧本身就是痛苦的根源。哥白尼的痛苦、伽利略的痛苦，不正是他们的地动说、地圆说吗？如果他们没有这样的知识智慧，他们不也就无忧了吗？

那么，绝学无忧就是反讽，就是悲哀，就是叹息。绝学方能无忧，智慧只能痛苦，平庸是快乐的源泉，才华是不幸的造孽啊。

你可以认为上述观点太没有出息，太侏儒化或者犬儒化了。我也可以认为上述的说法是悲愤之论。绝学无忧。书读得越多越蠢。刘项原来不读书。从来名士皆耽酒，自古英雄不读书。后者是扬州一个景点的名联。

那么绝学无忧就同时成了一个讽刺、一个怪话。本章本来就具有某种怪话色彩。说是从不学习的人最快乐，他绝对不会忧国忧民，不会忧天忧地，不会忧环境、忧生态、忧弱势、忧分配、忧教育……

还可以有一个更加“以毒攻毒”的解释：绝学者，绝顶之学也，summit 之学也，大道之超级感悟体察也。有了这样的学，与天地一体，与日月同辉，与大道共呼吸，还能有什么忧呢？

如果与上一章的绝圣弃智、绝仁弃义对比，这里的绝似乎不宜做绝顶解。然而谁又能保证，老子在此书中用的一个字只能是一个含义呢？绝是断绝，是放弃，是停止，又是绝对，是最高级的形容词、副词。中华文明何等绝妙，汉字构成，何等绝妙！绝是最坏的话，如绝户、坏事做绝；绝又是最高、最善的绝顶，巅峰！绝学呀绝学呀，如无绝学，谁能怀疑“惟之与阿”“善之与恶”的区分呢？

解读藏头露尾、神秘莫测的《老子》，至少可以益智，可以开动脑筋，可以培养一种立体的、开阔的思维空间。

古来释义老子者多矣，他们的追求在于求出老子的唯一正解，破除可能有的偏差，所以在解释无为时特别要强调不是完全无所作为，解释愚的时候强调乃是厚朴。

但是老子的思想与文体实属另类，他的《道德经》五千言，高度精练，有些地方、有些言语（占全书一半以上），如结论，如格言，如《易经》中之卦辞，如诗，如锦囊妙计，如天意神授，如天象、谜语、谶语、爻辞。语含玄秘，话多弹性，天机未可泄露无遗。他的思想更是高度概括，高度辩证，高度渊深而且变化多端，纵横驰骋，上天入地，超越生死。

时至今日，作为一个业余的爱好者、读者，我绝无能力在所有的章节都寻找出、考证出、判断出与分辨出老子书中逐字、逐句、逐节的唯一正解。世人皆知正之为正，斯不正矣。对《老子》的字句解读最忌王麻子剪刀，别无分号。我要做的仅仅是大致靠近它们应有的理解，尊重已有的诸前贤的解读，大致认同之，全面接受之、学习之，同时探讨对这些字句章节的进一步解读发挥的可能性、共鸣赞叹的可能性、获益启明的可能性、吟咏赏析的可能性与交流碰撞的可能性。

我要的是可能性，不是唯一性；是讨论，不是结论；是众多的起点，而不是终点；是继续环绕前行的巨大空间，而不是到此止步的标准答案。

正如转益多师是吾师一样，读《老子》的某些段落，王蒙的感受是：转益多解是吾解。转益多解更需自解、自爱、自赏、自作多情（无贬义）是也。

自作多情地阅读与解读《老子》，何等的精神享受！

伟哉老子！他提供的不是排他的结论，不是计算得数与实验报告，不是定理、公式、处方，不是几句名言、几条教训、几项生怕被误解了的规定。《老子》乃是一座精神的殿堂。不仅是殿堂，而且是一个精神的园地，一个智慧的操练场与游乐场。

你要在这里练一练吗？

第二十一章　惟恍惟惚

孔德之容，惟道是从。

道之为物，惟恍惟惚。惚兮恍兮，其中有象。恍兮惚兮，其中有物。窈兮冥兮，其中有精。其精甚真，其中有信。

自古及今，其名不去，以阅众甫。吾何以知众甫之状哉？以此。

最根本的大德，是什么样子的呢？可以说它的首要之点，在于决然地服从大道的指引，与大道一致。

道这个东西，具有不确定性、飘移隐现，摸不着、抓不住。说是恍恍惚惚、若隐若现的吧，自大道中却生成着万象。说是惚惚恍恍、若有若无的吧，自大道中却产生着万物。说这个大道深远难见吧，其中自有精华元素。而且这种精华元素真切可信，它是有效的、好用的。

从古至今人们都知道大道的美名——范畴，大道的美名永存永在。从大道出发，以大道为依据，去观察万物的初始化。怎么样才可能去知晓万物的初始化——本源呢？就靠大道。

这一章对道的讲述非常重要也非常精彩。

第一，惚兮恍兮，其中有象。恍兮惚兮，其中有物。窈兮冥兮，其中有精。这样一种描写，这样一种想象推测（只可能是想象推测，老子的时代不可能有涉及宇宙发生、星球生灭、天文学的任何望远镜观看、图片、数据），十分天才，十分有理。它与他身后两千余年后的从十八世纪到二十世纪的星云说比较接近。不论是康德、拉普拉斯、魏扎克、霍伊尔、阿尔文还是我国的著名天文学家戴文赛的关于星云旋转、集中、收缩、冷却、坍塌、扁平化的假设，还是关于宇宙微粒子（其中有精！）的学说，都有与恍惚说相似之处。这说明了老子的发生学想象、发生学假说的天才性。

第二，在老子的关于道、关于玄德、关于谷神等的把握中，与西方的分析性思维不同，它追求的是概括与统一。

其一，存在与本质的统一。道的惚恍、冲、渊、夷、希、微，似有似无，亦有亦无，如风箱，如玄牝，若水，是世界存在的恒久形式、普遍形式、根本形式，所以也是存在的本质所在。其中有象，其中有物，其中有精。而道的自然、无为、不仁、不争、功遂身退、无尤、昏昏、闷闷、不可道、不可名、守中，玄之又玄，众妙之门，则是世界的本质，也是世界——道的结构、观感与形象。在这个意义上，对于老子来说，世界就是自然，也就是道，三者统一、同一，互相渗透，互相整合。

其二，大道的本体、本容与本源的统一。大道既是世界的本源、发生，初始化也是世界的本来面貌、本来质地的最高、最广泛的概括。有的大学者（如冯友兰）讨论的是道之为物与道之生物的区分，认为老子在此章中讲的是道之为物，即道的本体本容，而不是讲道者万物之源也。其实，对于老子来说，对于东方式的本质主义与一元崇拜来说，这样的区分既不必要也不可能。同样，在《老子》一书中，他强调了道生一，一生二，二生三，三生万物。道之为物就是道之生物，甚至于我们也不妨考虑研究物之生道的命题的有效性。物是万物，道是那个最最精彩的一。一就是多，多就是一。郭沫若的诗中也曾歌颂过一的一切与一切的一。对于老子来说，道既是抽象的，又是如宇宙微粒一样具体的。为什么叫惚恍？就因为它统一了本源、本原与本体。

其三，它统一了道、德、天、自然等概念，一而同之，强调了它们的同一性与唯一性。当然这里也有一点破绽，因为老子否定过德，就是他讲的“失道而后德”，也可以为之打一个补丁：他后来强调的与大道一致的不是一般的德而是玄德——最深刻、最本质、最核心的德。他否定的则是带有人为色彩、人工推行色彩的所谓德。

其四，它忽略了、超越了物与心、客观与主观、有神论与无神论的差别，也统一了人们对于世界与人类的基本认知。也就是说不但大道与世界、与万物可以统一，与人也可以统一。一个圣人，一个得道之人，他的豫兮、犹兮、俨兮、涣兮、敦兮、旷兮、澹兮、混兮以及其他诸方面，本身就是道的作用与道的证明，他就是道的载体。

第三，老子的这些认识，既是先验的也是概括的与经验的。他自以为可以超越先验与经验的分野，超越（宗教）信仰、哲学、审美以及与逻辑论证的差别。它凸显了中国式的整体的一揽子的思维方法。它的论述抽象玄妙，大而无当，是哲学无疑却又如教义之玄妙，有诗的韵律、美妙与魅力，却又诉诸理智与抽象思维，既难以论辩，又不乏例证，如关于水、天、刍狗、玄牝、风箱、功遂身退等的富有生活气息与经验内容的比喻。老子惊人的高论至今给人以启迪与智慧，我们当然会越来越重视挖掘这一难得的精神资源，同时，我们却又不可以满足于空对空的概念置换，浅尝辄止，不可夜郎自大，不可忽视现代的与世界的新知新论的充实、补充与发展。

第二十二章　曲全枉直

曲则全，枉则直，洼则盈，敝则新，少则得，多则惑。

是以圣人抱一为天下式。

不自见，故明；不自是，故彰；不自伐，故有功；不自矜，故能长。

夫惟不争，故天下莫能与之争。

古之所谓：曲则全者，岂虚言哉！诚全而归之。

能够忍受委曲，那么反而能够保全、成全、完成一定的目标。能够不拒绝退让、弯路与变通，反而能够比较平直地到达目的地。能够谦虚与自居低洼，聚集的东西与人气反而充盈。能够爱惜陈旧、珍重历史，反而能做到更新、图新、立新、求新。少要求一点，少一点贪心，反而能够多得到一些收获。而活动太多、说话太多、要求太多、算计太多的结果，只能是增烦添乱，不知所措，一事无成。

所以说，圣人是有一定之规的，他坚持他的始终如一的原则和道路，就能够成为天下的榜样范式。

不要老是盯着自己与一味表现自己，看什么、想什么都会更明明白白一点。不自以为是，所以能够有影响、有威信。不自吹自擂，自我表功，所以才真有贡献。不自高自大，所以形象高大、能带动旁人。正因为他不去争夺浮名小利，所以天下没有什么人是他的对手。

古人就有此一说：委曲方能保全，这并不是空话，它的效验已经得到了充分的证明。

这一章是会引起争议乃至抗议的，因为老子只讲委曲求全的道理，全然不讲抗争，不讲知其不可而为之的执着，不讲我不下地狱谁下地狱的使命感，不讲宁折不弯的气节，不讲牺牲、献身的不可避免与当仁不让，不讲甘洒热血写春秋的壮志豪情，没有英雄主义与壮烈精神。它甚至涉嫌苟且偷生的懦夫哲学。

首先，这里有一个前提，春秋无义战，我们不能用今天的大是大非的两分法来分析老子所面临的种种情势。

其次，我们从这一章的论述中可以看出老子的时代、老子的政治社会环境是何等险恶。老子对于自己的智慧与见地充满信心，但是对于自己的力量，对于他所处的环境是否那么讲道理、讲仁义则全无信心。他看透了兴亡盛衰、沉浮成败的瞬息万变、物极必反。他看惯了、看透了那些急于求成者、自我兜售者、霸气十足者、蝇营狗苟者的红极一时与狼狈下场。他不能不发出忠告，奉劝那些小打小闹、啰里啰唆而又偏执狭隘、鼠目寸光的家伙，还有那些轻举妄动、自命不凡、大吹大擂、牛皮烘烘的伙计清醒一点，冷静一点，克制一点。

有什么办法呢，两千五六百年过去了，老子的劝告对于这样的生生不已的庸人蠢材还是不无参考价值的。

邓小平在一九八〇年夏回答意大利女记者法拉奇的提问时，讲到周恩来与他自己的时候的一些说法，可以作为《老子》的这一章论述的理解与参考。这里也有一个前提，周恩来与邓小平面对的不是蒋介石、国民党，而是革命成功后自己的党与领导人毛泽东。他们的选择只能是曲则全，枉则直，洼则盈，敝则新，少则得。在讲到自己的三起三落的“秘诀”的时候，邓小平强调的是“忍耐”。

绝无老庄传统的西方世界对于忍耐，则也有所提倡赞扬。应有的忍耐，也可以为普世所接受。

因为世上的许多道路都不是笔直的。许多理所当然的好事，做起来也要付出时间，付出代价，经历艰辛，经历曲折。

当然，我们尊重抗争者与牺牲者，例如张志新与遇罗克，我们也同时能够理解忍辱负重与委曲求全的人尤其是领导人的决定作用与实际成效。我们不能认定只有一种选择，只有一种模式。

说到“敝则新”相当令人叹息，“文革”当中大吹新生事物，把乌托邦的东西、个人迷信的东西当作新生事物。同时视旧视古如敌。看来仅仅新不新、旧不旧，并不是价值判断的标准，新底下还有本质，是真正的新生事物还是腐朽封建的东西借尸还魂，那是需要鉴别的。

同时新与旧并非截然对立。对于历史的珍重，历史主义，恰恰是比较新的观念、新的风尚；而浮躁求新，浮躁弃旧，恰恰是过了时的愚蠢。

至于“不争，故莫能与之争”的命题，太精彩了。这里有一个道的问题，即认识客观规律的问题，一个人的一切，不是争出来的，而是看他的实际与实绩，看他的品格、智慧与事业。当然还有机遇，还有外界的不确定因素。“新飞广告做得好，不如新飞冰箱好。”你争得再有效，也不如你的存在、你的性能、你的纪录更有说服力。一个锱铢必较的人，不可能是一个大气的、有信心、有把握、有格调、有形象的人，而只能是一个私心太重、心胸狭隘、一瓶子不满半瓶子晃荡的《红楼梦》里的赵姨娘式人物。赵姨娘的特点是夫唯必争，故什么也得不到；夫唯皆争，故什么也做不成；夫唯乱争，适成笑柄。

我还有一个很个人的体会。你有时间去争吗？有那个时间，你又可以多读多少书，多思考多少问题，多写多少作品，多出多少活儿！哪样的效益大，哪样的努力划得来，哪样的时间支出更加经济？还用问吗？

莫能与之争的说法颇有些幽默。争夺、计较是会引起恶性循环的。你争的结果是他争，他争的结果是她争。争，还能变成恶性破坏。我得不到了，反正也不能让你得到，最后争个两败俱伤，这样的例子还少吗?

而我偏偏不争，你的那些与我争的伎俩，不都是无的放矢、与风车作战了吗?你争什么，吾兄，好好好，全归你好不好?我要的只有格调，只有实绩，只有大道，只有生命的真价值、真意义、真快乐。

你争的结果是一肚子气，是一脑门子官司，是一百个想不通、一千个委屈、一万个天怒人怨。

我不争的结果是明朗的心态与可能的最好的果实。

当然这里说的争是私利之争，不是为了真理、为了人民而斗争。

再说，人性中有一种为争而争的无聊冲动，连争蝇头小利都谈不上，而是意气之争，字眼之争，打镲（意为驴唇不对马嘴）之争，取笑之争，为了显示自己而强词夺理之争，恶评酷评之争，吃饱了撑的之争，穷极无聊、无事可做之争，怕别人忘了自己之争。夫妻间就难免这种争执，还有一种叫作姑嫂勃谿、婆婆与媳妇之争。文人间文坛上也多有这种争执，更有无聊小文痞以与比自己个头大的人争为出道捷径。你能奉陪吗?绝对不能。只能以不予置理对待之。

还有一个体会，带棱带角地发表自己的见解是可以的，却完全用不着辩诬。如果他要诬，就完全不是一个言语文字逻辑的争论，而是另有背景，另有出发点，与之讲道理掰逻辑是无效的。而且事物的本来面目不是任何别有用心的诬陷所能改变的，最好的办法仍然是埋头耕耘，培植与收割自己的作物，争取自己的丰收，显示自己的包容与宽大。

和辩诬同样忌讳的是纠缠不休的争论。许多事争起来是完全没有用的，百分之百的有理照样有可能面对胡搅蛮缠者而一筹莫展。原因在于，一个人的主张荒谬，立论失当，恶意攻讦，不按真理，其实质原因常常既不是逻辑问题，也不是实证或材料搜集方面的问题。热衷于争者口头上说的笔下写的一套，并不能说明他的固执己见的真实原因，更不一定是全部原因。谁也不要企图通过辩论改变谁、影响谁，甚至众多的旁观者也早就不会根据辩理的情况决定自己的取舍了。表面上的道理、考据、事实之侧面、角度之争的背后，往往是利益之争、意气之争、派别之争、背景之争。只有傻子才耽于争论，误了一切正事正业。

不争的结果还是最好的回应与过招。你把蝇头小利、浮名虚势看得重如泰山，我看得轻如鸿毛，我根本不予置理，你还能怎么样呢？你什么都争的结果并不可能给你添加一斤一两，而我的不争只干的政策，不是反而处于不败之地了吗？

老子此章的用意在于以无成有，以退为进。你在功名上、俗务上、金钱上、风头上退了，无了，曲了，枉了，洼了，敝了，少了，你在事业上、学问上、智慧上、境界上、大道上、贡献上才能有所进取，有所获得，有所创造，有所作为。当然给赵姨娘式的男人与女人讲这样的道理，是对牛弹琴了。然而这样的事例与成效无数，岂是虚言！

至于不自见，故明；不自是，故彰；不自伐，故有功；不自矜，故能长。老子判定，一个人最大的障碍有可能是他自己，光注意表现自己、兜售自己了，他能看明白这个世界吗？他看得明白比他强的人士、比他所懂得的更高明的道理吗？光自以为是了，自己掉在自己的坑洼里了，他身上还有什么值得彰显的光辉吗？只知道吹嘘表白表功的人，谁愿意承认他的功绩？越是自高自大，越是得意扬扬，越是压人一头，越是无人买账，这样的事情还少吗？

老子对此也有一番感慨，就是自己挡住了自己的道路，自己蒙上了自己的眼睛，自己堵上了自己的耳朵，自己使自己变得可笑兮兮，孤家寡人，脱离大道，脱离生活，脱离人群。

老子说古代就有曲则全的说法，这不是虚话。这说明，老子的思想也是有根基的。中国民间过去或此后都有类似的总结、类似的例证。如大丈夫能屈能伸，如欲速则不达，如小不忍则乱大谋。如韩信的受胯下之辱，如范雎的佯死，更不要说越王勾践的卧薪尝胆了。

第二十三章　飘风骤雨

希言自然。

故飘风不终朝，骤雨不终日。孰为此者？天地。天地尚不能久，而况于人乎？

故从事于道者，同于道，德者同于德，失者同于失。

同于道者，道亦乐得之；同于德者，德亦乐得之；同于失者，失亦乐得之。

信不足焉，有不信焉。

少说话、少折腾、少生硬干涉才符合大道自然运行的规律，也才留下了大道自行运动最好的空间。

风刮得太猛，往往不到一个早晨就停下来了。雨下得太大，也很难连下一个白天。谁把它们停下了呢？天与地。天与地都不能用力太过、太久，何况咱们人类呢？

所以说，你如果力求按大道办事，你也就要或一定会与大道相一致。你力求按大德办事，你也就要或一定会与大德相一致。你行事失去了道与德，那么错失也就与你相一致。你与大道一致，大道也就乐于得其所哉——运转于最佳状态。你与大德相一致，大德也就乐于得其所哉——发挥于最佳状态。你与错失相一致，错失也就乐于得其所哉——惩罚你于应有应得的状态。

他们（那些与错失一致而背离了大道大德的人，尤其是统治者）缺乏公信力，老百姓信不过他们。

从这一章可以看出中国式的毋为已甚、适可而止、留有余地直至中庸之道的内容。不要用力过猛，不要用力殆尽，不要人为地闹哄咋呼，不要动辄暴风骤雨，要悠着劲来，要有长劲，这是老子的忠告。

中国古代少有权力制衡、社会制衡的传统与观念，但是中国人特别体会得到在时间的纵轴上的平衡：叫作三十年河东，三十年河西；叫作物极必反、分久必合、合久必分；叫作否极泰来，时来运转；叫作阴阳协调，一阴一阳谓之道；叫作天网恢恢，疏而不漏。所以我们较早发生了中庸思想，不走极端，免得若干年后再往另一面偏。同时中国人也较早就主张和谐与平衡，阴阳协调，各得其所。老子以狂风暴雨为例说明天地做事也不是一味走极端、走单一方向，人类行事更要考虑到诸多方面，不可强行推动，不可一意孤行，不可逆天逆民而动，不可赶尽杀绝，不可将事做绝。

中国的古代，儒家提倡的是通过道德、礼法来制衡权力和地位，失去了道德、礼法也就失去了权力的合法性，不按理法办事也就失去了管理的合法与有效性。

老子则是企图通过哲学，通过大道的宣示与理解来克服苛刻、烦琐、勉强、主观、失度的苛政与蠢行。可惜的是，老子讲的这些仍然是偏于理想化的。

同于道者，道亦乐得之；同于德者，德亦乐得之。这也是中国人的尚同思维方式之一例。你靠拢认同 A，A 就喜欢你；你喜欢 B，B 就认同你靠拢你。既然 A → A'，那么 A' 就一定→ A。其实这样的逆定理未必成立。你自以为是靠拢道与德，但事实证明道与德并未与你亲近合一。你追求道与德，偏偏有人认为你无道缺德，这样的事也是可能发生的。

老子式的道德治天下的范例太少了。春秋战国也好，其后的秦、汉、晋、隋、唐、宋、元、明、清、民国也好，至今并没有哪个政权、哪个个人是仅仅靠虚静无为、柔弱退让取得了成功的。知识分子的求道学道的成效更不明显。你自以为爱道求道，但是道未必向你现出笑脸，而是嘲笑并惩罚你的书呆子气，这样的例子比同于道而道亦乐得之的例子更多，比如魏晋名士们的悲剧命运，比如近现代中国的许多知识分子的命运。

当然，同样也没有哪个政权、哪个个人是仅仅靠生拉硬拽、强迫命令、狂风暴雨就能做到国泰民安、事业有成的。革命高潮夺取政权时期，大讲反对中庸，反对费厄泼赖，提倡完全、彻底、干净地消灭敌人，号召“让暴风雨来得更猛烈些吧”（高尔基），是有它的历史特色与时代背景的，是有它的规律性的。革命胜利了，革命的人民取得政权了，必然会有新的考虑。

这里还有一个帮助与启发。从飘风骤雨的例子中，我们可以讨论一个社会生活或我们事业的高潮化与正常化的命题。夺取政权的革命，是有高潮的，是在高潮中取胜的。对于这种高潮的自豪的记忆，这种高潮化的历史惯性，会鼓励我们总是想在不断涌现的高潮中跨步跃进。但是建设新社会，尤其是经济建设，不可能总是人为地采取掀起高潮、延续高潮的办法。改革开放前，经济与社会政治生活中我们数度呼风唤雨，掀起高潮，付出了太多的代价。比如名著《中国农村的社会主义高潮》，比如“反右”完了就唱上了“掀起了社会主义建设高潮”，比如“大跃进”，比如“文革”。而我们现在很少讲什么掀起高潮，而是讲可持续发展了。

偏偏现在有些迷恋于老经验的人认为是进入了“革命的低潮”。他们如果能够多少听取一下老子的见解，不是没有帮助的。

更正确的选择是做到有为与无为、道德与实力、雄辩与慎言、虚静与强健、妥协与坚持、委曲求全与直道无畏、适可而止与锲而不舍的互济、互补、互通、互动。老子的片面的深刻性，仍然是极有意义的精神资源之一种。

相对地说，老子反复强调身全、无尤、身先、无死地（见后），给人以过分重视自我保护而缺少献身舍身的精神了。这就看你怎样去理解、怎样去汲取了。不要忘了老子也有另外一方面的话——民不畏死，奈何以死惧之，这些都是后话了。

第二十四章　企者不立

企者不立，跨者不行。自见者不明，自是者不彰。自伐者无功，自矜者不长。

其在道也曰：余食赘形。物或恶之，故有道者不处。

踮起脚跟来拔高，很难站立稳。跨越式的走路求快，很难用这种方式行路赶路。自己总是表现自己，急于兜售己见的，未免糊涂不明白。自以为是的人，总是要让别人承认自己一贯正确的人，反而不可能光耀彰显。自吹自擂的人不会有多大功劳留下或被承认。骄傲自满的人，得不到（长久的）尊敬与服膺。

从道的观点来看，上述这些强求与自我中心的多余表演，就像剩饭或者赘疣一样，只会令他人烦厌，所以真正掌握了大道的人是不会这样干的。

这一章老子为我们勾画了一幅反面教员的形象图。你有多高矮就是多高矮，踮起脚尖来能算数吗？走起路来，勉强地迈起超过你的下肢的可能性的大步，一时可以，以此赶路，就太小儿科了。至于自见、自是、自伐、自矜的人，太多太多。这样的事情像是剩饭吗？可能是说它气味恶劣，品质恶劣，添乱添堵。这样的可笑的行为像是赘疣？则是说它完全无用、多余，只能添丑添病。而这样的弱点又是太普遍了。

人为什么会自己欺骗自己呢？人为什么总是易于觉得自己比

别人正确、比别人强呢？人为什么又总是心存侥幸，老是觉得好运会降临到自己头上呢？为什么人常常会使自己变成剩饭、赘疣一样地讨人嫌呢？

原因在于人总是在自己身上用力太过，强努太多，希图侥幸太一厢情愿。美容美过了头，变成毁容。吹嘘过了头，会变成丑角，叫作丑态百出。强硬太过了，变成僵化。说话太过了，变得失去公信。转文太过了，变成食而不化。喊叫太过了，变成声嘶力竭、向隅而泣。整人太过了，变成迫害狂。弄巧反倒成拙，恃强反而坚持不下来，诉苦诉得强词夺理、令人厌烦，上纲上得装腔作势、令人耻笑……这样的事无数无休。何不好好想一想？

其实大道是至上的，大道是管用的，大道是永存的。同时，请注意：大道又是惚兮恍兮的，是不确定的，是不仁的，是以万物为刍狗的。大道本身的运转，大道本身的万象万态，包含了也决定了人的犯错误、走极端、远离大道的可能。飘风不终朝，骤雨不终日，企者不立，跨者不行，自见者不明，自是者不彰，自伐者无功，自矜者不长，还有某些无道者的变成、成为余食赘形，这也是大道。大道决定了会有人失道、悖道，自取其辱，乃至自取灭亡（按：这不是老子的原意，而是我的发挥感慨）。

人的这种踮脚拔高之意，跨越求捷之心，这种自以为是、自高自大的毛病，正是人自身也惚兮恍兮、不明不彰、失道缺德的表现，是天地不仁的表现，是一些人确如刍狗、切不可自视过高的证明，是难免刍狗般毁灭掉的依据，是大道渊深玄妙非可道也的表现。在学道、习道、闻道的过程中没有深刻与不无痛苦的反思，又怎么可能把握大道呢？

大道中有模糊也有黑洞，有一种可能也有另一种可能，有正面也有反面，有美善也有不美不善。学道也可能走火入魔，误入歧途，适得其反，祸可以生福，福可以变祸。不确定性，这也是大道的特点特性之一。

所以更不能踮脚求高，跳跃行路，不能自我过于膨胀。

现在回过头来研究天地不仁、万物刍狗的命题，其中同样包含着劝诫世人不可自视过高、不可自命不凡的警世之大义。

《老子》中包含了不少关于如何做人的忠告，他偏重于劝导人们要谦卑、退让、委曲求全、示弱、不争、不言或者希言少言等。这虽然是偏于一面的道理，但是不无参考的意义。如果想到他的进言主要是针对统治者，我们也许能更好地体会他的苦心。

第二十五章　道法自然

有物混成，先天地生。寂兮寥兮，独立不改，周行而不殆，可以为天下母。

吾不知其名，强字之曰道。强为之名曰大。大曰逝，逝曰远，远曰反。故道大、天大、地大、人亦大。域中有四大，而人居其一焉。

人法地，地法天，天法道，道法自然。

有这么一种东西，它包罗万象却又浑然一体，你无法对它进行切割与分析性的把握与研究。在天与地尚未分离清晰、天与地尚没有形成的时候，这种东西已经诞生了。它没有固定的刚性的形体和响动。它无声无息，既是可变的不固定的，又是独立运转，有自己的准头与规律，不会改变自身运动的方向与节奏的。它循环往复，无休无止，可以说它就是天下的母体、起源、初始化。

我不知道应该将它归入何种概念，怎么样去称呼它才好，勉强给它起一个名字，叫作道。再费点力气解说一下，它是广大、博大、无限大的。博大了就瞬间万里，运行不息；运行不息了就深远渺茫；走得深远渺茫了就又返回自身，回到起点，周而复始。

所以说道是伟大的，天是伟大的，地是伟大的，人也是伟大的。世界上有四种大，道、天、地、人，人是四大之一。

人要按照地的法则做人行事，地要按照天的法则为地，天要按照道的法则为天，而道呢，它遵循的或实行的是自然而然的运作法则。

这一章非常重要。首先，它说明道的产生先于天地，老子将天地视为次生概念，而将道视为原生概念：道是永恒的，是先天先验的；而天地是后来的，是逐渐形成的。这很精辟，比天不变道亦不变的说法精彩得多。

其次，它明说了道是混成的。混成，在混沌中自然生成，这是一个重要的概念。混一、混合、混元、混生等词，都包含一种原始、原生、先验、泰初、根本的含义，"混"字是最接近道的词之一。此前的第十四章，已经讲了混而为一。哲学家面对的世界，一面是万物，一面是一。用黑格尔的话来说，一面是杂多，一面是统一。怎么统一起来的呢？老子说是混而为一。能将万物混而为一，这是哲学家的本领，这是道的运用。道的功用在于，它不但能使万物分离开来，更能使万物混一起来。重视概念的归属与提升，重视寻找一把万能的钥匙，希望能抓住一个牛鼻子，一个穴位，乃无往而不利——包括为政、习武、作战、求学，一通百通，一胜百胜，所以特别重视混合成一的命题，这是我们的传统文化的特色之一。

混的意思包含着无定形、定量、定位，弹性、变易性与模糊性，容受性与可塑性。

越是混沌，就越是无以名之。无以名之而名之的结果，是强为之字，勉强为它起的所谓"道"这个表字，未必准确和理想，未必百分之百地妥帖。姑妄字之，是正式的称谓之宾，是代称谓。

这正是《老子》开宗明义，在第一章先强调它是不可道、不可命名、不可言说的原因。所有的有关论述，也都不是理想的、清晰的、足以说明道的特质的。

没有理、化、生的可验证性，没有史、地的确定性，没有数学与语言文学的完备与充实性，没有儒家教导的生活性、规范性，这可以说是老子之学的一大遗憾。但从另一方面来说，它反证了道的精微伟大，它是实大于名，实超过了名许多许多倍。它是一切言语所难以表达的，是一切命名所不能完成的超概括、超伟大，是永远完成不了但又永无停止的趋向于无限大的→∞，是趋向于神性而不全是人间性概念的。你可以充分运用自己的想象力、抽象力与感悟力去接近这个道。

此前老子已经讲了道的玄妙、夷、希、微、冲……这是讲道的质地。老子又讲了若水、虚、静、婴儿、居善地、心善渊……这是说明道的品性德行。讲了道的玄牝、橐籥、动而愈出……是讲道的效用。这一章讲了道的大、逝、远、反，则是讲道的格局。

大是讲涵盖性，逝是讲变易性，远是讲深刻与恒久性。道越是深刻，离日常经验与皮毛浅见就越远。反则是讲逆向性与循环性。任何事物的运转，都不是单向的矢量（一个单纯的箭头），万变不离其宗，物极必反，这是中国老祖宗早已琢磨出来的万物万象的特性。

所以中国人喜欢与崇拜圆形，相信万物周而复始，一元复始，万象更新，万物万象无始无终。

再往下是道、天、地、人“四大”的概括。比较起这个“四大”来说，更被中国人普遍接受的是“三才”即天、地、人，或天时、地利、人和说。《易经》的《说卦》第二章上说：

> 昔者圣人之作《易》也，将以顺性命之理。是以立天之道，曰阴与阳；立地之道，曰柔与刚；立人之道，曰仁与义。兼三才而两之，故“易”六画而成卦。

而孟子的说法则是：

> 天时不如地利，地利不如人和。

就是说，广大中国人长期以来，在主流儒家文化的指引下，认为世界是由天、地、人三个维度组成的。这不是几何学上的三维空间，而是哲学社会学上的三维世界。国人还常常在讲天的时候将天道与历史的发展趋向、命运或所谓气数、阴阳之理与盈虚之辨结合起来。也就是把天与时间、时代的因素放在一起考察，说一个朝代或一个人物气数已尽，是说它或他（她）的时代已经过去了，天意已经变化，不在它、他或她这边了，所以叫作天时。

在讲地的时候则将地与资源、地形利害与地域文化、刚柔之相济互补结合起来，所以叫作地利。而在讲人的时候，国人更重视的是群体，是群体的团结程度与组织程度、和谐程度与集体行为的效能，还有群体的素质，尤其是其仁义道德的化育程度，所以叫作人和。

简单一点来说：天指时间。天是历史性、时间性、宿命性、先验性概念。地指空间。地叫地利，是空间性、位置性、客观性、实用性概念。人指社会政治文化。人叫人和，是文化性、道德性、可塑性、可为性概念。

古人的天、地、人“三才”说还是很周到的，人搞得再好，历史时机不对，照样一事无成。地理空间条件不具备，你也会事倍功半，达不到预定目标。人当尽力，同时人当正确地判断自己的时间空间条件、限制性与机遇。

还有一个说法，最早见于孟夫子，他说：“天时不如地利，地利不如人和。”首先人与人最近，其次是地利，再次是天时。人的因素才是人最可为、最能起作用的。天时不对，地利不对，你能做的事有限，你能做的只能是等待时机或转移地点。人的因素不对，责任在你，作为在你。

但真到了关键时刻，人们会说“天亡我也”或“天助我也”。天似乎最后仍然起作用。

老子在这里则加上了大道，因为老子认为天与地、与人的统一性在于道，道乃是最高、最伟大的概括，是至上的本质。天、地、人“三才”是看得见的，是清晰的感觉与思索的对象。但如果没有道，就无法将天、地、人“三才”统一起来，统领起来，就说不清万象万物的本质与本源。而没有天、地、人，大道也就成了空洞的想象遐思，成了不但无以名之，也未必有之的空对空了。

印度也有地、水、火、风之“四大”说，所以佛教要讲“四大皆空”。与之相呼应的是我国的金、木、水、火、土“五行”说。反观老子的“四大”，道天地人，则是以道统率“三才”世界的结果。

同时，老子并不将抽象大道与相对具体的天、地、人三者对立起来，他称颂四者皆大，他追求的是四者的统一而不是分离。

再往下讲，道、天、地、人四者是什么关系呢？

人生活在地面上，所以要取法于地，要厚德载物，要勇于承担，要谦虚与眼睛向下，要刚柔相济，同时要注意一切举措符合本地的地缘与地理特色。天覆盖着地面，比地高耸而且广大，对地居高临下，所以地要取法天，不论你解释天是行健的，自强不息的；或是不仁的，视万物如刍狗的；或者是无言的，不言而行大道，不言而明日月。地要根据天时的变化、季节的变化而调整自己。

天、地、人“三才”的总主导、总概括、总根本则是道。

人也大起来了，与前边说的万物与百姓刍狗论是否有悖逆呢？看你怎么理解了，人的一切也是体现了大道的，体现了大道的一切都是伟大的。如果刍狗说是真理，是大道的体现，是大道的独立不改的运动方向与节奏，那么刍狗说也是伟大的。刍狗通大道，刍狗亦大，刍狗之毁灭亦大（参考印度教之湿婆神乃最伟大的毁灭之神说）。

在这里，我们还要想一想，尤其是对于老庄来说，伟大与渺小本来就是相通的。对于无限大的道来说，银河系也是渺小的，趋向于零蛋的。而对于具体的万物来说，芥子也罢，孑孓也罢，都是难得的伟大存在，也都体现着本质，都是大道的下载，都是大道的显现，都是宇宙万物的一个微粒，都是要多伟大有多伟大，要多渺小有多渺小——伟大即渺小，渺小即伟大。认识到自己的渺小，那正是靠近了大道的表现，也就成为通向伟大的道路了。

同时，不论人怎么伟大，在“四大”中，它处于末位，人仍然不能够太翘尾巴。

道法自然的说法则更加重要。这里的自然与今天通用的名词——主要是为了与人文创造的一切区别开来而称的“大自然”

的含义不完全相同。

老子的“自然”主要指的是一种状态，即自己的自然而然的运动，指的是自行运动变化存在或不运动、不变化而存在直到不存在、消失灭亡，不必要也不可能人为地去改变它们的自然状态。

这样的解释，又使你觉得当年的“自然”与今天的所谓“大自然”不无相通之处。道是自然的，不受意志、价值、文化、权势、科技与才能的左右。它不具有人格化的选择的空间，不具有倾向、爱憎、善恶、情绪、愿望。它只能自己运动自己的。这样的自然说，更客观也更冷静，它包含着一种冷伟大、冷权威、冷神明。

体会清楚这样一个“法自然”的冷大道，少一点热昏与痴迷，还真够读者喝一壶的。

这里有一个问题，按老子的学说，道是至高无上的，是至大无边的，是至远无端的，是循环往复的，是无限大的，是最最本初的。天地有无，都是产生于道的。为什么这里突然出现了一个“自然”比道还“高”、还伟大、还厉害呢？而且只此一处，讲的内容似乎是说自然是道师法的对象，何也？

我的个人心得是：法者，可以解释为师法，及物动词；也可以解释为法则，抽象名词。人师法地，同时人的法则等于地的法则。地师法于天，同时地的法则等于天的法则。天师法于道，同时天的法则等于道的法则。那么道的法则呢？道的法则就是自然而然，自己运动，自己存在，自己成为这样那样。

道法自然的最好解释是：道的法则乃是自然而然的运动。道的法则是自己运动。

当然也可以说道师法就是这种自然而然地运动的法则，或者说道的师法对象是自然而然的运动，或者说道取法于自然而然的运动。

列出式子来，则是人→地→天→道＝自然。道对自然的“法”，与人→地→天→道的师法，不是相同的概念。

人→地→天→道＝自然的说法本身就像一个圆，而不是一条矢量直线。因为道的自然特性，包含万物，应该说也包含人、地、天。

道是世界的本质，自然是道的本性，比大、逝、远、反更根本的本性。道伟大，自然伟大，天伟大，地伟大，人也可以随之伟大。

人的伟大与否，在于你对道的体悟的深浅、多少、远近。

道法自然的说法，同样是为了令人平和冷静、令人尊重万物自化的法则。

第二十六章　重为轻根

重为轻根，静为躁君。

是以君子终日行不离辎重。虽有荣观，燕处超然。

奈何万乘之主而以身轻天下？轻则失根，躁则失君。

持重（厚重、远见、谨慎、从容不迫）是轻快行事、灵活机动的基础，冷静（平静、深思、理智、周全）是热烈（躁动、冒险、急切、勇敢）的统帅。

所以君子（一说圣人）整天不离开准备好粮草的载重大车。不管有多少荣华富贵，都以平常心处之超然，不在意这些身外之物。

可为什么身为相当规模的大国之君，却还动辄轻举妄动呢？太轻（轻佻、轻率、轻薄、轻易）了就没有了根基，太躁（急躁、浮躁、焦躁、躁动）了就失去了主心骨。

这一章讲的与风度问题有关。这里的风度不仅是举止风格，也是人生与做事的态度。

其中对我们最有帮助的是，一要固本，强壮根基。二要沉着，不要走失迷误。三是严忌轻举妄动。

对于一个人来说，根基是他的品格、境界、高度、学养、经验，是他近道、明道、行道的程度。这些如树之根，如建筑之基础。而他的事业、成就是他的果实。名声、形象、人气，是他的花朵。背景、助力、支持、影响，是他的枝叶。根没有长好，却又雄心勃勃，犹如无根之木，越想开大花、结大果就枯萎得越快。

而沉着是有主心骨的前提。这是一个心理素质问题，也是品格境界与能力问题。其关键在于不要让人的弱点诸如私心杂念、情绪化、嫉妒心、侥幸心、贪欲、野心、黑心、恶意等影响了你明道的可能。

人众常讲的沉住气，其实就是静为躁君的意思。可以想象春秋战国在征战、阴谋、赌博、僵持不下的背景下，人们尤其是统治者，他们是怎样的心浮气躁、心慌意乱、急于求成、贪功惧过、错误百出、混招迭现。在这种争夺混战的热昏状态下，老子提出的冷处方，不是没有针对性的，它完全有可能成为一剂苦口的良药。

有根基，有主心骨，就有远见，有准备，有立于不败之地的修养，这正是老子的理想。正如圣人或者君子，正如圣明的国君、统帅，他们随时做好了应变的准备，不离后勤车辆，不离后勤保证，不脱离脚踏实地的状态，而对到了手的荣华富贵一笑置之，决不沉溺于忘乎所以，决不悬在半空中自取灭亡。

反过来说，轻率、轻浮、轻飘就没了根基，就容易被外力推倒、拔起，被颠覆掉。而躁动、急躁、焦躁、热昏，就抢劫了主心骨，失去了统领，叫作失控。

这样一个关于轻重、静躁的论述，也差不多是中国文明的传统，儒家与历代名人、名臣、名相也是这样讲的：所谓每临大事有静气，所谓猝然临之而不惊，无辜加之而不怒，所谓麋鹿兴于左而目不瞬，泰山崩于前而色不变，以及戒骄戒躁等，已经被全民族的文化传统所认同。

这里还有一个说法值得琢磨。在谈到例如今日之“精英”一词时，老子喜欢有的地方讲圣人，有的地方讲士，有的地方讲侯王，但此章讲的是君子。因为此章讲了风度问题，而风度如何是判断是否是君子的重要标准。西方人喜欢讲绅士，绅士的直译是轻柔的男人，是指一种文明、温和、礼让与小心翼翼的风度。老子所主张的君子的风度则是厚重与冷静，不轻率、轻浮、轻飘，不急躁、狂躁、躁动，他强调的是不轻举妄动。孔子有言："人不知而不愠，不亦君子乎？"他强调的也是宽容与平静，与老子的主张乃至西方的"绅士"一词有兼容与一致的地方。起码是不苟怒，不轻易生气，更不会以怒压人。

顺便说一下，对于儒家来说，君子似指一种理想的人格。对于道家来说，君子应该是近于道的人。而在古汉语中，君子指的是什么都通、什么都会的人。

第二十七章　善行无迹

善行无辙迹，善言无瑕谪，善数不用筹策。善闭无关楗而不可开，善结无绳约而不可解。

是以圣人常善救人，故无弃人。常善救物，故无弃物。是谓袭明。

故善人者不善人之师，不善人者善人之资。不贵其师、不爱其资，虽智大迷，是谓要妙。

善于行路或善于做事，美好的行为，都不留下多少痕迹，不闹出多么大的动静。善于说话或美好的话语，都无懈可击。善于计算或最佳数值，都不需要筹策即古代计算器的运用。善于关闭或最可靠的闭锁，不需要门闩等器具，却谁也打不开。善于系扣或者最结实的死扣，不需要绕来绕去，而谁也解不了。

所以圣人善于救人助人，世上乃没有被冷淡、被抛弃的废人。善于救物，也就没有被抛弃的废物。这是深藏的、深刻的明智。

所以说善于助人的好人，是不善于助人的不好的人的老师。不会助人的不太好的人，则是好人的借鉴参考。如果你不珍贵你的老师，不重视你的参考借鉴，聪明人也就成了傻子，迷失了道路。这才是既重要又奥妙的关键呀！

这一章颇堪思索推敲。“善”在汉语中做定语用，是指美好、善良；做状语用，是指精于、巧于，二者都可解。

善行无辙迹一说，善行如作为美好的行为解，它的无辙迹是道德方面的讲究，粗浅地说就是做好事不留姓名。我说过“大德无名”，真正的大德，是不可以讲的，是能做不能说的。为什么呢？如果是中国人，如果有一点智商，应该不难明白。有了辙迹只能找麻烦，只能把善行变成恶行或伪行或沽名钓誉。而如果这里的善行是指善于行走移动，却无迹可寻查，这就近于兵法，或者是接近于轻功，叫作水上漂、草上飞，叫作来无影去无踪、神龙见首不见尾。

我宁愿相信古时候对于语法的分辨并不普及，善行就是善于行路行走，也就是美好的行为。美好的行为当然不追求彰显、不追求扬名、不需要立功，不需要、不在意、不计较留不留得下痕迹的。善行是自然而然的结果，是大道自己运行的过程。善行是高尚的、文明的、自化的、无私的、润物细无声的，善行当然不留痕迹。我还喜欢讲，大道无术，大智无谋，大勇无功。因为出名立功有术与用计都是要付出代价的，不但自己要付出代价，而且旁人也要为你的名与功付出代价。在强调你的大名的时候会使许多没有被强调的名字寂寞乃至蒙羞，在强调你的功劳的时候会遮蔽许多人的劳苦与牺牲贡献。有很多大名里边其实包括了他人的、群体的与历史的功劳。有术则被认为“会来事”，其实等于给自己降了格。用计则必然影响诚信。能不能悟到这一点，这是一个很大的境界与觉悟问题。

一个相信善行无辙迹的人，则是超级境界、超级想得开的人了。无辙迹不一定是绝对地不留痕迹、不留记录，否则历史上有记载的那些善行难道都是伪善吗？无辙迹的含义应该是善行的主体，即行善者有心目中完全没有辙迹之想法，没有人过留名、雁过留声之想法。一边做着好事一边想着留迹，这是可笑的。

如果善行做善于移动行走讲呢？不如做美好的行为讲更舒服。但也可以强讲，善于迁移的人会选择最好的方式、最佳的路线、最好的马匹车辆或其他工具鞋具，如神行太保戴宗，当然也不会留下太明显的辙迹。

善言无瑕谪则说得太绝对了。只要是说出口或写出字来的“言”，就是有瑕谪的。可以说无瑕谪则无言，所以英国人认为，沉默才是金，而善言最多是银。其实无言也会是瑕谪，至少被攻击为瑕谪，因为你没有尽到言责。

如果你有言呢，你的言论涉及了重点就忽略了非重点，强调了一面就不能同时强调另一面。面面俱到又难以突出重点而且可能是自我抵消，甚至容易被认为是周到——圆融——老练——狡猾。你说得生动了像是巧言令色；你说得质朴了，像是了无活气、灵气，没有魅力，没有说服力、感染力。你说得到位了则易过分，你说得含蓄了则易显得不足。你的言被人众拒绝，说明你言非其时、言非其智、言非其道。你的善言获得了公认，被传诵、被重复、被宣讲、被吹捧，那么你已经失去了对于你的善言的主导权、解释权、修改权；你必须任凭你的言语议论被通俗化，有时候是浅薄化，乃至于被歪曲、被割裂、被僵化、被走形走样，当然也可能被发展、被更上层楼，总之最终会是面目全非。应该说，被改善与被改恶的可能性各占百分之五十；或者更精确一点说，被改恶的可能性是百分之五十一。

因为善言的产生不在于是否被多数人理解传诵，而在于智慧与品格、大道的体悟程度、经验的是否足够。对不起，在人众中，大智者、高品格者、体悟大道有成的人、经验足够的人恰恰不是多数。这就是说，人非圣贤，孰能无过？过而能改，善莫大焉。

尤其是老子，似乎不应该提出言无瑕谪的命题。正是他提出了：“惟之与阿，相去几何？善之与恶，相去若何？”“天下皆知美之为美，斯恶矣；皆知善之为善，斯不善矣。”那么瑕谪与无瑕谪，相去几何？

他又说：“知者不言，言者不知；善者不辩，辩者不善。”那就是说，言就证明自己不知不智，言本身就是瑕谪，怎么可能是善言无瑕谪呢？

那么，更正确、更精到的理解应该是，善言无瑕谪不是绝对地无懈可击，而是善言无“瑕谪之辨”，根本无所谓瑕谪不瑕谪。

不设防才是最好的防。善言不可能因为瑕谪而被推翻，真知灼见不会因为瑕谪而失去功效与光芒。与其在有没有瑕谪上下小鼻子、小眼儿的功夫，不如根本不考虑瑕谪的事。不是吗，连老子都承认，道的命名都是强为之字，是不可能绝对地理想无瑕的。

善言无瑕谪是紧接着善行无辙迹的提出而立论的，善行无辙迹是说完美的行为或行路是没有痕迹的，不需要也不可能对之进行表彰或者回顾、总结、审察、推敲。而善言呢，是没有瑕谪不瑕谪一说的。善言与善行一样，也是没有辙迹不辙迹一说的，润物无声，起作用但不留痕迹；上善若水，利万物而不争，根本不存在瑕谪或辙迹之争、之辨、之辩。

其实无瑕谪就没有世界，就没有天地，就不是大道，就不是自然。宇宙有黑洞，太阳有黑子，地球有高寒与炎热，生命有疾病与死亡，社会有不公。问题不在于有无瑕谪，而在于超越瑕谪，修复瑕谪，自然弥补瑕谪，化瑕谪为美善，视瑕谪为不盈的积极因素，视瑕谪为给发展变化预留下了的空间，从而更加亲近大道即自然。

那么善数、善闭、善结所以不用筹策、关楗、系扣，同样，善数的根本前提是人的行为符合大道，百战百胜，没身不殆，你还穷算计个什么劲儿呢？从不用心计算的人自然清楚明白，分得清轻重缓急。整天打小算盘的人却净干糊涂事，这样的例子多了。

善闭的根本前提是无窃、无盗、无不速之客、无擅入的动机与可能。本人无懈可击，不招事，不惹非，不诱盗，不引人注目，自然不用锁销。善结则是心结，无绳而牢，无结而不散。

这里同样有中国的道器之辨的思维方式，同样有中国的讲究修身、正心、诚意，讲究心学、心功的传统或滥觞。得道则无劳筹码、计算器，恩怨得失利害无须预卜而自然明白。外其身则身存，后其身则身先，不争则莫能与之争。不算计，故莫能与之算计；不计较，故莫能与之计较。

得道则无敌。没有敌人进来，因为敌人不敢进、不想进、不要进、不可进，你的正义与无为，你的不擅权、不炫富、不树敌、不为恶早已化敌为友。

得道则无须强行结扣联结。不结扣也不能分割离散。黄山上有一处爱情桥，热恋中人或者新婚伴侣们纷纷到那里高价买一个锁锁在那里，表示二人永不分离。一个个锁头锈迹斑斑，污人眼目。其实真正的爱情岂是需要上保险锁的？

这一类论述显然忽视了“工欲善其事，必先利其器”的道理。与欧洲文明相比，我们历史上曾经太不注意工具的发展前进了。正确的选择是，关注道也关注器，器是大道的具体化，道是器的概括与抽象。

但是这样的思维模式有利于学道、行道的信心和气度，用不着考虑那么多的技术与器物问题，用不着吭吭哧哧、孜孜矻矻、磨磨叽叽，一道在手，胸有成竹，齐了。

中国的修炼身心之学、之功、之教其实是相当迷人的，无须器械、无须实验室、无须实行什么操作，一言一颦一笑，立即精神为之一振，立即豁然开朗，如获新生命。

所以不可走火入魔，不可以修炼身心取代多方面的实践，不论是政治还是经济，科研还是教育，尤其是百行、百业、百功，这些东西是不能用玄妙的大道修养来取代的。

至于无弃人、无弃物的理想，与《礼记》中“老有所终，壮有所用，幼有所长，矜寡孤独废疾者皆有所养。男有分，女有归……”的关于大同世界的说法，与孙中山的“人尽其才，物尽其用，地尽其利，货畅其流”的主张相一致，是一种普世价值，也是政治家、思想家、统治者或者反对党用来鼓舞人心斗志的号召。为什么这叫“袭明”——深藏的或深刻的聪明呢？因为救人救物都无须咋咋呼呼。

说句笑话，有时候对敌手是要造势，要摇旗呐喊，要山呼海啸一番的，对于待你援之以手的友人、亲人、百姓，则宁可将聪明深藏，施援救于无形之中。不要吹的比做的还多、还有声势，吹的声势太大，人们会以吹的声势做特高标杆来丈量你，反而使你费力不讨好，难乎众意。

一直说到善人者不善人之师，不善人者善人之资。这样的句型也与前面的无弃人弃物说有关，什么样的人都是有存在的意义的，或成为师，或成为资，都算不白走这么一趟，也都有助于他人理解感悟大道。不要拒绝任何人、任何事，不要闭目塞聪，不要拒绝师法与资讯，不要认为旁人与自己绝对无关。

一方面是自身的无辙迹、无瑕谪、无筹策、无关楗、无绳结，了无一物；另一方面是无弃人、无弃物，为师为资，这是一个有趣的对比。这样的人是善者，那么不善者呢，恶者呢？一定是恰恰相反：做事有辙迹，说话尽瑕谪，怎么算卦也预见不了下一步；机关用尽关不住门户，防不了入侵；绳子上多少道也拴不紧，动不动就散了架——啥也做不成。而在这样的人眼里，到处是废人废物、对于他没用的人与物。

得道者无私，万物有助有益。失道者自私，万物陌生无趣而且是异己、危险。

为什么这成了要妙，成了窍门呢？

这当然是针对统治者说的，也是针对圣人、士、君子说的。统治者与精英们应该做到民胞物与；应该不弃一人，不弃一物，不拒绝一切资源资讯与积极因素；应该化消极因素为积极因素，使百姓万民没有一个人、一个地方感觉自己是受了冷淡，使统治者得到最好的统治基础，得到拥戴、欢迎、热爱，这当然是非肤浅、非外露的大智慧、大理想了。

第二十八章　知白守黑

知其雄，守其雌，为天下谿。为天下谿，常德不离，复归于婴儿。

知其白，守其黑，为天下式。为天下式，常德不忒，复归于无极。

知其荣，守其辱，为天下谷。为天下谷，常德乃足，复归于朴。

朴散则为器，圣人用之则为官长。故大制不割。

知道怎样去称雄取胜，但是（我们）宁愿保持温和谦让，把自己定位于与低下的溪涧差不多。能定位低下，保持低调，则与永久的德性同在，回到单纯无瑕的婴儿状态。

一切看得清楚明白，如临永昼，但是我们宁愿保持难得糊涂，韬光养晦，如同生活在黑夜中，形成当今天下的另一种处世模式。成就了这样的模式，也就不会背离恒常的德性，不会与德性不一致，同时可以回到无为的顶峰——极致。

知道怎样去获取光荣、为何理应得到光荣，但是我们却宁愿忍辱负重，把荣誉让给旁人，把困难和误解留给自己，要把自己定位于天下的山谷。做到了如山谷一样地虚空谦卑，保持谦卑与可容受、可承担的状态，恒久的德性才会圆满充足，回到最本初、最朴素无华的品质。

本初的质朴分解之后，从初始化发展到数据化、定义化之后，成为各种具体有用的物品，成为巧用好用之器具，成为具体的作为与知识。圣人则可利用这些具有具体规定性的物品、利器与作为、知识掌管天下。所以说，完满伟大的统治，是互通、互补、互利的一个整体，它不是勉强做成的，它是无法被分割削弱的。

一般来说，人们是争强好胜、喜欢发表见解、推广自己的见解与出风头得荣耀的。但是老子提出了另外的模式与选择。非不能也，是不为也。我也知道雄强，我也知道明白锃亮，我也知道风光荣耀，但是我却宁愿保持低调，保持谦虚，保持难得糊涂。这样讲有点怪，但不是没有原因的。

对此我们可以有许多解释：

第一，如毛泽东所讲，卑贱者最聪明，高贵者最愚蠢。卑贱者更实际，卑贱者更注意体察信息，卑贱者更谦虚谨慎，卑贱者更不得不做出实事求是的分析与判断。把自己看得低下一些，更容易接近真理。而高贵者更容易闹骄娇二气，犯刚愎自用、脱离实际、希图侥幸、“大意失荆州”的错误。

在认识论与立足点——立场上，同样有一个与大多数下层人士、与弱势群体站到一起的问题。在耻辱中你才清醒，你能看清光荣的各个侧面。在雌弱中也才看清雄强的方方面面。在斯人独憔悴的状态下，你看得清每一个冠盖京华。在下层的老百姓中，你可以看清上层各个举措的得失。在小人物当中，你会察觉大人物有时候是多么不智。

你想认识生活、认识社会吗？从高处向低处看，从亮处向暗处看，从学者专家那边往老百姓、农民工那边看，你很可能看得不那么清楚，不那么全面。你应该下去，从老百姓这边，从弱势群体这边，从底层往上看，你会得到更全面的认知与信息，你会比那些只知高高在上的自命不凡的家伙接近真理得多。

毛泽东在批评“左”倾路线的时候，曾经说，那些“左”倾人士，不过是不知道打仗要死人，饿了要吃饭，行军要走路罢了（大意）。这是典型的知白守黑的说法，这里需要的不是高深渊博的大白，而是处于黑麻咕咚中也知晓的小儿科常识，夫复何言？

毛泽东发现，有些大人物之所以糊涂，不是在高深的问题上，而是在老百姓都明白的常识问题上。所以他解释，什么是政治？就是团结的人越多越好，敌人越少越好。什么是军事？就是打得赢就打，打不赢就走。

可叹的是到了一九五八年，大人物包括大知识分子也出来鼓吹密植“放卫星”。北京市报道过亩产白薯八十万斤，但是没有一个农民相信。我当时在京郊农村劳动，农民告诉我说：很简单，一亩地摆满白薯，每个白薯与你老王一般大，不够八十万斤。

所以毛主席动辄要求把知识分子、高官轰到农村去，甚至是“派一个团兵力轰下去”。毛泽东是一个极有主见的人，不能把他的动辄要人下去的主张看成是出自纯惩罚或羞辱的动机。

让你下去，这里有老子的根据，也有孟子的根据。孟子的见解是：“天将降大任于斯人也，必先苦其心志，劳其筋骨……”老子的智慧看似另类，其实仍然是中华文明大树上的一枝一叶一奇葩，与中华文明大树关系紧密。

在卑贱者最聪明这一点上，老子与毛泽东一致，但他们得出的结论针锋相对：老子因颂卑贱而谦卑柔弱（状）到底；毛泽东则鼓动卑贱者奋起抗争，斗他个天昏地暗。

卑贱者最聪明，也最有力量。历史属于卑贱者，要把被历史颠倒了的一切再颠倒过来。这是毛泽东的观点。

第二，知白守黑，用黑格尔的说法就是虽然知晓光明，却将自己沉浸在深深的黑暗中。在黑暗中才能看得清光明，包括日光、月光，甚至星光也是在暗中看得更清楚。在黑暗中可能看清光明，包括光明的种种弱点与黑点。但是在光明中很难看清黑暗。

黑格尔对于老子的理解令人想起顾城的诗：

> 黑夜给了我黑色的眼睛，
> 我却用它寻找光明。

顾城的例子倒也令人深思，不论你的眼睛有多么黑，看得准光明吗？找得着光明吗？如果自己的灵魂里有太多的重负与疙瘩，走向疯狂——彻底黑暗的可能，大大超过了走向明朗与白昼的可能。

还有别的可能：以白寻黑，从白处看黑，则到处皆黑，带来的是对象的黑暗。以黑寻白，则除了刺眼什么也看不见，类似雪盲的效应，带来的是灵魂的彻底的黑暗感、寒夜感、长夜感。

黑格尔的理解与其说是哲学的，不如说是诗性的。

在老子的诗中，你感到了哲理的诗化。

第三，这是自古以来国人韬光养晦的主张的一种表述。这里讲的是战略战术，讲的是中国人特别有兴趣的谋略。

守雌、守黑、守辱，类似的说法还有藏拙或者守拙，还有安贫、忍辱负重、卧薪尝胆等都是如此。例如薛宝钗就被评价为能守拙的。庄子说“木秀于林，风必摧之”，所以至今我们讲“不做出头椽子”。

你雄强吗？明白透彻吗？啥都知道吗？光荣体面吗？你快要走向反面了，你快要跌跟头了。小心一点吧！

韬光养晦在中国具体情况下也同样有与大多数弱势群体站在一起的意思。不知这是不是与中国自古缺少调节上下富贫贵贱矛盾的机制有关？弱势群体的抗争不断，专制与造反同在，顺民转眼就会变成刁民、暴民，处于上层的人们切不可让自己成为大多数人的对立面。

在国际政治中则有归属于第三世界的意思。

韬光养晦是中国独有的一种说法，一种深藏的智慧，一种悄无声息、从而多少使人胆寒的谋略。我听一个外语专家讲过，把韬光养晦直接从字面上译成欧洲文字，会使人觉得很负面，例如阴险与狡猾。我想这与中国的政治传统、政治运作方式有很大关系。春秋战国的为政、争夺与做人，局面何等险恶、诡谲、复杂，容不得半点粗心大意，必须智上加智、谋上加谋、深里更深、精明处再精一百倍。孰能无过？孰能免祸？孰能成事？孰能全身而退？孰敢大意失荆州？

凡能够做到韬光养晦的能人，多能成就一二大事，至少是保住或多保一个时期脑袋与屁股。而越是锋芒毕露、才华横溢、识（或艺、技、力）压群雄、无可匹敌者，越是被这个嫉贤妒能的天下所不容，不但无所成，而且很可能是落一个被磔、被宫、被凌迟、被夷九族等下场。

从正面解释，韬光养晦就是要求你坚忍、谦虚、谨慎、深藏，永远沉下心、沉下意、沉下身段与弱势的大多数人在一起。提倡坚忍、谦逊与亲民，则是欧洲文明也同样承认、认同的。

第四，这里说的是做人与处世的方法，是应对人际与社会的一种方略。这讲的就是后世发展为难得糊涂的滥觞，俚语叫作揣着明白装糊涂。揣着明白就是知其白，装糊涂就是守其黑。这里的“装”字比较难听而且嫌境界低下。毋宁解释为知识上与最高层次的认知看齐，在处世上、生活上、日常行为中，则只能与大流保持一致。不能针尖对麦芒、眼里不掺沙子。在生活中、事业上，你只能抓大放小，有所不顾，有所牺牲，有所不为，有所不争，有所糊涂，有所健忘。你不必洁癖，更不必忽悠与作秀于你的洁癖。你不要记仇，更不要睚眦必报。

当然，这种说法容易被机会主义者、被市侩乡愿拿来当作自己堕落的借口。一切谋略都有可能被坏人所用，但用起来他们总是差那么一截，叫作难成正果。

第五，在中国早就有性善、性恶的争论，这也是一种黑与白的分析。主张性恶的人并不从而邪恶起来，而是正因为看到了人性的种种弱点，便不相信仅仅靠良知、良能就能使公正得到保证，而致力于教化与防范，致力于法律与制衡监督的体制。同样，世界上也有所谓乐观与悲观的分野。我同样欣赏一种说法：只有最深刻的悲观主义者才能做到真正的乐观。如果你只是少不更事，只是盲目乐观，只是天真烂漫，你的乐观主义又值几文钱呢？而你认识到了生命的全部悲剧性、苦难性，人类与社会的种种弱点与可能的邪恶、罪恶之后，你的尽力一搏，你为善良、崇高与光明而做的不计成败的努力，才是真正深刻的乐观与奋斗啊！

知雄守雌、知白守黑、知荣守辱的老子，在宣扬的主张中既有对于善的本性的回归，也包含了对于恶的正视。其实白与黑你都应该明白了解与妥善掌握。一切的愚蠢和邪恶之后，守住了、坚持住了对于黑暗的全部体察与承担的人，丝毫不欺骗自己、不安慰自己的人，守住了、坚持住了对于光明不懈追求的人，坚持住了自身明朗的人格心态的人，他的对于光明的努力才是最有用也是最可敬的。

这样说又有点知黑守白的意思了。

没有足够的对于非光明的黑的一面的理解，一个人的阳光，在最好情况下也不过是天真烂漫，他的幸福，最多也不过是电视连续剧《杨光的幸福生活》罢了。杨光的幸福指数高，然而生活质量与文化含量太低，距离一个现代化社会主义国家公民的距离还太远。

问题在于，按照老子的观点，也许杨光的幸福生活还是很理想？

所以你也不能太听老子的。

例如雨果的《悲惨世界》，例如陀思妥耶夫斯基的作品，可以说是知白守黑的一种反例证。他们是知白而痛恨黑暗。他们是多么理想，多么热烈，多么敏感！他们不守黑而与黑做殊死的战斗。

那么到了他们的作品中人生就只剩下了一团漆黑？起码还有作者的火热与义愤，还有小说主人公的善行与痛苦。

反过来说，你熟知了如他们的作品的黑暗，你感动于他们的疾恶如仇之心，你会不会反过来对于光明也更加渴求与敏感了呢？

如果你熟悉了悲惨世界与被侮辱、被损害的地狱般的绞人心肺的痛苦，你会不会反而产生悲天悯人之心，反而觉得与雨果、陀思妥耶夫斯基的书上描写的相比，你的日子已经好过得太多了呢？

白与黑相对照而存在，知黑守白或知黑求白的最后结果竟与知白守黑、与谦卑和忍耐、与沉默和善良相通，这并不稀奇。

第六，蠢人的争强好胜；小聪明、小有知识的人的喋喋不休、好为人师；浅薄者、小家子气者的使计斗气、出风头、好虚名……老子看得太多了，我辈也见得太多了。越是没有出息，没有本钱，没有风度，没有头脑，就越是闹个甚欢。老子这里讲的可以说也包括了一个风度、教养、气质、智慧问题。

你要多看一步，看深一步，看远一步，就知道那些关于谁更强（雄）些、谁更明白（白）些、谁更风头（荣）些的争执有多么不值当了。而所谓谿、式、谷，所谓常德，所谓婴儿、无极、朴，也是老子在当时天下争雄、生灵涂炭的状况下树新风、发新论、求太平的一次尝试。

当然，他的尝试并不成功，他对于一切竞争的否定态度也太片面与一厢情愿了。他还有一个特大号的悲哀，最最反对用智谋取天下的老子，他所提倡的知白守黑、知荣守辱，却成为最大、最深、最鬼（蜮）、最神奇的计谋。你老子不是深通、精通辩证法吗？你不是喜欢正言若反吗？不是总是说一些与众不同的见解吗？辩证法也就与你——辩证法大师本人——开一个玩笑，使你成为你深恶痛绝的计谋、智谋的祖师爷与练家子。在老子之前，善用计谋者亦多矣，但没有人从理论上总结到老子的“知啥子守别样”的高度。

毕竟是值得喝彩的高论！

老子的有关论述，至少令你耳目一新，如过清风，如饮冰水，如浴山泉，如登雪峰，如飨智慧大餐，如望云海日出，如静静地调匀了呼吸吐纳。善哉，老子之论也。

可以多体悟、多推敲老子的诸高见，但是不要轻易去试验。低境界的人去实行老子的高水准、高智商，正如路还走不好的人改走探戈舞步，买菜算不清该找的零钱的人改学微积分，恐怕是画虎类犬、自找尴尬。而高境界的人，不必刻意追求，自然靠拢大道，成事全身。

知雄守雌、知白守黑、知荣守辱并不就是老子的目的，目的是天下谿，天下式，天下谷。我们的文化其实深受这样的观点的影响。我们说虚怀若谷，说从零开始、从头做起，说宰相肚里能撑船，说谦恭纳士，说从善如流，说退一步天高地阔，都有这样的意思。

同时，这些话语里包含老子实际上的骄傲与自信，他是知雄、知白、知荣的，他的豁谷式的谦逊的后边，不是无知而是大知，不是无能而是英雄，不是委琐而是荣耀的深潜。老子的背景与实力高于人众，老子的姿态低于人众，这才是老子的绝妙之处呀。

既是骄傲自信也是低头无奈，有什么办法？人生这样麻烦，环境这样复杂，前景确实险恶，你不守雌、不守黑、不守辱行吗？本来，痛快一点，白就白，强就强，雄就雄，荣当然也就荣它个干净利索，淋漓尽致，岂不更好？

此章最后讲的大制不割，有两种解释：一种是说要采取因势利导的管理方式，不要勉强（任继愈说）；另一种是说完善的政治不会割裂（傅佩荣说）。不论怎样解释，与本章的总的含义怎么样联系起来，与前面讲的知白守黑呀，朴呀，器呀，官长呀……怎么个衔接法，我还是弄不明白。

但有一点似可以推定，大制是指理想化的政治、统治、治理，这样的大制即本章一上来开宗明义讲的知白守黑、知雄守雌之制，即做得到知其雄伟、明晰、光荣，守得住低调、谦虚、难得糊涂、忍辱负重之制。若执政者能具有老子所追求的婴儿、豁、谷、足、朴的品质，也就是掌握了理想化的治国平天下之大道。这样的大道，自当永远无败、无损伤、无勉强、无断裂，不可战胜。

那么，不割的意思宜是不伤、无伤。割则伤嘛。不知道这样讲有没有训诂上的根据。识者教之，谢了。

我还有一个老子的文本以外的想法，知白守黑、难得糊涂固然不差，知黑守白、通晓一切鬼蜮伎俩、坚守自身的清白无瑕，也很可敬。知雄守雌当然可敬，外圆内方，即懂得妥协与让步的一切必要与方略，仍然坚守住自己的做人底线，不怕牺牲，不怕得罪人，不怕吃亏，亦即知雌守雄，岂不甚好？知荣守辱固然厚道，知辱守荣，即放弃一切表面的风头荣耀而坚守自身的万古光辉，岂不是更难做到？

老子的知什么守什么的思维与表述模式是有意味的，它分离了知与守，即知与行的底线；又论述了知与守的互补互通的可能，它教人聪明，教人耐心，教人沉稳，更教人远见。

第二十九章　天下神器

将欲取天下而为之，吾见其不得已。

天下神器，不可为也，不可执也，为者败之，执者失之。是以圣人无为，故无败；无执，故无失。

故物或行或随、或歔或吹、或强或羸、或载或隳。

是以圣人去甚、去奢、去泰。

想把天下争到自己手里，按自己的意图打造天下，我看这实在够玄乎的，恐怕是做不成的。

天下是神意造就的，属于一种超人间的力量，不可以据为己有，不是哪一个人可以改变或制作的。你去以意为之，你一定达不到目的（或谓你是势所必然，身不由己，并非出自本意）。你想把它把握（抓）到自己手里，你早晚会丢掉天下。所以圣人是不去打造的，不去以意为之的，也就不会失败；不去把握它，不抓权，也就不会失去。

外物与众人是何等的不同！有的走在前头，有的随在后面。有的轻歔暖气，有的猛吹寒风。有的强劲有力，有的羸弱无用。有的平安稳重，有的岌岌可危。

（不管你们有多大区别）圣人总是注意不要太急躁、太极端、太夸张、太过分的。

这一章关于天下不可为、不可执的观点有两重意义。一个是至少在当时，想掌控天下、打造天下的人（各国的君王、大臣谋士们）太多，成功的太少。兴之也勃、亡之也忽的太多，铁打的江山太少。老子想抑制这种合纵连横的斗争与霸权欲望。抑制不成，至少也奉劝侯王重臣们别太急躁、太夸张、太极端、太过分。这样的善良愿望，对于平抑野心，至少有言论上的参考价值。但至多也只是哲学观念、思想修养，有利清谈，有利自慰，有利调整心理平衡，却无益于取天下、治天下。

关于“天下神器”的论断有点意思。神器者何？说不清楚。但是至少不要高估个人意志对于天下的作用。它并不属于个人，不能由个人意志主导打造。今天看来，神器之神，可以是历史规律，可以是生产力发展的要求，可以是民心向背、载舟覆舟，可以是多种力量的合力，可以是多种因素的总和。而在老子的时代人们更加相信气数，相信天时，相信宿命。总之神器就是那个时候的人们还说不清楚、用不明白，也是他们无法使之听人的话的、比人更加伟大和奇妙的、至少是部分来自非人间超人事的主导伟力所缔造的一切。

例如圣人——还不是凡人——认为唯有德者得天下，未必。很少有人认为秦始皇有德，或刘邦比项羽有德，但是他们在打天下、坐天下的斗争中胜了。或者认为符合历史发展特别是生产力发展潮流与要求的势力会得天下，也未必。有时候恰恰是开倒车的、阻滞生产力发展进步的势力取得了胜利。有时候大国侵略小国、压服小国不费吹灰之力，有时候小国战胜了大国，弱国战胜了强国，落后的武器战胜了先进的武装……

人就是这样的，没有把握也要干，也要冒险，也要赌一把。春秋战国时期，天下未定，从秦始皇到齐桓公、晋灵公……从孟尝君到信陵君、平原君……从管仲到商鞅到韩非、孙武、白起……从武将到谋士，从刺客到说客，从孔子、孟子、墨子到屈原、冯谖，谁不倾心于取天下？

老子却告诉他们，那是神器，那非人力所能为，吾见其不得已，你干不成！这虽是当头棒喝，却少有因之却步者。

有什么办法呢？直到今天，仍然有执天下而为之的太多的野心与蛮干。多少大国的兴亡故事令我们深思，多少强人的命运令我们叹息：秦始皇、楚霸王、唐太宗、拿破仑、斯大林……同时，多少英雄故事、历史风雷又令我们热血沸腾，心旌摇震……历史英雄主义与历史虚无主义从来同在，参与的热情与旁观的沧桑感从来同在。孰能无过？孰能免祸？心如古井无波是做不到的，天下人总是要过问天下之事，乃至希望去有所作为，建功立业。

那么既然去不掉参与历史的冲动，至少，去甚、去奢、去泰，掌握分寸，反对极端主义、冒险主义、霸权主义、恐怖主义，再不要在中国、在世界出现春秋战国这种群雄争霸、战祸连绵，如鲁迅所讥刺的小民欲做稳奴隶亦不可得的局面了！则是我们阅读老子时获得的应有启发了。

在去甚、去奢、去泰的忠告中，我们也看到了老子的妥协退让。老子的本来主张是无为与不言，无了为也不言了，还有什么甚、奢、泰？然而老子知道他的无为不言的主张是没有几个人接受的，他同时知道事物是多种多样的，叫作或行（走在前面）或随（跟在后面）、或歔（暖气）或吹（寒风）、或强（大）或羸（弱）、或载（稳若泰山）或隳（摇摇欲坠），老子是做不到统一它们的；他只能退而求其次，请你悠着点劲儿，别太偏激、太过分了。

第三十章　必有凶年

以道佐人主者，不以兵强天下。其事好还。

师之所处，荆棘生焉。大军之后，必有凶年。

善者果而已，不敢以取强。

果而勿矜，果而勿伐，果而勿骄，果而不得已，果而勿强。

物壮则老，是谓不道，不道早已。

以大道辅佐人君的，不能迷信用武力强制（征服）天下。一个君王或侯国用武力强制天下，这种事件必然得到还报，叫作冤冤相报，永无休止。

部队征战所过之处，田园荒芜，荆棘遍野，生灵涂炭。大的征战之后，必然有凶险的灾荒灾难的年头出现。

善于征战的人或集团，达到一定的（具体的）目的也就罢了，绝对不可以靠军力逞强称霸，耀武扬威。

动武而达到了某个目的，用不着摆架子，也没有什么架子可以摆。用不着自吹自擂，也没有什么可夸耀的。用不着美滋滋的，也没有什么可臭美的。动武是不得已的选择，不是为了耀武扬威，不可以因之耀武扬威。

一个人过早地强壮了，也就会迅速走向衰老，太强壮强直了也就背离了大道的谦虚包容与变易，也就该迅速结束——快要完蛋了。

这一章老子表述了他的反战、厌战至少是慎战的观点。他有书生气，有书生论战的意味。他的“大军之后，必有凶年”的论述则已经成为我国家喻户晓的名言。这是经验之谈，这是悯生民之论，这是仁心之说，虽然老子个人对“仁”字不怎么感兴趣。

老子当然没有实际消灭战争的路线图与实际操作程序。但是他提出不要耀武扬威，不要因胜而膨胀扩张，不要因胜而盛气凌人，要知道战争是不得已的选择，是很遗憾的事情，不能乐此（动武）不疲，则是有识之士应该认识到与应该做到的。否则，只能是盛而衰，胜而败，兴而亡，强极而垮台。

大国的无数兴而后衰的过程说明了这一点。

对于一个现实主义者，力量包括武力是重要的，但是单单有力量又是远远不够的。如果逆历史之潮流，逆历史之规律，逆生民之利益诉求而动蛮力、武力，其结果只能是受到大道的惩罚。只有重视力，更重视道，重视道理、道德、道路、路线、方式，尊重天下的不可掌控于私、不可以意为之的神器性质，才不至于倒行逆施，自取灭亡。

老子对于用兵、对于强力手段的态度也很有内涵，他并不是绝对地反战，他并非和平主义者。他此后的某些论述（“将欲取之，必先与之”等）被视为兵法兵书，有的学者还把老子与黄帝、孙子（兵法）与善搞计谋的韩非相提并论，这恐怕是一个历史的玩笑，一个对于太过高明的老子的讽刺。

老子其实对于用兵是持非常保留、非常慎重、非常不得已的态度的。他的这种非战见解时时有所表现。然而，万事相反相成，最不愿用兵者拥有了用兵的奇谋、兵法的奇谋；最讨厌与轻视计谋的老子，反被视为计谋、奇谋直至阴谋的大师。这是上天对奇才、对大师的讽刺性报答，是历史的搞笑，是历史的极端高明与趣味。这也是上天对庸人、对糊涂人的安慰：庸人、糊涂人怎么可能理解与服膺老子的心胸与智慧呢？他们怎么可能承认自身的无知、无德、无道呢？他们一定要把老子拉到地面上来，拉到与庸人、糊涂人相同的高度，从最坏、最庸俗、最自私的方面理解与演绎老子，把老子解读为阴谋家，解释为过于聪明、过于狡猾与内心恐惧……这样，误读的庸人们会舒服得多。

还有一个说法值得推敲：不敢以取强，果而勿强，这是老子反复申明的一个观点，是老子对于世人的一个劝告。这与提倡竞争、提倡比赛的永不休止的精神是相悖的。奥林匹克的口号是更高、更快、更强，老子的口号是不敢以强，果而勿强，怎么看这些说法呢？

只能具体分析了，与其去像挑逗蟋蟀一样地去挑逗言语之间的死抠死争，不如体会其各自的针对性与合理性。你不能将《老子》发到奥林匹克运动会上去作学习或宣传材料，你也不必在哲学研讨会上张贴更高、更快、更强的标语。

有的必须争，比如足球赛。有的最好不争，比如封官晋爵。争与不争，都有个度。即使是田径比赛，太争先了反而容易失常，影响发挥。而一个人的不争，达到了未老先衰、全无活气的程度，不会有人为你喝彩，你也无法为自己开脱。

老子认为物壮则老，所以防壮。这未免失之简单表面，与老子的高智商不匹配。壮不是老的原因，因壮而过度透支，那是壮而骄、壮而奢、壮而淫、壮而腐败，则会促进老化直到灭亡的过程。需要警惕的是骄、奢、淫、腐败，不是壮。

其实不论是我们每个人还是我们的群体，距离壮还远着呢。

老化的必然性是时间作用于生命的结果，而不全是壮的结果。壮而恶，叫作恶壮，值得警惕。但老子忘了，一直羸弱，一直硬是远远壮不起来，照样会老，而且更易夭折。物壮而老，毕竟还壮过一回。羸弱而老，未壮而老，一事无成，一言未发，连大气也没有喘过一回就衰老灭亡了，岂不痛哉？！

第三十一章　兵者不祥

夫兵者不祥之器，物或恶之，故有道者不处。君子居则贵左，用兵则贵右。

兵者不祥之器，非君子之器，不得已而用之，恬淡为上。胜而不美，而美之者，是乐杀人。夫乐杀人者，则不可得志于天下矣。

吉事尚左，凶事尚右。偏将军居左，上将军居右。言以丧礼处之。杀人之众，以悲哀泣之，战胜以丧礼处之。

这个用兵的事，不是什么好事，一般人是厌恶它的。所以有道的人不愿意让自己搞什么动武。一个正人君子，平常在家是坐在左边即阳面，也就是上位的。平常所认为的阴面即下位。打仗的时候，坐在右边。

用兵不是什么吉祥之举，不是正人君子所喜欢闹的事。逼到那儿了，不得不用兵了，也不必太热衷，适可而止也就行了。胜利了也胜不到哪里去。如果用兵一胜利就兴高采烈，那是热衷于杀人。热衷于杀人的人，可不能让他在夺取江山的事情上成功。

喜庆时要坐在上座，遇到凶事噩耗时则坐到下首。在部队中，偏将军坐上座，上将军坐下座，说明他们带兵的时候是以丧礼来对待处理带兵事宜的。杀人成功，打仗胜利了，应该哭一场，像哭丧一样。

老子在这里讲得很人道也很悲伤。光“兵者不祥之器”就连续讲了两遍。悲伤加上无奈。越人道了就越悲伤，越悲伤就越无奈，世界就是这样的。不祥不祥，没有太多的思想家宣传用兵有多么吉祥。问题在于不祥又怎么样呢？谁允诺你让你永远吉祥呢？

我读过、看过一些苏联后期、俄罗斯、美国、德国的描写战争的小说与影片，里边表现了两种人物。一种人物是怀着悲悯的心情不得已而参加战争的。他们一面参加战争一面深感痛苦，他们反对在战争中做过于残酷的事情，他们善待俘虏，善待敌国的平民，特别是敌对方的女人，有时候为了善待敌方人员，甚至与本方粗暴的战友发生激烈的冲突。这一类作品我想得起名字来的有苏联作家邦达列夫的小说与后来改编的影片《礼节性的访问》，其中有这样的情节。我还看过一部德国方面创作的写纳粹军队兵败斯大林格勒的影片，叫作《决战斯大林格勒》，在失败的过程中，在绝望的疯狂中，同样也有悲天悯人的人物。

从电影《集结号》中我们也看到类似的观点与情绪。老子如果看了《集结号》也许会说“吾道不孤”。

另一种人物则复仇心切，杀红了眼，以胜为荣、为乐、为狂欢，常有过度报复的事情发生，在战争中绝对顾不上什么人道主义。

战争要求英雄主义与乐观主义，如果是一帮道德家善人在打仗，必败无疑。这也是不可不正视的。

以行丧礼的心情参加战争，是前一种人物的特色，想不到与两千多年前的老子相通，亦源远流长矣！老子这一章的一切说法都有首创性、开创性。对于类似问题的探讨与感受，至今并没有过时。

和平是普世价值、人道主义，以人为本也是。

越是没有多少疑义的普世价值，越是难以做到。人类并不按照自己宣扬的与信奉的价值观办事。把价值抬到至高无上的地位，如果不是别有用心的骗局，就是犯傻。

人性、欲望驱动与利益驱动，有时候比价值驱动还厉害，还难以控制，这是事实。有时候价值是为欲望与利益服务的。另一些时候，价值则要求约束欲望与利益追逐。

同时我们也很难否定，人性中本来就有争斗、争胜、自卫、复仇、仇恨直至残忍这些东西的强大存在。何况为了民族生存、社会变革、阶级翻身与制止暴力恐怖，制止所谓反人类的罪恶，你很难完全避开战争，很难拒绝一切动武的手段，很难不认为为了上述目的的动武，是正义的。

所以我同样阅读过许多书籍与文学作品，它们号召积极参加神圣的正义的战争；以血抵血，以命抵命；血债要用血来偿；敌手不是人，而是凶恶的猛兽，对敌人仁慈就是对人民残忍；进入了战争就没有权利悲悯，没有权利退让，只有懦夫和叛徒才会对敌人心慈手软……而且我亲自体会到，对于一个民族、一个国家、一支部队来说，没有比战胜敌手更狂欢、更值得庆贺的事，代价越大，牺牲越沉重，胜利就越珍贵。战争动员起了全部民族、国家、集团、乡土直到阶级的力量，胜利则是全民的节日。设想一下一九四五年苏联战胜德国法西斯后，在红场上阅兵，将缴获的德方的各色军旗、军徽踩在脚下的情景吧。虽然苏军方面损失了两千七百万人，几乎占人口的四分之一，他们仍然不可能用悲哀泣之，以丧礼处之。

没有战功就没有足够的威信与崇拜，没有凯歌就没有英雄豪情，没有同仇敌忾就没有历史功业，没有拼死拼活的战争就几乎没有翻天覆地。谁能推翻这样的规则？

怎么办呢？怎么办呢？

老子前面早已惊世骇俗地讲过了：大道废，有仁义……大道之行也天下为公，就压根儿不必战争，不必镇压，不必动武，也就不必搞什么酸文假醋、酸仁苦义。至于丧事喜事，上座非上座，美乎、恬淡乎、悲泣乎，弄不好了，说得太多了却成了老子自己说的“大伪”——非大道。

但是老子必须这样讲，因为他再找不着表达自己的非战非攻、悲天悯人的态度的其他方法了。

老子并不像孔孟那样讲很多仁义道德。老子的道德是大道和玄德，即哲学意义上最最抽象的大道与玄德，它不是人伦的、克己复礼的与修身正心的概念，而是自然的、先验的至上与主导。老子的学说里衍生不出四维（礼、义、廉、耻）、八纲（再加孝、悌、忠、信）五常（仁、义、礼、智、信）等。老子甚至嘲笑为百姓制定道德标准的不智之举，认为那只能把德行人为化与复杂化，使德行变成大伪即作秀。但是在老子的这一章的非战非兵论述中，特别是用丧礼庆祝战事胜利的论述中，你感觉得到老子的道德情操，他流露他的悲哀与无奈，再说一遍：叫作悲天悯人。

古今中外，所有的思想家、学者、仁人志士，面对用兵和战事，都有这样的悲天悯人与无奈。

这是一个悖论，在霸权和实力的时代，你只讲恬淡与悲泣，这简直是酸腐，如果不是虚伪与欺骗的话。

但是让我们反问一句：如果我们因为面对现实，投身争斗而再不讲、不准讲人道主义，不讲仁义道德、不讲和谐世界，只讲斗呀，拼呀，杀呀，血战到底呀，不是你死就是我活呀，不是你吃掉我就是我吃掉你（这后一句话是林彪将军爱讲的）呀，那么人类不就更没有希望了吗？不是不但没有和谐的现实，连和谐的理念、和谐与幸福之梦、和谐的语言与歌曲画面都不能提、不能做、不能接触了吗？

那么这就更是人类恒久的悲剧了，向往着和平，准备着或从事着战争，鼓吹着人道，提防着被杀、被占领、被侵略，满怀悲悯，也要有一手自卫反击，本来是出丧，却要争取大获全胜。大获全胜了还要热烈庆贺，庆贺完了还要反思人类的悲剧，还要鼓吹和发挥这些永远被思念、被争取、被称颂，也永远不可能实现的和平、正义、人道、自由、平等、博爱、民主、人权的普世理念。

理念之所以是美好的理念，正因为它不可能百分之百地实现。一切实现了的理念，都带有现实的各种不足与新发生的麻烦，都会给理念打上折扣，甚至使光辉的理念走一部分形。我们要奋力追求的，正是美好却又不可能一步实现的理念。

第三十二章　名有知止

道常无名。朴虽小天下莫能臣也。侯王若能守之，万物将自宾。

天地相合，以降甘露，民莫之令而自均。

始制有名，名亦既有，夫亦将知止，知止可以不殆。譬道之在天下，犹川谷之于江海。

我们常常找不到合适的称谓来表述、定义大道，大道常常找不到自己的概念归属、定位定性、名分名声。大道常常没有响亮的名声。它就像没有加工——没有定义过的木头，叫作朴，称作本初、原生状态。这样的朴素性、原生态，虽然并不耀眼，虽然显得气势不大，乃至显得低微渺小，却不可能被任何后天的人力所臣服、所指挥操纵。诸侯君王如能保持这种朴素原生、无华无名的状态，万物众人将自动宾服归心于他。

大道的运作如同甘露的下降，是天与地阴阳二气相结合、相协调的过程，不需要人们的干预与人为的指挥，它自然而然能做到普润均匀。

从本初、初始，到后来终于有了命名，有了一定的规定性，有了自己的名分与定性定位。既然有了命名，有了规定性，有了名分与定性定位，整个系统也就完成与开始运作了（“始制”或可作如是解），也就可以适可而止了。适可而止，也就没有危险了。

道行天下，如川谷流入江海，自然而然，无尽无休，浩浩荡荡。

这一章的解释相对比较含糊，我读了一些前贤与老师的讲解，仍觉不得要领。

道常无名，名就是概念归属，就是同类项，就是定性与定位。而大道是至高、至大、至上的唯一，无法有归属、同类项或定性定位的考量。小时候翻看字典，有时会看到互为解释的情形，如眼，目也；目，眼也；高兴，欢乐貌；欢乐，高兴貌。但是大道太大了，你无法解说大道是什么什么也，什么什么是大道也。

道常无名的另一层可能的含义是，道常常是沉默（虚静）无为的，它从来不声不响，不显山，不露水，不炒作自己的名声。

前边老子已经讲了大道的大（巨大、广大）、逝（变易）、远（深远）、反（辩证运动、回返运动），这一章老子则又从一个新的角度，从无名的角度，即原生的、未定义（请将我的“未定义”一词与电脑操作中的定义、设置等联系起来）的朴的角度来讨论道的此一方面的特性。

前边老子刚刚讲过道之大，这里又讲开了朴之小。无名则小，武侠小说中说对方是无名鼠辈的时候，就是认定了无名者小人物也。这种认识虽然极肤浅，却代表了集体意识。小的原因是它原生，还没有大概念的归属，没有大同类项的比附，没有高级地位性能的宣示，没有这些外在的命名与定义，没有光彩照人的头衔。如同一个人，你只看到一男一女或一胖一瘦或一青年一老者，他或她在你心目中仍然是渺小的。一旦宣布他或她是政要、巨商、名人、冠军、英雄、模范，即一宣布他或她的名分——概念归属、集团归属、势力与地位归属，他或她岂不就大起来了？

一般人之大小，其实并不决定于自己，而是决定于归属，是沾光（包括负面的）效应。

国人讲究名，欧美人讲究 identity——身份，其实都是指归属。如同一块石头、一根原木，平常你不会特别多看它两眼，一旦知道它内含翡翠、钻石、稀有金属，或它是红木、紫檀木，或具有什么历史、地理、考古、生物学的唯一，特殊、怪异、稀罕的身份——名，它也就身价百倍，膨胀起来了。

小的意思也可能还包含着精微、润物细无声、夷、希、微的含义。

但是侯王恰恰应该守持、守护这样的尚未定义、尚未开发、尚未被人众公认、尚未取得归属与身份的朴之道，道之朴。它才是朴质、朴素、朴厚、浑然、混元、原生、本真、真诚、可信、本初、内存未被占用的状态。只有守住这样的空间，侯王才有权可用，有事可做，有事可为，有人气可以聚拢。如果侯王把一切都规定死了，填充满了，诰封遍了，彻底定格了，谁还会往你这个侯王这儿跑呢?

特别提出来侯王要守这个朴，因为道的大、逝、远、反，一般人容易明白与珍重，人们最难看得准、爱得深、守得坚、用得好的是朴。别人做不到，侯王应该做到，否则，你就没有资格当什么侯王，没有资格与语天下，没有资格论政论兵、忧国忧民。恰恰是这个小小的朴，能决定一个侯王的行情——是否万物将自宾——看外部世界服不服你、鹏不鹏你。

我喜欢用计算机做比喻来讨论这一章。我早就说过，我们可以做一个通俗的所以不免是跛足的比喻：世界就好比一个先验的自我运行的大电脑。这个电脑的实体与存在尤其是硬件，就是天地自然。这个电脑的原理、计算方法、能源与非人格化的操作主导，这个电脑的本质与本原就是道。计算的基本概念、基本符号，就是 0 与 1，即无与有。“大”是说明它的内存容量。“逝”说明它的运算速度。“远”说明它的功能精微与精确性。“反”说明它回到首页的无误与时时格式化回到本初状态的自我更新能力。“虚静”说明它的无病毒、垃圾、噪声与作废数据。“惚恍”与“豁谷”说明它不占有空间，功能与运作都不受限制。“无名”说明它永远是新的、未命名的、不事声张的。

大道的特点是它的本初性，是永存的与不以人的意志为转移的自然——自行运作的真理，是万物万象生灭与运作的根本原理，也是世界之所以是世界的本原本质。它的显现形式则是世界和天地、万物与万象。大道本身不需要设置与定义，不需要人为的操作系统、应用系统与种种程序。大道本来是比电脑还朴厚得多、原始得多但也齐全得多的“朴”，它是最高理想型、至上型“朴机”。它自然运作，从不疲劳、失误、死机。

拥有朴就是拥有第一手的无限内存的电脑，而不去给它定义命名、不设立人为的数据库。没有了朴就是只有第二手、第三手、第一百手的电脑，你已经为各种命名定义数据所填满，你已经预设得一塌糊涂，你已经头昏脑涨，茫然不知所措。你的电脑已经不好用，没有人会去购买或乐于使用你这种半死的电脑，除非删掉一切，重新开始。

你只要保持你的淳朴与本初状态，就自然而然与大道一致了。你不要给自己胡乱命名定义设置，不要把自己装满填死，不要作茧自缚、自我死机、自找死机。天下就会往你这儿来，因为你这儿最可为，最不生事，最有容量。

大道通过甘露滋润着天地，并不厚此薄彼，并不偏爱谁嫌弃谁。它们出自天地之合，它们回到普天遍地。而你越是企图干预甘露的分布，你就越弄不均匀，越玩不转。

然而除了大道、天地、天下、世界、甘露，还有聪明有为的人们，人总是要给大道以人为的操作，要给以命名定义（如仁义、兼爱、修齐治平……），不命名、不定义，他就觉得陌生与无所适从。于是本来是朴质的大道，在被人众解释得普及了、好用了、有名了的同时，也可能命名命得越来越热闹也越来越混乱，也可能解释得偏执排他，走上狭路邪路。

所以要适可而止，命了名，定了义，有了归属与定性定位，有了名分，知道恺撒的归恺撒，上帝的归上帝，百姓的归百姓，侯王的归侯王，能操作能应用，能明白一点，也就足行了、足够了。如果还要死乞白赖、自作聪明、无限制地命名定义、添加程序，就会使电脑因数据膨胀而崩盘（毁掉硬件与软件）死机。

例如美国在世界上的处境，例如苏联的历史，例如中国的“文革”，例如某些学派思潮的兴衰，某个个人特别是大人物的成败，都可以启发我们考虑这个如何守护朴质，如何才不至于“不止乃殆”——由于自诩过分、干预过分、动作过分与不知分寸，不知适可而止而为自己制造了危险的问题。

你最好有一种功夫：时时搞计算机的原初格式化，删净自己重来。从头学起，从零开始，重新入手，重新洗牌。

百川归海，百理归大道，归这个超越一切、涵盖一切的大道、无限。

或有论者、释义者认为老子在这一章讲的是不要求名太过，窃以为是说得太小、太实了。这里老子讲的其实仍然是全书贯穿着的文化批判思潮。与其说名是名望、名分，是名词，不如说是概念与命名，即计算机中所讲的“定义”。从一个本初的其实完全有能力自行运作的计算机到格式化与命名是难以完全避免的，从一个未命名、未定义因而被某些能工巧匠、大师或乱臣、枭雄、蟊贼认为不好使用的计算机，到一个命了名、定了义能够使唤的计算机，这是一个发展也是一个必然，但也可能是人类从此走向了一个歧路、邪路。

用老子的话说就是：圣人出，有大伪。圣人以做出各种定义命名正名为能事，以制定标准与规则为能事。这样的“圣人”自以为能够审判天下、鉴定天下、改变天下与惩罚天下。不论这样的圣人想得多么悲壮与自信，他们所做的许多东西效果是适得其反。因为人为的一切常常赶不上自然运行的大道。人为的一切都有缺失，都不可能像天地自然一样行云流水而又严丝合缝、疏而不失，不可能像天地相合乃降露水（斯时还弄不清露水生成的原理）那样均匀理想。对于老子来说，伪者为也，伪就是勉强为出来的。这个说法当然偏激，同时老子的这一尖锐伤人的命题是天才的电光一闪。

老子的看法，偏于对这种文化过程的批判。他认为，人不要太迷信自己，不要过高估计了自己，你有许多偏见，你有许多私心杂念，你有许多谬误、想当然、意气用事、人性弱点、地域及民族阶级的局限性……这些都会带入你对大道的追求与运用当中，就像计算机使用者把垃圾、有害信息、病毒和错误操作带入计算机一样。文化越发展丰富，信息与操作越多，危害大道、背离原理、危害计算机的机会就越多越大，所以要知止，需要见好就收，不要没完没了。

止的含义不仅是停止，而且尤其是目的地，是到达与达到。

达到了目的就应该停止，而不是在前进的惯性上死冲死挣，更不是在贪欲的煽惑下无限膨胀。《大学》上也讲“知止而后有定”，可见，“知止”的理念在中国是普遍的与超门户的。文化的发达也应该知止，学说并非越日新月异越好，有时最新最异的反而是胡说八道。手段并非多之又多就好，有些手段就像药品，花样太多了更易误用与产生副作用，有些花样翻新的药片后来证明有毒。享受并非无尽无休才好，过分享受是堕落的另一名称。要把达到目的就好，就适时停一停，同时要随时反省斟酌一下的理念引入到社会发展与文化发展中来。

当然，见好就收的观念与自强不息的观念，应该共赢，应该互补，应该共济。

再说一句，以计算机的常用语言来讨论这一章，当然不意味着老子的观点是用来构建计算机的，而是说，高科技的、模仿人脑的计算机里与世界万物一样，体现着大道的道理。

老子的道理讲得高明，可惜的是世事常常并非如此。世事是，哗众取宠有时会取得成效，有时大言足以欺世，容或大伪足以成圣，说不定大朴易被冷淡忽略。或者至少是，圣人亦有伪处，良言亦有夸张，高士也有不能免俗的地方。老子的忠告令人清醒、令人警惕，只有跳出世俗的得失考虑，跳出操作性的考虑衡量，才能近大道而更上一层楼。

第三十三章　自胜者强

知人者智，自知者明。

胜人者有力，自胜者强。

知足者富。

强行者有志。

不失其所者久。

死而不亡者寿。

能够了解别人、了解外物的人是聪慧智谋的，能够了解自己的人才是明白坦荡的。

能够战胜旁人的人是有实力的，能够战胜即掌控自身的人才是不可战胜的。

知道满足的人是富有的、从容的、有余裕的。

能坚持、能持续努力的人才是有志气的。

不迷失自我，不脱离自己的本原，不会忘记自己是老几的人才能成就与保持长久。

死后仍然保持着影响与作用的人、经得住时间考验的人是真正的长寿。

人贵有自知之明，这也是国人自古以来的共识。原因就是自己往往高估自己，溺爱自己，原谅自己，美化自己。一围绕自己立论，便容易丧失掉客观、公正、全面与应有的严格性。

战胜自己，目前已经成为一个被用滥了的说法。想不到早在老子时期，已经提出了自胜者强的命题。

其实有多少人能够使自己完全做到言行一致，灵肉一致，理智与感情一致，对人与对己一致呢?

原因在于，你需要战胜的自己，不是自己的一个观点、一个行动、一次安排、一个念头，而是你活生生的私利、私欲、私心、杂念。谁能做到百分之百地消除自身的一切私字呢? 我们也搞过"狠斗私字一闪念"，我们也说过"个人的事再大也是小事，国家的事再小也是大事"……但是这些说法，到底怎么样才能落实呢?

我们至少可以加强对自己的控制，提升自己的精神境界，使各种私利、私欲处于不会恶性膨胀的状态。我们至少可以培养自己真正的志趣、高尚的志向、开阔的胸豁，越是能投入到事业、科学、艺术、造福一方的活动中去，就越能在某种意义上战胜自己。

胜己者强的另一面是，事业心强者能胜己，责任心强者能胜己，自信心强者能胜己。换个说法来立论容易让人明白，就是说，强者当能胜己。是不是呢?

让我们举个例子，例如某些西方国家，那里的政客常常被曝光性丑闻，而我们的印象，那里的性观念是非常开放直至无所不可的，为什么对于政治家的要求这样严格呢?

只能有一种解释：这样的事情暴露了一个人的缺少自控能力，暴露了一个人的不能胜己、不能自胜。一个软弱的人可以去从事艺术、学术，却不可以充当承担着国家、民族、人民的巨大责任的政治领导人。

有力无力是容易估量、容易量化，一眼能够看出的实在实存。而强是一种品质，是更深藏的东西。关键在于承受，在于耐力与定力，在于无言、无形、无声、无迹，在于自身另有大志、大智、大勇、大德，在于虽强而绝对不可做强大状。

戒贪，当然。长期以来，知足常乐似乎是自欺欺人的代名词。然而这里是有一个区别的，如果由于知足而放弃了维权和对于不义与非法的抗争，是不足取的。而在个人消费、享受、待遇上知足，是最起码的道德底线，也是身心健康的标准。陷入永无餍足的贪欲，则只能是罪恶与痛苦的根源。

知足不是懒惰，不是躺下来，所以老子紧接着讲要坚持努力，离开了坚持的努力，所谓大志就是牛皮空谈。

事有成败，运有通蹇，名有大小，财有多少，地位有高低贵贱，然而一个人不管处在什么情势下不要忘乎所以，不要忘了本：本初、本原、本态、本相。不沉浸在暴发的喜悦或幻想之中，不叫苦于背运的阴影之中，不白日做侥幸的美梦，不因焦虑而无端地战栗、失眠、崩溃，这就叫不失其所，这就叫不失其本，这就叫有长劲儿，这就叫可持续发展，这就叫庶几近道了。

生理的死亡是无法避免的，长寿不仅是生理年龄，不仅是喘气饮食的植物式生存，只有归附于大道，言行不背离大道，人格体现着大道，人与大道合一，才能算是长寿，才永远不会夭折。

> ……逝者如斯，而未尝往也；盈虚者如彼，而卒莫消长也。盖将自其变者而观之，而天地曾不能以一瞬；自其不变者而观之，则物与我皆无尽也。……苟非吾之所有，虽一毫而莫取。惟江上之清风，与山间之明月……取之无禁，用之不竭。是造物者之无尽藏也，而吾与子之所共适。

苏东坡《前赤壁赋》中的这一段话有点老子的意思。所谓“自其不变者而观之，则物与我皆无尽也”的含义，就是自大道观之，物与我皆是大道的一次闪现、一次下载、一次证明，当然是死而不亡的了。那么自其变者而观之，同样是自大道而观之，天地不能以一瞬，妙哉，苏东坡也有极限小观念、无限大观念了。与大道的无限相比，天地银河系也只不过是一瞬，是趋向于零的存在。个体有死亡，天地也有起止，而我们的母体，我们的起源与归宿——大道，千秋万代，绵延不绝。

第三十四章　大道氾兮

大道氾兮，其可左右。

万物恃之以生而不辞，功成而不有。

衣养万物而不为主，常无欲可名于小。

万物归焉，而不为主，可名为大。

以其终不自为大，故能成其大。

大道就像大水一样顺势奔流到各地各处，大道广被（全面覆盖着）万物、万象、万处，哪里是人的意志可以改变它、增减它、左右它的呢？

万物依靠着大道的勃勃生机而生生不息，它的生机从来不会变得消极无力辞避。它完成了、造就了许多人与事及物，但并不据为己有。

它覆盖着、满足着万物而并不去干涉它们、主宰它们。它没有什么愿望需求，可以说它是很微小的、平凡的。

虽然不去主宰一切，但是万物都离不了它，都以它为依归，所以又可以说它是伟大的。

正因为它不自高自大，所以更成就了它的伟大。

大道如水，如水之四面奔流，人力不可能影响它。这里有一种老子的民本思想。氾就是泛，就是有地无类，哪儿都流，而且是往低处流，不是几个精英、几个圣人、几个“思想者”的专利。

想象一下洪水泛滥的场景吧，雄浑而又质朴，伟岸而又平铺，光亮却不避污浊，无情破坏却又同时滋养大地，养育万物。

是道泛流人间，是道找人而不是人苦苦地觅道，这一点也值得思索。既然道无处不在，那么到处都是道的体现、道的证明，你应该面向世界、面向万物万象，应该很平顺地体悟大道，用不着故意较劲，故弄玄虚，自己绕昏了自己，自己爆炸了自己。

大道如水的泛滥一般流向四处，这个比喻与今天的语言习惯不一致，我们习惯于反对泛滥、控制泛滥、阻挡泛滥。而老子认为氾——泛滥是一个好词。泛滥就是自流嘛，水因势而流，因势而均匀润泽大地，不劳较劲，不劳逆势而动，不劳耳提面命与不断更正、导引堵漏洞，相信自然的、自在的就是合理的与精彩的。这是老子的理想、老子的梦。

这里还有一种对水的崇拜。它表现了古人对水与生命的关系的一种直觉判断，它表现了对水的亲和感、灵动感、纯洁感、生命感与佳妙感。道观内只供奉太上老君塑像却没有做出大水的图腾，未免遗憾。回想老子此前讲的“上善若水”，你就更觉得意味无穷，而不仅仅是已经说出来的利万物而不争，还有处众人之所恶，等等。

对于水，需要观察，需要感动，需要欣赏、吟咏、描绘、体悟，需要一再做无尽的体味，需要形象思维、直观思维的高度活跃，而不仅是对字句言语书写的定义式的理解。

一个是“子在川上曰，逝者如斯夫，不舍昼夜”，这是孔子对水的感慨。一个是“上善若水”与“大道氾兮”。一个是“沧浪之水清兮，可以濯我缨；沧浪之水浊兮，可以濯我足”，这是屈原的反讽。先哲在水面前竟然产生了那么多灵感。这也是一种道法自然的例证，这也是先哲乐于观察世界、体悟自然、以自然为师的一个表现。

生生不已是大道的体现，这与易学一致，这里包含了对生命的肯定和颂扬。追求大道的人应该爱护、帮助生命，这是普世价值。

有了功绩不去占有，这是了不起的。

说过了天地不仁、圣人不仁，却又说了大道的衣养万物，给万物以衣食，大道是万物的衣食父母。这是怎么回事呢？这叫作“道是无情却有情”，叫作该衣养时则衣养之，未尝不是仁之爱之，该刍狗时则烧掉之、不仁之。非不仁也，是大道也。大道，大自然的规律，比一切仁义道德更恢宏巨大。

为什么能做到不去居功、不去占有任何的成绩呢？这值得思索。第一，大道本身已经涵盖了一切，包容了一切，它的谦卑正是充实的表现。它的低调正是高昂的自有把握。它的平和，正是至上与无忧无虑的形象。它的无为正是无不为的展示。它的无言正是伟大到不必言、非言语所能传达的程度。它还需要占有什么吗？一个已经意味着一切、主导着一切、归纳了一切的概念之神，还需要什么占有或者占有些什么呢？真正的自信最谦虚，真正的谦虚（不是伪装）最自信。第二，大道的功绩太多、太大、太无休无止，从不歇息、从不停顿，根本不可能被占有。即其宏大性、久长性、无限性、人间性与超人间性（终极性、神性），不可能被任何人、任何概念、任何力量、任何集团、任何学派所侵占、占有。第三，占有就不可能长有，有占有就有被占有，即你的占有成为旁人占有的对象，从而失却你的保有。凡是能够占有的东西，都不可能永远属于占有者，不论是权力、土地、荣华、富贵，还是名声、地位……

从这个意义上来说，占有就是无有、不有，至少是将会无有、可能不有。而只有不需要占有才是真有。凡是需要自居的功绩，其实都是保不住的。凡是需要占有的一切，都不过是转瞬即逝的过眼烟云，都是不牢靠的。

只有大道、自然、真理、品格、境界、智慧、才华、风度才是不可剥夺、不可占有、不可转移、不可抢劫、不可霸占、不可否认的，甚至生命也不是人所能长期把持的，然而，毕竟有比生命更终极、更概括的道在。

大道如此，那么人呢？人而愿意理解世界的本质，道的本源、本质，人而明道，人心而与道心相通相近，那也就应该能够学到、做到功成而不有的境界。

客观上主导着万物而不是高高在上，绝对不以君临的姿态去发号施令，以至于可以命名为微小平凡，以至于可以低调地谈论它，有谁能完满地做到这样的程度呢?

做不到低调的人就不可能真正高调，做不到微渺的人就做不到伟大，做不到平凡的人就做不到出类拔萃。

为什么呢?他或她的那点本钱，已经被自身的恶性膨胀与风头欲、表演欲糟蹋殆尽了。

自吹自擂与私心占有的性质是一样的，越是渺小的事物越是怕被轻视，怕被遗忘，越要闹哄个没完。越是与天地齐辉，与日月同在，与历史共进，与江海浪潮一起激扬，与大道、美德、睿智互动而共名,就越要赞美大道的伟大、世界的伟大、历史的伟大,而确认自身的渺小,确定低调的选择,对一切大言欺世、大话弥天、大轰大嗡不屑一顾。

越是安于微小平凡，就越是得到万物的归附，也越是真伟大。这是一个高明的理念，虽然做起来要多难有多难，但是真正做到了，就要多平常有多平常。这就是有心栽花花不开，无心插柳柳成荫。这就是会者不难，难者不会。这就是最高的技巧即无技巧。这就是“文心应淡淡，法眼莫匆匆”（见多年前我的一首旧诗）。

人都是“大患在于吾身”，你自高自大，他还要自高自大呢，所以越是自高自大的人越是自高自大不起来。而出来一个得道者竟然能够做到不自大,他反而显得境界高蹈,心胸辽阔,人格伟大,如长江沧海，如珠穆朗玛峰了。

而且这种因不自大而成的大，不具有侵略性，不占领空间，不妨碍他人他物，不造成对旁人的压力与伤害，不给自身背包袱，不端架子，不鼓肚子。他是让人舒服的大，而不是让人吓一跳、压人一头、让人讨厌的大。

这其实不是人格伟大，而是“道”格伟大，人从道中找到了理想的格调、风格、品格，多少分享一点大道低调中的雍容与平凡中的高贵。

常无欲可名于小，这个说法也有新意。这是再次将具有大的特性的道说成小。无欲则小，则细微滋润，则不占地方，则不具有压迫感、侵略感、扩张感，无欲则随遇而安，息事宁人。老子说的对象是君王诸侯，不要轻易用革命造反的观念来批评老子。

第三十五章　淡乎无味

执大象天下往。往而不害安平太。

乐与饵，过客止。

道之出口淡乎其无味。视之不足见，听之不足闻，用之不足既。

得到大道的人，也就具有阔大的气象。有了阔大的气象，可以行遍天下，也可以感动天下，凝聚天下，影响天下，收拢天下。天下聚集在大道的气象下边，相互和谐平安，互不伤害。

至于奏乐与美食，只能吸引一时的过客，使过客停顿一下脚步，然后离去。

大道没有音乐与美食的诱惑力，它表面上是淡而无味的。观看它，不值得欣赏流连。聆听它，不值得倾心喜爱。然而大道是取之不尽、用之不竭、永远有效、永远有助于人的。

说是大象即大道，那么这里为什么要忽然用“大象”一词呢？

道有大象，道呈现出大气象、大形象来。你的气象、形象决定着你的人气，决定着你是天下往——天下往你那里聚拢，还是天下弃——天下离弃你而去。

大气象决定了相安、平和、太平。当然，如果侯王本身就狭隘刻薄、鼠肚鸡肠，气象全无，他属下的各种人员派别能不断杀无度吗？

大气象而又寡淡，大气象而又止于乐与饵。大气象不是做出来、烹调出来、演奏出来的。它不追求刺激，不追求诱惑，不追求形象。气象者，非表层形象也。把寡淡当成一种美味、美色、美声，与其他一般人追求的美食、美色、美声做比较，这是老子的一个发明。至今南方人的语汇中也仍有将日子过得“平淡”作为一种理想来用词的。

从人的操持消费中我们可以看到一个特色，生产力越发展、文化越进步，人们对于感官享受、感官刺激的要求越是减弱下来。高级菜肴较少酸甜苦咸辣的调料；高级茶饮较少颜色、气息与对舌蕾的刺激；高级绘画反而不那么大红大绿；高级诗文反而不那么在意煽情与夸张；高级表演艺术也不那么声嘶力竭。

一个高度熟练会干活的工人或农民，他劳动起来反而不咋呼，不咬牙切齿，不拼死拼活。

平淡，有可能是由于贫乏。平淡，也可能是由于富有，是由于一种以一当十、细水长流、不动声色、润物无声的风格。是对于人的敏感的尊重，是对于世界的尊重，不想用表面上的声势夺人来影响世界对于自身的审视与考量。不慌不忙，不急不闹，让世界慢慢走向你，接受你，认同你，而不会被你吵晕、吵糊涂、吵疲劳、吵厌烦、闹乱乎。

平淡与大象同在，请你从乐与饵、从声色犬马的诱惑旁走开，走过来。

平淡的东西，平淡的道理，用之不竭，管用，经用，经考验。这也是老子的一大洞见。咋呼的东西往往比较夸张，夸张的东西与实际保持着相当的距离，与实际不一致的东西是怎么获得了一时的成功的呢？是怎么火起来的呢？一靠人为炒作；二靠特殊背景，非理性、非真理、非真实因素；三靠受众的愚昧轻信。它如飘风，如骤雨，来得快止得也快，不可能持久。

为什么受众会有愚昧和轻信呢？这就是问题的所在：谬误有时候比真理更叫座，更得宠，更炫耀出彩，更能闹出大的响动。真理有时候淡而无味，如老子所言。

如说人应该吃饭，就远比不上宣称人可以不吃饭更诱人耳目。宣称学习要循序渐进，就远远没有宣传速成法更令人瞩目。说是人应该奉公守法，也不如宣称一切清规戒律滚他妈的蛋更解气。宣称人总是要死的，远远不如宣称找到了不死药或者几乎不死之药更惊天动地。

真理平凡，真理淡乎无其味，而谬误特异，谬误往往给人以强刺激。真理接近常识，从而显得一般化，叫作“视之不足见，听之不足闻，用之不足既”——不好看，不好听，不好用，不那么顺耳、顺眼、顺手。

而谬误因为反常识，反而触目惊心，心惊肉跳，勾人眼球。真理教给你的是慢慢劳动致富，谬误教给你的是一下子中特等奖。真理给你的是百分之九十九点九，谬误引诱你去争取那个百分之零点零零零零……一。谁说谬误不厉害呢？谁能不多看谬误一眼呢？

但是这种惊世骇俗的谬误效应是绝对难以持久的。不死药吃了又吃，死得更快、更惨，人们就无法再相信与追求不死药了。靠赌博与彩票致富的道路走上一段就会被大多数人所冷淡唾弃。辟谷功就算确对减肥有效，也代替不了正常的用餐与卡路里供应。俗话说，上当只一回。其实不见得，有的人就在同一性质的问题上屡屡上当，好吧，上当不止一回，那么上当十回、十一回，也就不会再上了。

平淡的道理用得长久，惊人的宣示常常靠不住。老子那么早就发现了，为什么我们至今还常常受骗上当？因为私心人皆有之，营私的主张就有了市场。侥幸的心理人皆有之，投机的主张就有了市场。懒惰、图安逸、怕苦之心人皆有之，于是邪门歪道就有了市场。嫉妒、贪欲、怨天尤人之心人或有之，于是极端主义就有了市场。刑事犯罪的事例也告诉我们，骗子正是利用人们占小便宜的心理才做局设套，令人上当受骗的。

不要拒绝与忽视平淡，不要轻信与乞求奇迹，不要一时被煽起来就忘掉了常识，这些经验之谈，是值得听取的忠告。

安宁、平顺、太平，是老子的一贯主张，所以他劝告世人不要轻易被诱惑，不要拒绝平淡的大道。当然，这样一来，他就缺失了鲲鹏展翅、碧浪掣鲸、搏风击浪、如荼如火的人生这一面了。奈何?

第三十六章　欲取固予

将欲歙之，必固张之。将欲弱之，必固强之。将欲废之，必固兴之。将欲取之，必固与之。是谓微明。

柔弱胜刚强。鱼不可脱于渊，国之利器不可以示人。

你想关闭它，就更要先扩张它。你想削弱它，就更要先强化它。你想废除它，就更要先兴盛它、发育它。你想从它那里拿去一些东西，就更要先给予它一些东西。这才是精妙入微的道理与智慧。

柔弱常常能战胜刚强。鱼儿是不能离开深水的。国家的最有效的手段、最厉害的武器或者本领，是要保密的。（就像不能把鱼儿从水里掏出来炫耀一样，国家也不可以炫耀自己的手段、武器或者本领。不炫耀利器的国家貌似柔弱，其实比动辄显示力量的国家强大。）

这一章，第一像是讲阴谋手段，第二像是讲兵法。类似的说法其实不仅在老子这边有，欲擒故纵、声东击西、围魏救赵、死里求生、骄兵必败、以退为进、以守为攻、居安思危、置之死地而后生……以及卧薪尝胆、以屈求伸、笑里藏刀、先礼后兵等都有点这方面的味道，这些成语与计谋也已经家喻户晓。

如果老子写的是处世奇术，或者兵法要览，把它说成阴谋或者计谋，不无道理。问题在于老子讲的是大道，大道的根本原理之一是相反相成，物极必反。问题不在于我对你将欲取之，必固与之，问题在于你为什么老要张之、强之、兴之、得之呢？你不懂得月盈则亏，水满则溢，盛极必衰，扩张久了必将闭合，太强壮了必将衰老削弱，太兴旺发达得势了必将被淘汰，得到的太多了必将丢失得多，登得高必会跌得重这一类的道理吗？大道如此，难道你能说这乃天地大道在向你要阴谋玩花招吗？

从大道中可以衍发出德性来：虚静、如豁、若水、谦卑等是也。从大道中可以衍发出悲观消极来，如不仁、不为、不言、不为天下先、柔弱、婴儿等。从大道中也可以衍发出积极有为的东西，有道者为天下式，天下往，无为而无不为，治大国若烹小鲜，安平泰，真正做到长久、长寿，莫能左右。从大道中也可能衍发出阴谋诡计、衍发出吃小亏占大便宜，直到虚伪。后者就是入了魔障，就是学大道而走火入魔，原因不是道的魔性，而是你的魔性。道魔一念间。大道是哲学，是本体论与认识论、方法论，讲的是认识、道德、境界、修养，学得好了是高人、圣人、君子、得道之人，至少不做妄人、恶人、愚人，学歪了变成阴谋家，这又怨谁呢？能怨老子吗？

大道里有观念，有品格，有境界，也有技巧。我们说道是道理、道心、道品、道路，同时我们的汉语构词中也有道器与道术的命名。大道中有将欲如何必固反着来的“术”，这样的术可以被圣人所用，也可以被邪恶所用，像一切技术一样，技术本身不能保证它被利用的正义性与谬误性。

这一章的将欲如何、必固如何，偏于道术，偏于实用，特别是在战争或政治斗争中的应用。它有可能被皮毛化、阴谋化、非大道化。这是事实，也是鲁迅所说的，鹰可能与鸡飞得一样低，鸡却永远不能与鹰飞得一样高。也就是说，追求大道的人从技术上学到的仍然是大道的启发、大道的无所不在、大道的证明。而一心搞技巧包装的人，即使你讲给他道的真谛，他听得进去的仍然只有计谋与机巧，而一个心术不正的人，他接触到了道，却得出了害人之道、骗人之道、诡计多端之道，也就是对于大道的背离与歪曲，最后只能由于失道而灭亡。这样的事情也是常常发生的。

类似的观念在我国的武侠小说中多有发挥：好人学了武，更好；而坏人学了武，更坏。

所以我喜欢讲大道无术。倾心大道的人用不着那么技术、那么谋略、那么钩心斗角，宁可放开胆量，敞开心胸，用光明对待阴暗，用正直回应邪恶，用善意回答不怀好心。

把大道理解成阴谋，这可能来自邪恶的居心，也可能来自对于大道理解认识的皮毛化。只看到了皮毛上的相似之处，只看到鹰与鸡飞得一样低之时，便否认了鹰的穿云乘风向日高飞的性能，便为鹰搭一个草窝并且断言鹰压根儿就应该是住在这里的。

从动机上来看，皮毛化认识问题本身并不是罪恶，但是其愚蠢的结论，如认为老子是阴谋家，则是因愚而谬，因谬而错，以致因错而害人害己，自陷于罪。或者是由于小聪明、小有聪明，距大道十万八千里，以小聪明观大道，做出了符合自己的小聪明的而且是不怀好意的解释。

越是小聪明越容易对别人不怀好意，越容易把小聪明用到不怀好意上，刻薄挑剔以对人，微醺欣赏以对己。这是千真万确的事实。我知其然，不然其所以然。

好，用不着为老子的非阴谋家而辩护了，在庸人眼里，智者确实像是比他多了点计谋，庸人虽庸，但是能接受计谋之说，喜爱计谋之说，热衷于计谋之讲究，却不可能接受大道之论、境界胸怀之说。

这一章仍然有些惊心动魄，尤其是政治家，将欲废之，必固兴之，读之令人怦怦然。先立后废，先扬后贬，先放后收，先与后取，这一类的历史过程确实存在。有些是故意的谋略，有些则只是客观的必然过程，乃至是一个令人感慨系之的过程。你无法断定韩信从青云直上，到身为齐王，到被杀全部是刘邦或吕后的设计，只能说韩信的故事证明了大道的有效性与警示性。大国的许多兴衰故事也说明了老子讲的这些惊心动魄的道理。

然而，它仍然不全然是人工的设计。世事千变万化，再说几十个“将欲N之，必固X之”，对于世界来说，仍然是太简单、太草率了，这些只是粗线条，引为警惕、痛加防范则可，很有意义，视为药方或锦囊妙计则不可。

柔能胜刚，弱能胜强，这是国人的一个见解，也是一个经验，未必是从老子的著述中发明出来的。然而这不是无条件的。条件就是水，柔与弱的主体就是鱼，鱼儿离开了水，必然完蛋，更不可能胜什么刚强了。水是什么呢？老子一直认定，水是大道的形象与外象，不离开水，就是须臾不离大道。

条件又是“深藏”二字，大道如国之利器，不是让你挂在嘴上，不是让你显摆吹嘘的，只有用含蓄低调的态度学道用道，用非伪非饰的态度体悟大道，才能接近真正的大道。

名将不谈兵，他深知兵的千变万化，不可轻谈。名医不谈药，他深知病情的多种多样，岂可轻易开处方？国之利器不能轻易示人，那不是用来表演、用来炒作的。学问越深，道性越深，越应该沉潜含蓄，不可锋芒外露，不可以之装点门面，不可将大道变成佐酒谈资，要注意内敛的功夫。那个“将欲N之，必固X之”的公式，那种微妙的“明”——道理与智慧，也是点到为止，不可多说，不可动辄将它拉到水面上来。

当然，这种讲法与现代思潮强调的透明度与人民的知情权，又大不一样了。

第三十七章　道常无为

道常无为，而无不为。

侯王若能守之，万物将自化。

化而欲作，吾将镇之以无名之朴。无名之朴，夫亦将不欲。不欲以静，天下将自定。

道常常不做什么（不该做、不可做、不欲做、不屑做的）事。由于没有将时间与力量放在不该做的事情上（由于没有去干扰万物的应道而行），所以各种事情都做得比较好。

诸侯君王若能保持住这种不做不应做的事的大道，万物都将自己化育、教化、成长、合乎正常的规律与期待。

万物化育成长到一定程度，会出现一些想头，想要（不切实际地）做这做那，要这要那了。我就用没有命名定义的质朴来约束制动。让它（万物）回到无名、未定义、未雕琢的本初状态。回到了本初的朴素与厚重，你也就不会有私欲了。没有了私欲，也就不闹腾了，天下自然稳定有序、长治久安了。

无为而无不为是一个有名的命题，有人认为它是老子的核心命题，国人对此始终是极感兴趣的。无为而治嘛，又叫天下无事。无事就是大治，这个老旧的说法里包含着老子思维模式的影响。

天下无事了，大治了，当然就是做到了无不为。

无为的意思十分丰富，不是简单地什么都不干，更不是要求你干。而是：

其一，有所不为。有道德与智慧的底线。那些不道德、不聪明的坏事、蠢事，无论如何，应该避免，应该不干，绝对不可为也。

其二，不过多干预，不主观主义、唯意志论、瞎指挥、胡作非为、轻举妄为，不轻易地大张旗鼓，不做表面文章，不乱提目标口号。万事万物都有自己的成长化育规律，你越是瞎去掺和，就越坏事。与其干预太多，不如静观其变。与其越俎代庖，不如尊重道的即万物的主体性。

其三，使自己处在一个可选择的状态，不急躁，不匆忙，不一脚陷进去后被动应付。几乎所有意欲有为的人都有急于求成的毛病，都有一个早晨达到目标的梦想。在一个浮躁的年代，老子提出了冷一冷的忠告。

其四，不要过高估计自身的力量与作为的可能性、可为性。不要永远在那里研究永动机的发明与天堂的人间化。不要脱离现实的可能性与渐进性。不要把愿望与现实、意念与行为混同起来，又不能割裂开来。

总之，老子认为，为是有条件的，不符合这样的条件，是不能为的。例如，有悖道德的事不能做；有悖客观规律的事不能做；境界低下、嘀嘀咕咕的事不能做；自我中心纯属为己谋私的事情不能做；情绪化、缺少理性衡量、带几分歇斯底里的事情不能做；压根儿做不到的事情不能做；吹牛冒泡儿的事情不能做；显示自己、居功自傲的事情不能做；时机不对的事情不能做；伤害旁人的事情不能做……顺着这个思路想下去，人类的悲剧与其说是做的好事、聪明事太少甚至于是不做事、不作为，不如说是做的蠢事、坏事、糊涂事太多太多。

儒家讲三思而行，讲慎言、慎行、慎独，这里头都有无为的意蕴。

至于无不为，有的人抓住此言来解释老子仍然是主张有所作为的。

然而，我们反复阅读思考，能够发现的仍然不是老子有什么有所作为的正面主张，而是在无为——至少是在无谬误、过失、帮倒忙的行为的前提下，让万物自行运转，万物自化，万物自得，万物自然而然地上轨道的理念。无为是前提，无不为是结果。无为是方法，无不为是目标。无为是哲学，无不为是价值。对于老子来说，实现无不为理念的道路不是有为，而是无为。老子认为只有（侯王们）无为了，万物才能无不为，这确实精彩有趣。

这很不一般，很高明，但也很各色。它是稀有的珍贵见识，当然不可能是大道与真理的全部，也不可能是主流共识。

它注意抑制凡人们的胡作非为、轻举妄为、蛮干勉强、一意孤行的冲动，教给人智慧，却不教给人责任心、使命感与献身精神。

所以老子是伟大的、智慧的、深刻的，却不是足够悲壮的，他不是无畏的志士。

从某种意义上来说，老子的主张万物自化，主张圣人不言、不智、不干预，似乎有点自由主义直至市场经济的味道，有点尊重万物、尊重环境、尊重客观世界的味道。但是他的动不动拿出朴来，拿出无欲的主张来，幻想回到历史的最初状态，回到原始社会，回到无文化、无科技、无生产力发展的状态，又有点像是与世界唱反调、与人的欲望唱反调、对历史开倒车，他有点一厢情愿加乌托邦主义。

从社会思想与哲学思想来说，无为说很有嚼头。从经济学来说，排斥欲望、镇压欲望则是不可能的，反人性的。从思想观念、价值观念来说，对于欲望进行必要的疏导与控制则是合理的，一味一心压迫欲望是不可取的。

老子在强调道的无为性的同时，也强调道的质朴性、本初性。他知道“化”了就欲做，越是发展就越有做什么、要什么的冲动。他再次祭起了朴的法宝，他幻想让人回到初始状态、原生状态，浑浑噩噩，不要定义、不要命名、不要这系统那系统。这样的“朴”内存宽广、空间辽阔、时间久长，不受欲的控制与迷惑，与大道相通。

无为是一个否定性的命题，朴是一个肯定性的命题。

无欲是一个否定性的命题，是一个乌托邦。

以朴镇住欲做的倾向，以朴取代欲与做，也就是以无为取代有为，是一个美丽的与一厢情愿的幻想。

万物自化，则是一个英明的论断、天才的论断，然而又是一个理想化而非可操作的论断。

老子怀疑欲望的积极意义，怀疑文化的积极意义，怀疑历史发展的积极意义，这从学理上来说，是提出了很有学术价值的思考难题。

问题在于，欲望不欲望的问题不是一个学术问题、思辨问题，欲望与生命同在。你可以对欲望有所克制掌控，有所引导升华，却不可能完全取消。通过完全取消欲望以达到不欲而静、天下自定的目的，这十分彻底，正因为太彻底了，所以只是空想。

空想能够达到的，可能是现实所不能达到的。空想也是一种愿望，可能是比一般欲望更加高级的愿望。所以空想也是有魅力的。空想也是一种启发、一种贡献，在一定意义上。

老子对于读者的启发，不是绝对的无为与无欲，而是批判性地审视自己的有为与有欲的状态、过程与经验教训，提出对于自己的至少是无谬恶之为、无过分之欲的要求，注意尝试以朴质之心取代欲做之动，引导自己成为更加本色、得道、从容、心胸阔大、永远立于不败之地、反而更有所成就的人。

第三十八章　失道而后德

上德不德，是以有德；下德不失德，是以无德。

上德无为而无以为；下德无为而有以为。

上仁为之而无以为。

上义为之而有以为。

上礼为之而莫之应，则攘臂而扔之。

故失道而后德，失德而后仁，失仁而后义，失义而后礼。

夫礼者，忠信之薄，而乱之首。

前识者，道之华，而愚之始。是以大丈夫处其厚，不居其薄；处其实，不居其华。故去彼取此。

真正上品的、受推崇的道德，不是以意为之的道德，所以是真正的有道德。下品的、强求之的道德，唯恐失去了道德的美好，所以并非真正的道德。

真正的高品位的道德并不刻意去做什么，也没有理由去要求做什么。勉强的道德做不成什么，但是老想着做这做那。

上品的仁爱，做得到仁爱，但不是刻意要去仁爱，不是为了仁爱而去仁爱。

上品的义气、正义则是有意为之的义气、正义。

上品的礼法（礼貌、礼节、礼仪）你努了半天的力却没有什么人响应。没有人响应了就捋胳臂挽袖子来硬的了。

所以说，大道丢掉了才强调道德——价值观念。道德——价值观念不管用了，才强调爱心——仁慈。不讲爱心——仁慈了，才强调正义——义气。连义气、信用这些处理好人际关系的词儿也不讲了，就剩下礼法啦。

这个礼法呀，是忠信都渐渐失却、人心浇薄而乱象已出的标志。

前人已经认识（或谓是指前面所说的那些东西），德、仁、义、礼，尤其是礼，都是大道的华美的外表，也都是愚傻的开端。所以大丈夫宁愿选择朴厚，选择厚重的积淀与根基，而不选择浅薄、浇薄。选择果实，而不选择浮华。人要在薄厚实华之间做出认真的选择。

老子最不喜欢刻意的、非自然而然的、非本意的对于某种价值的强调与遵循。他认为，经过人为的强调，经过自己的有意为之的推崇，经过了自然以外的某种力量——例如群体与侯王——定义命名，就离开了朴素的本性，离开了自然而然的氾兮不可左右的形象，离开了无为而自化而无不为的理念，也就是离开了大道，就是要左之右之、指挥之、经营之，就走向了道与自然的对立面。这个观点与后世的、在我国曾经引起争议的关于异化的学说可以互相参照。

所以他指出刻意经营的德性不是真德性——闹不好会是教条、死心眼儿、自我表现、作秀、口头空话、人云亦云；更坏的则只是面具、虚伪、欺骗，是蒙骗他人的手段，就是说以德性、道德的名义搞价值霸权、价值强权、价值控制。刻意经营的仁爱也不是真仁爱，弄不好只是随大流、争名声、争实惠、做样子，再坏的就是伪君子，是口蜜腹剑。

他认为正义呀，义气呀等就更等而下之，本身就是有意为之，做得最好也是有心做之。义气讲的是人际关系，是弱者的自保要求所决定的，是要回报的，是生存与斗争的手段，与大道背离。（王按：其实义也有符合天性的一面：群居性很强的人类是需要义气的，人们会在友谊中享受快乐与幸福。不知道为什么老子对于义的评价如此低？可能是由于义往往是下层人的首选，是江湖上的价值。）

至于正义，当然是好东西，麻烦的是各人角度背景不同，对于正义的理解弄不好是针锋相对。以主持正义自居，弄不好是包打天下，世界宪兵，霸权主义。

礼法带有管理性、体制（秩序）性、统治性、惩罚性。如我在谈《红楼梦》时多次宣扬的，王熙凤伸手就可以打丫鬟的嘴巴，就可以拔下簪子戳丫头的嘴。管理是一种潜暴力，管理是以实力做后盾的。王熙凤过生日，贾琏趁机乱搞，为贾琏放风的丫头没有应凤姐之叫唤立马站住答话，叫作“莫之应”，于是凤姐就“攘臂而扔之”，又是打嘴巴又是拔簪子扎，这是很符合老子所描写的情状的。所以从礼法层面治国平天下，就更加低下了。

这很美好，但是不无唯道论、大道乌托邦主义的色彩。把大道、天性与管理、秩序、礼法截然对立起来，把大道说成绝对先验的，拒斥学习与自觉意识，把良知性、良能性的大道与后天的学习修养绝对对立起来，是说不通的。人类学的研究证明，原始状态与原始社会，固然会有些好的东西，但也有野蛮、愚昧、专横。从这一章中倒是可以看出老子对于儒家的道学化、念念有词地修养修炼化、做作化、形式主义化的反感、预见与警惕。

老子是强调无的，无心，无意，无名，无为，无价值强调，更无价值强制。这些好倒是好，有点无政府主义的味道，但容易脱离实际，变成空想玄谈。

孔子是强调有的，有志于学，有仁义礼智信，有忠孝节义，有五伦四维八纲，有尊卑长幼之辨。这些也好，但弄不好会变成装腔作势，会变成形式主义，会变成满口的仁义道德，一肚子男盗女娼。

老子认为原生的朴才是厚重的，有根基，有依据，有制约作用，有历史的积淀与见证，有大道的背景。而文化呀，价值呀，追求呀，礼法呀，意志呀，好恶呀只是历史上薄薄的一层记录，大道与朴的薄薄的一层表面张力。

在所有的章节中，老子都是以赞赏的口气讲述道的，只是此章，出来了一个道华愚始的命题。

窃以为，此处的道不是指大道，而是指可道不可道的那个道，就是讲说的意思。那么“前识者，道之华，而愚之始”，就应该做前面说的礼法之类，说起来好听，其实是愚昧的开端。或者可以断句为“前识者道之，华而愚之始”，就是说坚持前面的认识，宣扬礼之类的玩意儿的话语，华而愚（华而不实却又愚昧浑噩）就这样开始了。

也许华而愚蠢是讲得通的，如人们常说的“愚而诈”。

这里我对“前识者”的解释与诸家不同，无碍，如我解错了可以放弃，这不影响我们讨论老子的主要思路。我不想把讨论用到我的非长项——文字的说文释义上。读者可以参考众家之说而理解之。愿识者有以教之。

这里还有一个对于人类行为的研究评价的问题。无为而无以为，就是说没有作为也没有作为的动机与目的。为之而有以为，则是不仅有作为的行动，而且有作为的动机与目的。强调性情，强调自然，强调真心的人往往排斥动机与目的，往往视有动机与目的行为为伪。比如《三国演义》中的刘备，他的所谓仁义的表现，极易被视为收买人心、刁买人心的手段，因为他正在从事与魏、吴两国争夺天下的斗争，他的一切行为易被认为带有表演性，为了争取民心人心。尤其是男女之情，如果加上了非感情的目的，立刻就为读者所厌弃。《红楼梦》中薛宝钗的种种克己复礼的表现，也受到拥林派的攻击，说其目的乃在于取得宝二奶奶的身份。再如我们素常所说的积极表现，一旦被视为具有求官求财的目的，似乎行为的评价也一落千丈。

而目的性、有以为性，恰恰是人类行为的特点之一。能够不因目的而矫情、而作伪，能够不拒绝至少是向自己的亲人、友人敞开心扉，能够使自己的目的与性情和自然而然的本性尽可能地统一，已经很不错了。

第三十九章　天得一以清

昔之得一者：天得一以清，地得一以宁，神得一以灵，谷得一以盈，万物得一以生，侯王得一以为天下贞。

其致之也，谓：天无以清，将恐裂；地无以宁，将恐发（废）；神无以灵，将恐歇；谷无以盈，将恐竭；万物无以生，将恐灭；侯王无以贵高，将恐蹶。

故贵以贱为本，高以下为基。是以侯王自称孤、寡、不谷。此非以贱为本邪？非乎？故至誉无誉。

是故不欲琭琭如玉，珞珞如石。

（大道的特点是它的唯一性、统一性、完整性、一元化，所以大道即一。）

自古以来，得到了这个伟大的一的主体当中，如果天得到了这个一，天就清晰明朗了。地得到了这个一，地就平安稳定了。众神得到了这个一，众神就灵验了。山谷、谷地得到了这个一，就充盈丰满了。万物得到这个一，就有了自身的存在与形成了。侯王得到了这个一，就可以成为天下的标杆了。

这样说下去，也就意味着：如果天不能长久地保持清明，恐怕早晚会断裂。如果地不能够保持安稳，恐怕早晚要崩塌闹地震。谷地如果不能保持充盈饱满，早晚会枯竭干涸。万物不能保持生机，恐怕早晚会陷于灭绝。侯王如果不能保持一定之规，或侯王如果不能成为标杆、成为榜样，恐怕早晚要败亡。

所以富贵是以低贱为基本的，高尚是以卑下为基本的。所以越是高贵的侯王，越是要谦称自己为孤、寡、不善，这不就是以贱为本吗？所以说最高的、最完满的名誉是名誉的消失。

所以说，一方面并不想做细雅的美玉，另一方面也不必是粗硬硌人的石头。

这一章，老子又进一步地研究、表述、描绘道的另一个特质，为道做了新的命名：一。

一方面老子反对任意命名，另一方面老子又不停地为道命名。不停命名则不拘于一名，他是在启动你自身的了悟与探索，而不是给你下定义。

一就是唯一，不二法门，统一、整体、整合、同一，一元化、根本的根本、本质的本质、永恒的永恒。

有了一，才有至上性，如果不是一个完整的大道，而是各说各的，各运转各的，就会有比照争拗、多元无序、竞争消长，那还有什么至高无上，还有什么一元化的观念与操作，还有什么中国式的本质主义、概念崇拜、大决定小的推理、演绎法？

同时按照民间的说法，一就是无极，又是太极，又是两仪（乾坤、阴阳或男女）、三才（天、地、人或三垣，后者是讲星象）、四象（四季春、夏、秋、冬或四方东、西、南、北）、八卦（乾、坤、震、艮、离、坎、兑、巽），万物万象的总根源、总概括、总归宿。九九八十一，乘法口诀里的这样一个算式 $9\times9=81$，来到了中国民间，叫作九九归一，成为一切归于一的证明。九是最大的数字，但是九个九的结果是归于一，请看一是多么厉害。中国式的数不但是数学数字概念，而且是命运哲学神学概念。

一就是多，多就是一，九九归一。一的一切，一切的一。

中国的构词就是伟大，尼克松就赞美过中文中的“危机”一词，既意味着危险，也意味着机会。同样“一切”这个词也是伟大的，它是一，也是切，是单一，更是全部。

这是非常中国式的世界观，它想象，它相信，世界不论是多么多种多样、多姿多彩，最后都能概括到一起的，世界具有统一性与整体性、可整合性。

世界有统一性，这是现代人也相信的观点。外层空间取来的物质样品，与地球上的物质并无区别。

但是比起多来说，中国人更崇拜的是一。现象是多的，而本质只有一个。假象是多的，但真理只有一个。万物是多的，大道只有一个。群雄争霸的时候是多的，最后，仍然要归于一位真命天子。

中国语言文字的特点是抓住一，再发展，衍生到多。比如牛是一，是本质，然后牛奶、牛肉、牛皮、牛毛、牛头、牛尾……势如破竹。道是本质、道路、道德、道理、道器、道术、道门、道心、道道儿以及天道、大道、正道、古道、茶道、柔道（此二者来自日语构词）、旁门左道、邪魔外道……花样无穷。而如果以德作那个一呢，那么大德、玄德、无德、缺德、失德、恩德、口德、酒德、品德、妇德……也是一生发一大片。

那么，既然一切的一切可以找到一个又一个的本质本源，可以找到一个又一个的一，最后，所有的一当中又怎么能不统一到一个最高的一、最大的一、最久的一、最根本的一上来呢？

老子把它们统一起来，最最高峰化起来，就是大道，就是道。

那么这个一究竟是怎么得出来的呢？第一，可以说是淘汰法、减法，就如同争冠军一样，国人前贤一直寻找一个能够包括另一个即吃进另一个的概念，例如土地就吃进了农田的概念，土地的含义比农田大，包括了农田，土地的概念在比赛中胜出，进入了可能是十六分之一的决赛。而地的概念又吃进了土地的概念，地里包括了土地、山岭、江海、冰河、沙漠等，地进入了八分之一的决赛。那么宇宙的概念又可以吃进地去，进入了四分之一决赛。和宇宙在一起的还有上帝或者神灵，还有物质与观念或者精神……对于老子来说，概念冠军赛的最后优胜者是道。道可以吃进宇宙、天地、物质、精神、真理、仁、上帝、造物主……道才是至上的与无限大的。

第二，就是无限地相加，既然农田加江海、加荒野、加山岭、加南北极等于地，既然地加天等于天地，既然天地再加天地之外的天地即无限个银河系等于空间，既然空间加时间等于宇宙，那么最后世界的一切加一切再加到无限大，就是无所不包的道了。

啊，道是多么伟大!

中国的许多成语也反映了这种寻一情绪，寻一情结，寻一倾向，颂一传统。比如：始终如一、一如既往、一言以蔽之、一往情深、一心一意、一脉相承、一语中的、一鸣惊人、一飞冲天、一往直前、一言而为天下法……这些都有极正面的意思。同时，也有一手遮天、一意孤行等成语，说明中国人对于一的过分夸大与强调所可能带来的毛病，并不是没有感觉。至于另外一批成语、熟语：二心、三心二意、二重人格、两面三刀、两面派，则不是什么好话了。

把道称为一，是对道的最高礼赞，其强调与崇拜程度，超过了玄德、谷神、若水、玄牝、惚恍、虚静、冲等的其他名号。

一的特点在于不二性。湖南有个景点，从凤凰到张家界的路上，叫作“不二门”，这也是寻一情怀的表现。

得了一，就什么都有了；失了这个一，就什么都没了。这是唯一的意义的两个方面。这是同义反复吗？其实《老子》一书中同义反复的构词造句并不算少。同义在反复中深化与玄妙化，这是修辞学，不是逻辑学。解者不必另辟蹊径，挖空心思，巧作奇解。

所以这个一就是一个值得崇拜的同时具有哲学内涵与宗教情怀的概念。我说过这个一是中国某些人的上帝，后遭到质疑。其实我说的中国人的上帝当然不是基督教的或佛教的上帝，而恰恰是中国式的语言崇拜、概念崇拜、本质崇拜、大道崇拜。上帝说可能显得突兀，然而我仍然坚持这个说法。《老子》在中国确实发展成了宗教，说是分离出一种宗教也可。而认为中国人太奇特，关于中国人太缺少终极关怀、缺少宗教情怀的说法，并非完全有根据，其实中国人只是没有把终极崇拜引向人格神或神格人就是了。

按照国人的思路，有一个一，得一个一，就是有了主心骨，就是有了依托和根据，就是抱元守一，不移、不裂、不二。就是以一当十，以一当百，以不变应万变，就永远立于不败之地了。石涛的一画理论，不论怎么样与老子学说拉开距离，其实仍然摆脱不了老子的这个对于一的崇拜。

至于高以下为基础，贵以贱为根本，这是对于一的困惑的一个回答的尝试。不是一吗？为什么社会上有贵贱与高下之分别分化呢？老子提倡一，崇拜一，却又必须面对贵与贱的分离。老子在谈到一的时候，不能不涉及这个贵贱高下的麻烦。

这与社会的金字塔结构和形象有关，这也是一种民本思想的早期形态。其实不仅中国，也不仅老子，这样一种眼睛向下的姿态是容易成为社会的共识的。尤其是金字塔塔尖顶上的人物，越是地位高，越要强调取得基本、基础低贱大众们的支持的必要性，越要时刻不忘向低贱者致敬致意、表示亲善。中国的传统说法，就是水能载舟，也能覆舟，还有国以民为本。对于贱与下，谁也不能大意。

老子乃不厌其烦地论述：贵以贱为本，高以下为基。然而，人们并不因之往“本”上奔，往“基”上靠。正如手机段子上所调侃的：人们都知道大众的伟大，却常常不想做基础、基本的大众一员；都知道高处不胜寒，却常常向上攀登得十分辛苦。这是现实对于老子的贱本下基说的刺伤与嘲弄。

所以历史上，定于一的过程从未中断，农民起义的天有二日的造反也从不中断。

唉，贫贱者羡慕富贵，富贵者可千万不要忘记向贫贱者示好！如果闹得贫富贵贱的差别太大了、关系太紧张了，逼得贫贱者铤而走险了，就变成贫贱者仇视富贵，变成革命造反颠覆内战内乱，也就没了一，乱局就出现了。基尼指数即贫富差距的指数是不可忽略的呀。

谈着谈着一与贵贱高下，为什么跑到侯王身上了呢？很简单，探讨一的结果，发展到国家政治上，就是一对于一切亦即君王对于臣民与资源的唯一合法统治。中国长期的封建制度是建立在这样一种哲学思维方式的基础上的：一的一切与一切的一，亦即一，面对着一切，有权力也有责任。一切，面对着一，有服从的义务，也有判断与评价的可能。

同时，老子的时代，侯王们还在继续他们残酷的淘汰赛，累积扩张或者减少割让他们的权力和资源，比赛还在进行中，比赛的结果也可能是地裂、神失、谷竭。老子担心这种非一的局面的无休无止。而在这种淘汰赛中起相当的乃至决定性作用的正是贱的一方、下的一方的人心向背、选择与取舍。还有许多其他的不确定因素。侯王云云，成为那个一，谈何容易！

老子认为，最高的主导，最高的一是道，道是唯一。你即使成了人间的皇帝，如秦始皇那样，成为祖龙、始皇、人间的唯一了，你还要接受大道的监督与裁判。老百姓可能称颂你的奉天承运、皇恩浩荡，承认你的“普天之下，莫非王土；率土之滨，莫非王臣”。但无可讳言的是，也有另外的可能，老百姓们不止一次地有过以替天行道的名义，以讨伐无道昏君的名义，扯旗造反，再次掀起淘汰赛与冠军赛的纪录。老子对于一的论述与赞美，承认了封建专制也限制了封建专制的任意性与合法性，老子的道——一的形而上的性质，使之不可能等同于一个形而下的寡头的统治。这也是很有趣的。

至于“不欲琭琭如玉，珞珞如石”的说法放在这里稍嫌突兀，可能是我还没有完全掌握住老子的思路；也可能是进一步讨论一的问题，与上文关于贵贱、关于上下、关于侯王的谦称联系起来，老子一面在强调一，强调对于一的把握与崇拜，一面必须面对贵与贱、上与下、侯王与百姓、琭琭之玉与珞珞之石的分化。非玉非石，老子也在考虑中庸之道的选择吗？

第四十章　有生于无

反者道之动，弱者道之用。

天下万物生于有，有生于无。

大道的运动往往是走向自己的反面，返回到本态。而道的应用、作用，是柔弱的、渐进的、低调的，即非强硬、非凌厉、非高调的。

天下万物，是从有即存在的状态下演变出来的，而有即存在的状态，又是从未曾存在、不存在、不具有、即无的状态下演变出来的。

一部老子的《道德经》，不断地为大道命名，即为大道阐释其内涵。到了这一章，强调大道的名是反与弱，并归结到无。

反是什么？第一是反面，逆向，强调道的运动并不是一味向着一个方向发展，不是单向运动，而是有时向相反的方向运动，常常是双向的运动。第二是强调返，古字反即返，返回。返回是什么意思呢？回到本初状态，回到本原状态。第三是返回来再返回去，带有周而复始的某种循环的特色。中国人是喜欢圆形的，不论是讲历史发展的规律，是讲天地万物的变化，是讲太极拳，是讲气功，是讲戏曲表演，都有一种对于几何圆形的崇拜。

运动的反方向性、可逆性、某种循环性，这是一个发现，是一个大胆的设想和预言。我们看惯了单向运动：人是越长越成熟、越长年龄越大，世界人口是越来越多，物产是越来越丰富，消费是越来越多越高标准，文化是越来越精致复杂，知识与信息是越来越膨胀，等等。

但是事物还有另一面，人太老了会产生返回儿童心态的现象。越是发达国家，人口减少的现象越明显。许多国家兴起了、强盛了，又衰落了，乃至灭亡了。许多人物立志了、奋斗了、成事了、发达了、辉煌了、固执了、孤家寡人了，垮台了。一年四季，阴晴寒暑，祸福通蹇，鸽派鹰派，直到时装式样、汽车类型、菜肴风味、文艺风格、明星偶像……也都有始而行时，继而扩张，续而挫折，极而反，周而复始的发展轨迹。

老子的反者道之动的说法，增加了人们的想象能力与创造能力，有助于人们考虑问题时多从几个可能的方向推演，胜利时增加了忧患意识，失败时增加了沉着与自信。

有许多有创造性的大政方针，就是反者道之动的产物：中美关系从敌对到接触与利益攸关、建设性的合作，合作中又时有矛盾摩擦；中国的社会主义经济从计划到市场，市场也需要宏观调控；农业从合作化到公社化到包产到户到规模经营；传统文化从痛加反省批判到强调弘扬其优秀成分，都是反者道之动的例证。

比如下棋，反者道之动的命题有助于多看几步，你要考虑你的几手准备也要考虑对方的应对。你要考虑你的精彩与出其不意、置对方于被动，也要考虑对方的出其不意、置你于被动。比如观景，它有助于看远一点，从东往西看完了还要从西往东看，或有新的发现体会。比如做事，它有助于你多一点灵动，多一点应变能力与自我调整的能力，这一手做不成了，再考虑另一手。

社会主义国家搞改革开放，中国做得比较成功，与我们的文化不无关系。我们不仅有一种百折不挠、始终如一的坚持劲儿，也有百挠不折、足够的自我更新能力，还有择善而从、改而不乱、变而不惊的哲学头脑。这与某些一根筋拧巴到底、从一个极端转瞬跨入另一个极端的思维与行为模式大不相同。

弱者道之用的说法更奇了。健身、练功、竞赛、对抗、柔道、拳击……以及从事各种事业，难道有不要求自己的强壮与胜出，而自愿将自己搞弱搞败的吗？

老子的这一个提法令人难以全部接受，但是他有自己的道理与绝门在里边。表现柔弱一点，谦卑一点，低调一点，常常会比锋芒毕露、强弩硬弓、盛气凌人、轻举妄动更能成事。刘邦与项羽就是最好的例子。开头项羽比刘邦强势得多，结果是刘邦笑到了最后。历史上与今天所说的韬光养晦，也是弱者道之用的意思。谦虚使人进步，骄傲使人落后，说的是同样的意思。

我们至少可以做到，可以参考：不论多么自信，不论有多么大的心愿志气，宁可多强调谦虚谨慎，多强调师长朋友的帮助支持，多强调团结依靠大家，高筑城、广积粮、不称王称霸。尤其是那些掌了权、有了高位、事业有成、名利双收的人士，如果以强梁姿态处世做人，恐怕难有好的结局。

保持弱势还有一层含义，为自己预留空间，为自己做好改进乃至改变的准备，为自己留下预案，留下适应发展的提前量，留下更上一层楼的高度。同时要随时做好受挫的准备、失败的准备。百战百胜是不可能的，而失败是成功之母却完全可能。不怕弱，不怕败，不怕错误，不怕调整转弯，不怕重新开始，这是中国文化的优势之一。

中国革命的历程，中国特色的社会主义建设的历程，正是这种文化的一个体现："斗争，失败，再斗争，失败，直至胜利。"毛泽东的这句名言并不是从胜利走向胜利，像苏联人喜欢说的那样。这是值得深思的。

万物生于有、有生于无的道理亦极深奥邃密。首先，从概念上来说，这是一个极好的思辨训练：如果什么都是无，无也是无吗？无也无了，负负得正，不就成有了吗？如果世界上只有有，与没有有又有什么区别呢？如果你与我都是亿万斯年有的，那与没有和无有什么不一样？没有无的有等于无有，没有有的无等于无无。比如一个从来没有出生过也没有被怀胎过的"人"，你需要确认他或她的无吗？

有与无都是人的概念，是相反相成的概念。无是有的无，有是无的有，离了无则无有，离了有则无无。

其次，从经验与常识的角度，从科学的角度，我们看惯了万物生于有，有生于无。有了地球才有地球上的万物，故万物生于有。地球有自己的形成，是从没有形成变成形成了地球的，是来自无。一个人有姓名、年龄、籍贯、历程、成就，影响长短、得失、成败、喜怒、哀乐……这是万物生于有。但是这个人是从娘胎中有起来的，未进入或未结合于娘胎之前，他或她只是无。用我国百姓的说法，自己出生孕育之前，不知在哪个人的腿肚子里转筋呢。用我喜欢的说法，出生前五年就是我负五岁的时候，出生前一千年就是负一千岁之时，显然，无也不是绝对的，还是有负数在，有转筋的可能性在。

那么死亡呢，死后此活人没有了，但还有记忆、记载、遗产或遗憾……有诞生多少多少或逝世多少多少周年的日本人称之为冥寿在。

中华人民共和国建立前是无，建立后是有，无的前身是有——旧中国，此有的更前身又是无。例如地球上出现人类以前，冰河时期或者什么纪时期，中国不是无又是什么？

老百姓很喜欢用有与无做主轴的成语、俚语、熟语：有恃无恐、有备无患、有教无类、有心没肺、有今儿没明儿、有惊无险、若有若无……细品百姓对于无与有的领悟，也是有意思的。

而老子的看法，相较于有，无是更巨大、更本原的概念，无是有的母亲，有是无的运作。不必诅咒无，因为无并不意味着死亡，而意味着永恒。无是道的别名，不是死亡的别名。个体生命，生自无，死向无。从当今的科学观点来说，地球、太阳系、银河系，直到宇宙，都是生自无又灭向无的。无是更加根本的状态，是有的更恒久的形式。而这种无，并非绝对的空虚、寂灭、死亡，而是永存的大道的一种基本状态，是充满了生机的无，是孕育着新的生机的无。我们完全可以相信这个无、礼拜这个无、珍重这个无、坦然于这个无。

无中有有的因素，否则有怎么可能生于无？一个人的有以前，已经有他的父母、有生命存在的条件，然后才可能有他或她。有中有无的因素，一个人在没有了、死去了以前，已经有无的因素：时间在逝去，细胞在死亡，童年在无，青春在无，往日的寿命在变无。

可惜后来俗人将无中生有当作贬义词来用，当作造谣诬告的同义语来用，却忽略了有生于无的规律性、必然性，同样正确的是有者必无，终无、复归于无。

佛教也极喜欢讨论无与有这样终极性的课题。《宗镜录》卷四十六云：

> ……单四句者：（一）有，（二）无，（三）亦有亦无，（四）非有非无。复四句者：（一）有有、有无；（二）无有、无无；（三）亦有、亦无有，亦有、亦无无；（四）非有、非无有，非有、非无无……第一有句具四者，谓：（一）有有，（二）有无，（三）有亦有亦无，（四）有非有非无。第二无句中具四者：（一）无有，（二）无无，（三）无亦有亦无，（四）无非有非无。第三亦有亦无具四者：（一）亦有亦无有，（二）亦有亦无无，（三）亦有亦无亦有亦无，（四）亦有亦无非有非无。第四非有非无具四者：（一）非有非无有，（二）非有非无无，（三）非有非无亦有亦无，（四）非有非无非有非无……

这像是绕口令，更是绕概念令，绕有无令。正因为是有与无紧密结合，才绕得十分起劲有趣。你可以做思辨概念的各种排列组合：有；有这个有，也有这个无；无这个有，也没有这个无；有就是有，同时是无；无就是无，同时是有；不是有，也不是无，同时又是有，又是无；也有有，也有无，自然就是既没有有，也没有无……这是对于世界的终极探寻，这同时也是概念与文字的游戏。你尽可以一边绕一边体会它的深远含义去吧。多绕几次，似乎有助于开阔心胸视野。

思辨是为了实践，这是从总体上来说的，思辨也可以是为了思辨，为了扩张思辨的能力与界面，为了发展思辨的气势与功能，为了思辨的快乐，为了弥补现实的不足。

就像做数学题，数学是为生活而做出了贡献的，但数学也允许纯粹的演算与思辨。今天的纯粹乃至游戏性思辨与计算、证明，明天也许可以用到操作中去。从纯粹的乃至于快乐型与趣味型、挑战型的数学难题的演算与证明中，最后获益的仍然是数学的主体——人。

我是重视实践、重视经验的，常自称经验主义者。但是同时我不拒绝纯粹思辨的快乐与光明境界，尤其是扩展思辨的光明净土。能够扩张思辨的光明净土，其乐何如！

我不拒绝用概念的花朵，缠绕修筑重峦叠嶂、气象万千、美不胜收的思想的花坛、花园、乐园。

亲爱的读者，请用有与无两个要领作一篇两千字的文字，绕口令或者快板也行。例如我随手写的：

世上多万有，万有终须无。
有有多声色，大千便欢呼。
声色变无有，俗人当痛哭。
此无彼或有，此有彼将无。
无有何者有？有无何者无？
你痛你的苦，我欢我的呼。
无无仍须有，有有一大无。
…………

作完后，你会感觉自己一下子长高了好几厘米。你想试试吗？

第四十一章　明道若昧

上士闻道，勤而行之。中士闻道，若存若亡。下士闻道，大而笑之。不笑不足以为道。

故建言有之：明道若昧，进道若退，夷道若颣。

上德若谷，大白若辱，广德若不足，建德若偷，质真若渝。

大方无隅，大器晚成，大音希声，大象无形。

道隐无名。夫惟道，善贷且成。

具有上乘的品格与智慧的人闻听接触到大道以后，将会不辞辛苦地、不间断地去实践、躬行、身体力行它。具有中等品格和智力，一般人物，听到接触到大道，左耳朵进右耳朵出，好像听到了又好像没有听到。至于品格与智商均属下等的人们呢，听后哈哈大笑。不惹他们笑就不是大道了。

所以已经有这样的立论与说法：

明白朗瑞的大道，反而显得糊里糊涂。催人前进的大道，反而显得像是畏缩后退。平坦正直的大道，反而显得曲折坎坷。

高尚的德性反而好像是低下如溪谷。最大的坦诚与阳光，反而好像有什么短处。开阔丰赡的德性，反而好像是不够用的。刚健质朴的德性，反而好像是投机取巧。真诚老实的德性，反而好像动机不纯。

最到位的方正，反而好像大而无当、缺少棱角。大才大用，大人物大材料，反而难以或无法成功。真正的洪钟大吕，你是难以听到的，它是难以让众人听到的。真正的高峰高端的形象，你是看不见或它是很难让你看见的。

大道是深藏不露的，它不会张扬自己，它也无名可显，无话可讲。

然而只有大道才能帮助一切成事。

老子宣扬大道的道路是不平坦的，他的思想一方面极富启发性，极富智慧与精彩，另一方面又是难以理解与实践的。他的思想委实很难处于、哪怕是一时处于主流地位。

老子是很有一番人生与传道、授业、解惑方面的感慨的。这些感慨，相当集中、相当充分、相当全面地写到这一章来了。

不是所有的人都能接受老子玄而又玄的妙理大道。原因是，任何时候，最高妙的妙理大道，都是由凤毛麟角的极少数精英提出来的，他们的境界、胸怀、品格、信息、见闻、经验、思辨感受能力、逻辑与形象思维能力与智商都有可能高于、略高于、大大地高于或一部分高于另一部分低于公众。如果是确有所长的精英，就不可能感觉不到智慧的孤独与痛苦、高尚品格的孤独与痛苦。

三个臭皮匠，凑成一个诸葛亮，这是一种可能。这讲的是公众思维的互补与集团优势。一个真正理想的诸葛亮——精英，但愿他是能够与臭皮匠们寻找到共同语言，并很好地倚仗和发挥这种集团与互补优势的。

但也有另外的情况，第一，世上确有曲高和寡的诸葛亮，不被理解乃至被误解的诸葛亮，一直卧在卧龙岗，甚至欲踏踏实实地在卧龙岗睡大觉也不可能的诸葛亮。不但有被埋没的诸葛亮，而且有招祸的、死于非命的诸葛亮。

第二，世上确有这样的事例，多少个臭皮匠，不论怎么凑，仍然是臭皮匠，甚至三个臭皮匠由于争执不休，还不如一个臭皮匠。

而且，第三，三个臭皮匠完全有可能排斥一个、压迫一个、消灭即杀掉一个诸葛亮。

当然也有第四种可能，那个诸葛亮是伪诸葛亮，是草包，是骗子，是廉价的沽名钓誉的牛皮大炮而已。在臭皮匠们排斥了一些可能的真诸葛亮的同时，又不幸地与许多假诸葛亮周旋，使诸葛亮的名声大大跌份儿。

上等士人、读书人或有一定地位与影响的人士，闻听大道之后能够身体力行，勤于实践。这并非常见。大道的参考作用、启智作用、开阔作用及供欣赏、供享受、供讨论的作用，恐怕大于其指导社会实践尤其是执政实践的作用。能对老子式的大道姑妄听之，而不是不合吾意乃灭之除之，这样的态度已属不赖。

同时，按照老子无为的核心思想，大道应该是无为的结果，是自化的结果，是大德不德的结果。这里提出勤而行之，似有悖于老子的无为自化的理想。暂存疑，待识者教之。

中等人士，听了将信将疑，这很自然。因为老子的大道太深奥也太另类，听听也就是了，能听也就不错了。总会有某年某月，在某事上，中等人士想起了老子的论点，觉得不无道理，不无启发。或者在大学里，在知识界，在阅读活动中，被老子吸引得不亦乐乎。对此老子可以感到满意乃至感激了。

下等低智商或低品位人士，听后大笑？也不见得。大笑起码说明他掌握了老子大道的要领、主旨，他确实听进去了一些，听明白了一点，尝出点味儿来了，才觉得有趣与荒唐至极。作为老子，能够获得哄然大笑的反应，应属可圈可点，颇觉欣慰才是。否则你算什么解纷挫锐、和光同尘，你算什么知白守黑、知雄守雌、知荣守辱？

何况，唯之与阿，相去几何？何必分什么上、中、下三等人士？何必区分人们对于大道的态度呢？大道汜兮，哪里都流淌，哪里都均匀啊。

依今天的情况设想，上等人士，听到后应该赞叹老子的智慧与他的见解的高端性、阔大性、独创性，应该发出会心的微笑，应该击掌称善，应该从此渐渐向心胸扩展、精神稳健、品德高尚、处事沉着、临危不乱、宠辱无惊、功成身退的方向进展。

至于勤而行之，是不是说得太具体了？也许，勤而行之的启示恰恰在于学道并非不辛苦，行大道更不可以放松，不可以留间隙。大道不是梦里的馅饼，不会从天上自己掉下来。

中等人士听后该会略感迷惑，亦觉不无道理，虽然深奥，听听学学也还有点意思。毕竟是书生之见，纸上谈兵，概念治国，你研究你的大道去吧，我捞我的钱、权、欲望与感官的满足。老了以后，喝茶的同时，听听大道的说法，倒也有益身心，叫作殊不恶焉。

下等人士呢？第一是根本听不懂，如入五里雾中。第二觉得这些研究大道的人是在浪费人民种植的粮食，是寄生虫。第三觉得他们的谈道论玄涉嫌别有用心，不妨建议有关力量把老子与他的信徒们从精神上消灭掉。第四干脆通过揭批老子为自己的“赶上车”做铺垫、搭阶梯。

那么，今天的人怎么“闻”今天的道呢？

哪怕你只是在某些方面比公众的平均水准高了一点点，你也会感觉到、会发现：你的光明磊落与清晰明白，由于不够简单，不能够三分钟内叫人判明谁是好人、谁是坏人，由于你缺少速成法与简明性，你会被认为是含糊深奥、过于聪明、聪明反被聪明误。

而且你的不论在什么情况下都积极尽力、都勉为其难的态度，极易被认为是一味后退妥协，就是说没有了棱角。要知道越是自己不敢有棱角的人，越要要求旁人猛打猛冲、不成功便成仁。我在美国就碰到过这样的小伙子，在国内找了麻烦，靠着与一位美国姑娘的婚姻，移民到了美国。他在一次会议上质问：“有良心的中国作家们，你们到哪里去了？你们为什么不说话？……”我回答他说：“中国的作家在中国，在中国能更好地办中国的事儿。那么请问，您到哪里去了？您该在纽约来号召在中国的作家怎么怎么样吗？”

而且如果你脚踏实地，你是小步慢进，你选择的当然是低调。你当然无法咋呼喊叫，大轰大嗡。

你的靠实绩、靠成果、靠资质、靠才具与品格成事，而绝对不为自己而为而活动的态度，会使你远远落在大言欺世者的后面。你受挫，便有人幸灾乐祸。你成功，你的高姿态、少计较、考虑大局，便被认为是一种处世奇术。你的兼容兼顾、全面通识，却被攻击为八面玲珑。你的正派从容、重在建设，反而会被攻击为未能符合公众的期待，没有能够成为旗手，成为炸弹，成为导师与精神领袖。你的坦诚公道、诚信坚守，反而会被认为是弱点污点，因为别人谈到自己时都是清一色的光辉无限，而你谈到自己与友人时，却承认自己与友人们也是凡人，也有各种不美。坦诚有时换来的不是阳光，而是阴暗的脏水。你的不怕暴露自己的弱点，正成为廉价的攻讦的现成材料。你太干净纯正了，低档次的舆论只能说你是过人的世故。你的大度与胸怀，你的无蠢、无恶、无咎，使俗人们看不到你的锋芒与血性，他们埋怨你胆子太小，内心恐惧，没有能做成烈士，没有喋血断头成仁，至少是缺少大哭大闹大叫、声嘶力竭、鸣冤叫屈、大放悲声的记录。

你缺少外露的个性化的自我渲染、自我炒作，这就使你追求的大气大器，成就不下来，成功不了，难被认同。你发出的交响乐、立体声有几个人爱听？人们宁可去听谩骂、诅咒与被麦克风放大了的尖叫。你希望为大道也为自身建立的纪念碑，由于太高太大，永远耸立不起来。大道是深藏的。一般的好事，是可以谈论的；国之利器，是不可以示人的。真正的好事不好公开讲，它涉及保密，涉及受惠者的姓名与心态，涉及他人，涉及难以找到一个向公众揭秘的说法。把不该讲的好事情讲出来就比如把一条好鱼从水里拉出来。

一般来说，在革命的发动期、决战期，一阵壮怀激烈就可以成就一个形象。最难的是在后革命时期，或者是老子所处的混战期，胸怀、境界、责任与智慧，远没有一阵激烈冲杀与号喊叫好叫座，你的大道被误解、被歪曲的可能大于被正确理解的可能。

得道者有得道者的难处，失道者有失道者的冤屈。当然，人人都是以己之心度他人之腹，人对于别人的揣测与判断往往是自身情况的转移与投射。尤其是从低处向高处看，从小角度往宏大里看，从私狠里往仁德里看，必然得到的是不同的、与自况相一致而不是与大道相一致的恶性结论。

更有甚者，私狠者认为仁德者是虚伪，是更坏的狡猾，因为他自己的狡猾常被识破，从而达不到目的，那么他认为达到了目的的人肯定就比他狡猾百倍了。他们承认狡猾有大小，一心狡猾者有不同的运气，却不承认世上有仁德，有大道。愚人认为智者高傲、冷酷（因为智者不接受他的低能胡说）、过于聪明。心比天高的受惠者受不了一心助人的施惠者的优越性、崇高性，还有就是施惠者与环境在受惠者看来是过分地和谐。怨恨的、愤懑的人们更欢迎煽情、大话、骂娘与空头支票。老子虽然玄妙高深，其实还是有感慨、有牢骚的。这样的牢骚其实极易理解。时隔两千多年，他的这些感慨仍然充满了生活性、实在性、鲜活性。

然而从老子自始至终的论述来看，越是大道越要具有柔、弱、昧（糊涂）、退（不上进）、纇（曲折）、谷（低调）、偷（懒）、渝（脏）、辱（污）、无隅（圆滑）、不成器、无声、无形、无名的特色。那么，以上种种当今的有道者给某些人的印象也就是求仁得仁，无可怨怼了。

在本章，老子谈到的对于大道所遭受的误解，比其他任何地方都细都全。

明道若昧。光明的大道为什么显得昏暗不清？众人有时要求的是简明的非此即彼的公式，大道给你的是浑厚的朴质。众人有时要求的是解气过瘾的呐喊，而大道给予的常常是谦逊与谨慎的估量。众人有时要求的是痛痛快快地大干一场，而大道要求的是举重若轻，无为自然。大道是多么不过瘾、不解气啊！

进道若退。对于要求一步登天的某些人来说，引领前进的大道不是叫你退缩，又是什么？

夷道若纇。平顺的大道好像曲里拐弯与疙里疙瘩。大道不是冰激凌也不是凉粉，大道的许多认识与俗人相反。它要求你谦卑、容纳、无为、不言，这不更像是在找别扭吗？

上德若谷。上品的道德好像低下。因为不争，因为无名，因为不起哄、不炒作、不大轰大嗡，你太清高了，客观上这就是对于庸俗人的侮辱与映衬，是对于世俗的挑战与蔑视，你难以见爱于俗世。

大白若辱。坦诚与阳光反倒使某些人看到了你的短处，因为你不事遮掩，不做粉饰，不避弱点。而旁人，则致全力于自我美化。

广德若不足。德施万众，则万众期待你的德行，期望值自然升高扩大，你的广德也就不足了。还不是若不足，而是一定不足。

建德若偷。刚健纯正的德性，高于平均数，也常常得到高于平均数的回馈，那么低于平均数、差于平均水准的那些人，只能认定你是在投机取巧了。否则，不等于承认他们的低下吗？

质真若渝。自己不纯、不真实的人，是无法相信大道的纯真的。他们根本不相信世上有比他们纯正的人。

大方无隅。太方正了反而没有棱角；太方正了你就不会站队拉帮结派，不会为山头而冲锋陷阵；太方正了你就会接受太多的忠言诤言，海纳百川，当然就无隅无角了。

大器晚成或者免成。小巧之物，说成就成；庞大之器，则永远不得完成。一首俳句、绝句甚至律诗，可以做到精雕细刻、完美无缺。长篇巨著《红楼梦》却始终没有全本，并可以不断发现它的某些瑕疵。一个苏州绣娘的双面刺绣可以尽善尽美，一个大政治家的业绩却永远做不到。一个小园林可以做到精美绝伦，一条江河、一座山岭、一个风景区却做不到。

大音希声。最大的音乐是世界的交响，最大的声音是天籁的声音，又有几个人听得见、听得明、听得进？

大象无形。同样，最大的形象是世界之象、自然之象、大道之象，谁看得准、看得清？

老子在这一章里实际上发了牢骚，讲了许多反话，他后来也说，正言若反。但是此章的最后他忍不住了，他说了一句“夫惟道，善贷且成”，有了这一句，前面说的若存若亡、大笑之、若昧、若退、若颣、若谷、若辱、若不足、若偷、若渝、无隅、晚成、希声、无形、隐、无名共十六个贬义命题，全不算贬义了。不但不是贬义，而且是高深玄妙的无限赞颂了。

这也是老子的将欲颂之、必固贬之吧！达十六款的牢骚发足了，道，老子必然能以此翻身，胸有成竹，流芳百世。

第四十二章　一生二、三

道生一，一生二，二生三，三生万物。万物负阴而抱阳，冲气以为和。

人之所恶，唯孤、寡、不谷，而王公以为称，故物或损之而益，或益之而损。

人之所教，我亦教之，强梁者，不得其死。吾将以为教父。

大道具有唯一性，这个唯一性将渐渐被认识与体现出来，故称道生一。唯一之中产生了或分裂成了对立面，成为二。二者互相斗争、互相结合，产生了下一代的第三样事物。从此万象万物源源不绝，万物背负阴气，拥抱阳气，而通过阴阳两气的作用，以求达到和谐。

人们不喜欢的是孤单、寡独和不完善，但王公大人是这样自称的。这说明，天下事物，你有时好像是在毁损它，反而使它得到益处。有时是增益它，反而使它得到毁损。

人们都在教导着人，都在那里说什么是人们应该喜爱的、什么是人们应该避开的。那么我也要告诉旁人，我要教导旁人：强梁霸道的人是不得善终的，这是一切教导的第一课。

这一章的道、一、二、三的说法极有意义。道就是一，为什么还要说道生一？道的概念在前，道的存在在前，道中产生了万物与万象。物象多种多样，多种多样的物象却具有统一性、完整性、整合性、相同的道性。道与一之间是有一个“多”字存在的，没有多也就没有一的命名，没有对于多的感受也就没有对于一的寻找。正如此前讲过的，有无相生，难易相成，长短相形，高下相倾……多与一也是相生、相形、相通的。

一生二，就是从整体中产生了相反相成的对立的两方面事物与概念，有无、阴阳、乾坤、天地是也，这两方面相交、相和、相激荡、相补充，便产生了第三个极点——人，或说对立的两方面交互作用的结果产生了第三个方面，产生了两方面交合所生的第三方面，第二代新事物的代表。

于是，万物万象源源不绝，生而不绝，灭而不绝，一而多，多而一，万象归一，九九归一，大道永远。

这些数字的概念对于中国人来说，其重要性是明显的。一是唯一，是大道，是起源与归宿、本质与本性。二是对立的两面，是斗争的必要性的依据。所以毛泽东特别强调这个二，强调蒋某人要搞天无二日，而毛偏偏要给出来第二个太阳，强调一分为二。这与一生二的说法还不完全一样。因为一生二，是从一中分离出或派生出互相对立而又依赖互补的两个方面，原来的一可能仍然存在，仍然主导着、统一着二。而一分为二，是指一分裂成了互相对立乃至不共戴天的二，有了二以后，一已经不复存在。他强调的是斗争，老子强调的则既是斗争更是统一和谐。

改革开放以来，哲学家庞朴提倡一分为三，即对立的两方面斗争的结果应该是第三个方面，新的方面，用王蒙的话来说是新一代的方面出现。庞朴说，比如，我们讲一抓就死，一放就乱，那么能不能出现第三种状态呢，即能不能出现一种不死也不乱的新的体制或工作程序呢？

承认第三种情势、第三个方面出现的可能性与必要性，这是一个巨大的飞跃。而死守一分为二，会使自己陷入翻烙饼、荡秋千的左右摇摆中。例如所谓“文艺战线上的反倾向斗争”，就长期以来摆脱不了左了、右了的恶性循环，耗费了多少精力，伤害了多少作家……直到第三个方面例如人民的文化需要与文化产业及文化市场、国家的文化服务与文化战略的出现。

我尊重一，并警惕一的僵局僵硬。我懂得二，并迎接二的挑战，琢磨二的协调的可能性。我欢迎三，并注意三渐渐成了一以后还有一、二、三的分化与万物杂多共生、情势会愈来愈复杂化。

至于孤、寡、不谷等，有说是自三十九章（错讹）移入的，有重复，但用词不尽相同。《老子》虽然用字简古，仍然有它的强调与重复，叫作不厌其烦。这里突然用极强有力的口气大贬了一回强梁，恐怕也是有感而发吧。不论是在政治上、社会里、思想界与文艺圈子里，以强梁自命、以强梁的姿态扣帽子、打棍子、划圈子、斗红了眼的变态心理，自古已有之，而且是被老子深恶痛绝的。

"强梁者，不得其死"，这句话老子讲得有力度、很重、很直白、很露骨也很强烈，不像他别的话那么抽象玄妙，这话像是诅咒。我估计，老子对于强梁者深有体会，深感愤怒。数千年后的我与老子有同感。

还有几句话留下了解读讨论的空间。万物负阴而抱阳，或解释为背对阴、面对阳，或解释为载负着阴、怀抱着阳，不论怎样解释，都是讲万物皆有阴、阳两个方面，都是又背又抱。冲气以为和，这里有一个古人的对于物质与精神、现象与本质的观念。内练一口气，外练筋骨皮。气是内功，是对于身体——物质的统领。国人自古崇拜气的概念，推崇气功。这里的气，似指一件具体事物或人物的精神——物质——本质。古人不知道元素周期律与化学变化、物理变化的原理，又无法从单纯物质的状况解释万物的各种变化，便设想为气，气是无影无形的，变化起来更加得心应手。气与气相交合，比物与物相交合更易理解。所以当道生一、一生二、二生三、三生到万物，就要讨论这万物交合变化是怎么样发生的了。

气也是老子以及古代国人的一个概括万物的假设假说。或者可以解释为道是一；阴阳，就是一生了二；冲气以为和，阴阳和，就是三气了，也就是二生了三。从气的观念中我们可以看到先贤对于概括世界所付出的努力。

怎么又引出了侯王自身的谦称来了呢？或许是谈到万物，老子觉得应该为侯王在万物中的地位做一个阐发。越是侯王，越要称号人之所恶。

其实，这方面，称谓、自称能够起的作用很小，“文革”中把各群众、组织头头儿称为勤务员，这并不妨碍勤务员们发展自己的政治野心与拔高自身地位的欲望。如果孤呀，寡呀不好听，但当它们变成侯王的代号的时候，它的含义与褒贬也就变化了。

增益与毁损的问题也是同样的。损之而益，益之而损，这样的事例无数，例如父母之与子女，溺爱贴补，适成其害。有关人士的严格要求与批评责备，才是真正的增而益之。特别是言论，天花乱坠地为自己添彩的结果往往是降低自己的威望；而实事求是地自我批评，表面上看是损害了自己，其实是增益了自己的影响，不难明白。

第四十三章　无有入无间

天下之至柔，驰骋天下之至坚。无有入无间。

吾是以知无为之有益。不言之教，无为之益，天下希及之。

天下最柔弱的东西，能够进入、自行运转、左右与带动世上最坚硬强固的东西。没有存在的痕迹，无形无声的东西，能够进入细密无间、绝无空隙的东西而发挥自己的作用。

从中，我们可以知道，无为的作用与好处，不说话、不立言的作用与好处，真是别的一切实有的东西所难以比拟的呀。

这一章非常有名，其中关于无有入无间的说法，会立刻让人想到原子、分子、粒子、中子、质子、电子、夸克、放射线、同位素、电磁波、B超、CT……想到高能物理、微观世界，想到发电、无线电、核能、信息、纳米等工业技术。虽然，我们知道《老子》中的科学幻想因素绝无仅有，但是老子的想象力与这种想象力暗合物理世界的结构与原理，着实令人惊叹。

这一章也许还能令人想起著名的港片《无间道》。“无间”是一个有魅力的哲学——佛学——带有神秘色彩的名词，它是老子最先使用的。佛学里的无间，则不仅讲空间上的没有间隙，更强调时间上的没有间断，没有间歇。佛学上讲无间还是地狱的别名。老子这里则只是讲没有间隙，没有间隙却仍然能打进去、走进去、影响进去，靠的是无有，因为没有间隙，任何有是进不去的。

在这里无其实是一种有的形式，它可以无影、无形、无声、无重量，然而正因如此它才能无坚不摧，攻无不克，无不可入。这像是讲神力，然而老子与孔子一样是不讲什么怪力乱神的，后面（第六十章）有一处讲到的是其鬼不神，以不神为好事。

那么老子是讲热能、电能、中子、核子吗？老子那时肯定没有这样的知识与想象，然而他相信世上有一种叫作无有之有，可以入无间。其实按现代物理学来讲，所有物质都有间隙。

老子的设想不是物理学的而是哲学的，哲学可以超前地向物理学的新发现、新理论靠拢。老子有一种想象，有一种理念，叫作以弱胜强、以虚胜实、以无胜有、以智胜力、四两拨千斤、借力打力、克敌于无形、胜敌于不知不觉中、不战而胜。这是在中国非常流行的想法，我觉得这与中国的弱者太多有关。它虽然未必很有操作性，未必有很多成功的事例做佐证，但很美好，很理想，也很哲学。太极拳的思路可能与此有关，内功、气功的思路也与此有关。

我们设想的最高级的打斗功夫是一个瘦弱的老头，在那儿半卧半坐，眼皮也不抬，不动声色，基本不动或微微一动，来攻的敌人就趴下了，被制伏了，被灭掉了。

这类想法带有一种绝妙性、神奇性乃至是神秘性，却确有几分天真，用老子的褒扬之语说，这是一种婴儿式的美丽幻想。用今天的不敬之语说，就是有点小儿科。在这种小儿科式的幻想中，出现过迷信与愚昧，例如义和团的以功夫胜洋人的空想。

当然它也有某些道理：柔而胜坚，弱而胜强，小而胜大，无而胜有，这样的绝妙事例并非不存在，问题在于，这并不是常规常道。

这样的模式我们可以设想或联想一下以下几种比较好的情况：一个是希图以我们的精神文化战胜西洋的坚船利炮，以中华的精神文明战胜西洋的物质文明。这在清末与民初，曾经被一些人所幻想。然而，失败了。

一个是以全新意识形态，战胜已显古老与庸俗的西洋的意识形态。毛泽东在解放初期就曾经论述，一个中国的普通工人、农民，由于掌握了全新的意识形态，在认识世界与历史方面，远比一个西方大人物高明。后来，中国还有所谓“精神原子弹”的说法。“文革”则更将意识形态的作用夸张到了极高境地。

现在也仍然有这种至柔胜至坚、无有入无间的东方式遐想、乌托邦，如某个时期的特异功能热、气功热等。

我们现在喜欢讲的“软实力”，到了国人眼里，也会与老子的哲学联系起来。言语、思想、文化、生活方式，都是天下之至柔，都是上善若水，都是润物细无声的，也都是软实力。

同时我认为，是不是软实力、是不是有实力，关键在于文化的有效性，即一种文化能不能提高它所覆盖的群体的生活质量，能不能有利于它覆盖的群体的生产力的发展与政治、经济、文化社会的进步。

如果能够达到同样的效果，无为当然比有为强得多、优越得多，不言当然比有言多言强得多、优越得多。至少，无为与不言，为今后的有为与立言留下了足够的空间。无为是保持在欲发未发状态；是一切进入准备，只等一声发令枪响的状态；是微微一笑将言未言的状态；是重心完全沉稳牢实，平衡完全得当，进可攻退可守，立于不败之地的状态。即使你因为实在需要，“为”了一两下，就像运动员为了回球，不能不移动、闪身、突然发力了，也必须立即无间断、无间歇地回到无为状态、准备状态，掌握好重心，做好应对下一个突袭的准备，以迎接下一个挑战。

无有入无间的想法出类拔萃、超凡入圣。我们以著名的法国马其诺防线为例：第一次世界大战后固若金汤的马其诺防线可以说是“无间”的典范，它的防御既没有空隙也没有间歇。但一九四〇年五月，德军攀越阿登山区，经比利时绕过这条防线，很快占领了法国全境。被神话般信奉的马其诺防线最终成了无用的摆设和对战败者的讽刺。无间是可能的，无边、无端、无终结是不可能的。第二次世界大战开始，德军的无有就是压根儿没有去进攻、去突破马其诺防线。再如我国改造战争罪犯的例子：

开始，罪犯的顽强完全“无间”，具有完全的不可入性。这时用暴力或训话是毫无用处的，倒是在其他不相干的事情上，管教人员的模范行为可能给罪犯以感动，以无有入了无间。

虽然不无幻想，面对强力，面对无间，知识分子还是愿意相信无有入无间的。知识分子有的其实是无有，即非财产、非权力、非大棒，然而如果你确实接近了大道——真理，你就可能取得一定的成就。而那个无间的力量，如果脱离了大道——真理，就可能最终垮台或变异。

换一个角度来想，知识分子不应该满足于自己的无有，他们也应该有一点、多有一点实绩与影响。

第四十四章　知止不殆

名与身孰亲？身与货孰多？得与亡孰病？

是故甚爱必大费，多藏必厚亡。

知足不辱，知止不殆，可以长久。

名声、名望、名分与你的自身、你的身家性命相比较，究竟哪个更与你关系亲密、不可须臾分离呢？你的自身、你的身家性命与你的财产、物质拥有相比较，究竟哪个更重要、更占分量呢？有所收益与有所失去、有所损失相比较，究竟哪个会带来后遗症、带来麻烦呢？

所以说，喜好大发了，必然为之付出过多的代价。积攒得大发了，丢失损毁的可能性也随之增大。

知道满足的人少一点麻烦与污点，知道适可而止的人不容易马失前蹄。这样知足知止的人，才能可持续地存在与发展下去。

这一章老子讲得相当恳切，有点掬诚相告、良药苦口、字字到位、但求有益世道人心的样子。

春秋战国是一个群雄并起、百姓涂炭、恶性竞争、机遇与凶险并存、以极端的凶险为主要特色的时代。老子所见所闻，为争名夺利而伤身、而身败名裂、而家破人亡、而被夷九族的事例太多了。在这种情况下，他特别注重与人们讨论自我保护的问题，特别注意劝诫人们不要由于贪欲、浅薄与愚蠢，搞一套自找苦吃、自取灭亡的“自毁系统工程”。老子也只能从保住身家性命的常人容易被打动的角度展开论述，以便他宏伟的道理能够被俗人接受。

然而贪欲的力量是很大的，浅薄的习俗是难以打破的，愚蠢的脑筋是难以扭过来的。而人生又总是离不开欲望，离不开冲一冲、试一试、争取一下的冲动。“文革”当中我在新疆农村，不论是说到“文革”初期一些“当权派”的霉头，还是后来一些“红人”的不良下场，农民纷纷发表感想：那人家也值了，荣华富贵，名誉地位，什么好事都尝过了，即使杀头也是值当的啦。

上述的反应来自底层。而《老子》一书主要针对的是侯王、圣人、君子，大人物们、精英们、统治者圈子中人。对于他们，他的劝告应该说是诚恳的也是有教益的。甚爱大费，多藏厚亡，这都是经验之谈。用现在的话来说，不管你追求什么，喜好什么，收藏什么，积攒什么，都要自我控制，适可而止，不要失控，不要过分，不要使自己的所好变成自己的敌人。要考虑长久，而不是享受完了等着杀头。这样的道理应属平实，甚至于可以说，卑之无甚高论。

对于老子来说，每个人本来可以过得舒舒服服、自自然然，偏偏由于贪欲，由于一心要“为”要“言”而毁了自己。可以说每个人都像一台电脑，而所有的电脑都有着大道定义的或无劳任何方面定义的，而是电脑的“道”先验地决定了的自毁潜程序。平常，这样的程序是处于睡眠状态的，而贪欲是一种木马或蠕虫病毒，这种病毒一旦侵入，而你又不进行防护扫描、杀毒、隔离处理，就必然会引起自毁程序的大大激活，会把这台电脑的硬盘软件以及一切辅助设备毁灭。

第四十五章　大直若屈

大成若缺，其用不弊。大盈若冲，其用不穷。

大直若屈，大巧若拙，大辩若讷。

躁胜寒，静胜热。清静为天下正。

越是完满的业绩，越是显得有缺陷，然而它的运转与影响是不会衰败的。越是丰赡充实的拥有，越是显得似是空虚，然而它的功能与使用是没结没完的。

越是坚持正直，越显得屈枉软弱。越是做事有智慧，越显得拙笨。越是有口才，越显得结结巴巴。

快步行走可以压一压寒冷，保持平静可以减少暑热。平平淡淡，素素静静，才是天下人的光明正路。

为什么大成若缺？大成，是大业绩。大了就难以绝对完满，更难以评价它是否完满。一件袖珍工艺品，你觉得它美轮美奂、巧夺天工；一条大河的整治，你就永远会觉得它仍有缺陷。一首绝句、俳句，你可以为之如醉如痴、五体投地；一部多卷长篇小说，就必然难调众口，留下或被认为是留下了瑕疵缺憾。教出两个出色的学生来，好办，把一个国家哪怕只是一个省市的教育搞上去，谈何容易？这是一。

物极必反，你任何事做得太完美了，就会暴露出新的问题、新的挑战、新的缺失。作品写得太精致了，显得小巧有余，浑厚不足。写得太恣肆了，显得不够精雕细刻。为人太坦直了，难免容易得罪人，得到头脑简单、爱放炮之讥。为人太谦虚了，太克己复礼了，难免与他人难以交心，有城府太深、用心太过之议。做事周到，略似圆滑。勇于负责，显得太爱表现。性情中人，不免有放肆之评。

人无完人，物无完物，事无完功，如民间段子：什么都不干，不够意思；少干一点，意思意思；干得太多，什么意思？这当然是说笑话，要贫嘴，不可当真，但是它的逻辑仍然令人哭笑不得。

其用不弊呢，虽然一个人的大成就更易被指摘，更易被人评头论足，但是这样的成就已经是客观事实，其影响是客观事实，其作用是客观事实，越是有人存心贬损它，你越是拿它没有办法。比如中国的四大名著，哪本书是没有缺憾的？但是四大名著的作用，又哪里是其他小说著作所能比拟的？比如一些历史上起过大作用的政治人物、军事将领，哪个是完美无缺的？但是他们的作用与影响又有几个人可以望其项背？孔林孔庙，在“批林批孔”时遭到劫难，然而如今，“孔子学院”已经林立世界各地。陀思妥耶夫斯基在苏维埃时期受到贬低，连高尔基也大骂之，如今，他的坐像矗立在莫斯科最繁华的大街上。“尔曹身与名俱灭，不废江河万古流。”江河都是大成若缺的，哪条大江大河没有缺失？装在易拉罐里的矿泉水才可能做到质量全优免检，而大江大河存在着、灌溉着、承运着，也养育着从人到鱼、到虾、到蛤蟆蝌蚪的众多生命。

真正的充实饱学者显得虚空，也是理所当然的事。一瓶子不满半瓶子晃荡的人才会动辄指手画脚、说三道四。经验丰富、学问丰富、见识丰富的人反而显得犹豫慎重，不会轻易臧否，不会对什么人、什么事、什么观点一棍子打死，不会煽情叫卖，不会转文嚼字、卖弄博学，更不会同行冤家，动辄出手害人、出口伤人。而那些吵吵闹闹的家伙，更容易在市场上显露头角。难道不是这样吗？还有饱学之士是从善如流的，他们的心胸头脑里永远留了足够的空间。

真正拥有巨大财富的人不会露富摆阔气。真正有权威的人，不会装腔作势、生怕别人不知道他是个大人物。装腔作势、做大人物状的人，自以为得计，其实是地地道道地出丑。

中国有句俗话值得吟味："名医不谈药，名将不谈兵。"什么意思？处方用药，调兵遣将，都是大事，都有很大的责任，都要面对千变万化的不同情况、不同需要，是不可以当作儿戏，当作炫耀自己的话柄来轻易张口的。那些动不动给别人提出医疗建议的人与动不动评论战事的人，多半不是医生也不是将领，而是轻薄的卖弄者。

物件何尝不是如此？装满了反而没有什么响动了。

然而这样的大盈，是不会用之而穷尽的。

至于大直若屈、大巧若拙、大辩若讷，这三个命题分量极重，凝结着的经验与思考极其丰富。

为什么大直若屈？首先，老子心目中的直、直道、正直与耿直，与俗人庸人心目中的直，不可能完全重叠。我们说群众的眼睛是雪亮的，那是从长远、从根本上来说，是一个历史性、战略性的判断。也就是说，民心如天心，民意乃天意，民口如河川，民怨如火，都是为政者、有学问的人、有志者必须倾听、顺应、努力满足、努力照办的，而切不可与人民的意愿对着干。

然而，具体化了，人众所谓的直，可能是简单化、黑白分明化，有时候是煽情化、激进化、极端化的，也有时候是浅见化、鼠目寸光化的。而在不顺利的情况下又是极其胆小怕事，不敢承当的。而老子所提倡、所追求的直，其第一位的要求、第一位的标准，是符合大道，是符合事实，是勇于承当，是高度负责任，有时候是忍辱负重、独立承担、勇下地狱、勇背十字架，而又绝不可以自我发布、哗众取宠，不可以大言欺世、自我表现的。

其次，世界是多样的，叫作杂多的，此亦一是非，彼亦一是非，唯之与阿，相去几何？老子是提倡无为的，无为的直是什么意思呢？通俗地说，就是对于小是小非不费心思，听其自然，绝不越俎代庖；接受世界的多样性与自为性，承认一切人为的局限性，而把心思用在大道上，以一种新思路对待人间的林林总总。这样的直又怎么与无能、无责任感、无所谓的正义感区分开来呢？这并非一句话就能说得清楚。这不是大直若屈又是什么呢？

而且客观事物是时时变化的，我们的认识如果不能与时俱进，那么，原来的直，也会变成害人不浅的教条，变成老朽昏庸，变成祸国殃民。而与时俱进的认识，又怎么可能不被一些头脑简单而又情绪激动的人视为屈枉，视为过于聪明——一味委曲求全呢？

老子此前已经论述了曲则直的命题。大直当然就是屈了。

或者从数学上来体会，最大的直线，从极限的观点来看，与曲线是没有区别的。

大巧呢？首先，从构词上我们就可以看出，人们承认的只有小巧，没有大巧。小巧玲珑，大家都知道此词，谁知道个大巧？既然小巧是玲珑，大巧就只能是笨拙了。

大巧通的是大道，是与慎重、谦卑、低调联系在一起的。当然不像小巧那样玲珑剔透、闪闪发光，不像小巧那样技术化、绝活化。有多少小巧之人遇到大事反而不知进退，不知取舍，不知先后，不知道如何选择决定。特别是在文艺生活中，又有多少小巧末技被哄抬成绝世珍品啊。

小巧易赏心悦目，大巧难把玩流连。

大巧如拙是不容易做到的，大巧被误会成为小巧，却是常常发生的。第一，世上有许多小巧之人，很少大巧之士。第二，世上有更多的笨人、愚而诈之人，却自以为巧，自命甚巧，到处显摆自己之巧。他们心目中最大的巧，也不过是争名争利的小巧。他们最多只能做到用小巧的底色去判别大巧，去理解大巧。

大巧是什么？大巧就是大道之巧用巧为；玄而又玄，众妙之门；无为而无不为；不言之教；不争，故莫能与之争；后其身而身先，外其身而身存；似冲，用之不盈；虚而不屈，动而愈出。有几个人能做到这样的理想境界、理想的大巧呢？能做到了，又如何能不被认为是拙笨，或者最多是小巧，是聪明或者太过聪明呢？

大辩是什么？雄辩、说服力，掌握了真理的自信与沉着、言语的丰赡与气象，等等。那么，这种大辩与所谓名嘴的巧言令色就根本不同，与辩论会上的滔滔不绝根本不同，与“脱口秀”的表演要弄嘴皮子根本不同。

大辩者慎言。因为老子提倡的是不言之教，是沉默是金。不到最最需要的时候，不要说太多的话。老子相信大道无处不在、无时不灵，违反大道的人，自然要受到教训，受到惩罚，不需要外人的过多言语。

再次，即使说了、辩了，也是借力打力、四两拨千斤、点到为止，绝不声嘶力竭、面红耳赤，动不动告急，动不动上书，动不动呼冤，动不动气急败坏，动不动怨天尤人。

大辩者说起话来其实是有一种心痛感的，他们说话是不得已。有许多本来是常识的东西，有许多已经多次证明过的东西，有许多世人、国人、古人、今人多次触过霉头的东西，居然还在争论，还在闹哄，还在嘀嘀咕咕、磨磨叽叽，还需要从头说起，还需要苦口婆心，还需要论证煤球是黑的、雪花是白的，面粉同样也是白的，还有雪花虽然与面粉一样白，但是仍然不能将雪花与面粉混淆起来。呜呼哀哉！本来我们可以把精力、财力、思考时间与辩才用到多少更需要用的地方！

若缺、若冲、若屈、若拙、若讷，也可以从反面想一想。大成若缺，如果此命题能够成立，那么大缺会不会若成（一个人格有重大缺陷的人偏偏摆出了完美无缺的圣人模样）？大冲会不会若盈（一个草包偏偏被认作智多星）？大屈会不会若直（一个心怀叵测的人偏偏扮演了时代的良心）？大拙会不会若巧（拿肉麻当有趣，拿粗鲁当亲切）？大讷会不会变成大辩（只要有足够的炒作和背景光环）？

我们还可以进一步拷问：大成了，太成功、太完美了，会不会就硬是成了缺失呢？大盈了，太满足了，会不会就硬是成了空洞虚无呢？大直，太正义的化身了，会不会本身已经是走向了反面，变成牛皮冒泡、夸张虚枉、轻举妄动了呢？大巧了，太巧得神奇了，会不会正是走向了邪路，走火入魔，变成自取灭亡的笨蛋呢？大辩了，所向无敌了，口若悬河了，这就更危险。成也大辩，毁也大辩，辩说的天才很少有不毁在辩才上的。

要警惕呀。

大直若屈，大巧若拙，大辩若讷，老子的总结里是有沉痛、有阅历、有深思也有无奈在其中的。人们，老子是爱你们的，他的见解对咱们的好处极大，他的见解为什么就不能被正确地理解与汲取呢？

至于躁胜寒等云云，许多专家解释为疾走可以战胜寒冷，安静又可以战胜暑热（热昏？）。还有的解释是炉火胜寒，冷水胜热。对此我无话可评，无能力鉴别。

但是我更有兴趣的是在此章中，老子讲了那么多品质向相反方面转化的可能性乃至必然性，怎么最后讲起寒热的热学问题来了？本章的内在逻辑何在？

这一段与后面的话逻辑清晰，后面的话是“清静为天下正”，说明这里老子提倡和师法的是一个东西，是清静，而不是躁，不是疾走也不是火炉。

那么为什么先是说躁胜寒呢？这正是以退为进，将欲取之，必先与之。躁可以胜寒，火炉可以御寒，有可以胜无，皮袄在过冬时可以胜过单衣。但是最终，静、清静、无为、不言才是大道，才是正理。大成、大盈、大直、大巧、大辩虽然都是有用的、好的，其用不弊、其用不穷的，是能胜寒、胜贫乏、胜凄凉、胜愚蠢的，但是，它们其实也常常与缺失、空虚、屈枉、笨拙、无言可对被混同，被误解。它们也可能变得过热，变成热昏，所以最终还要被清静无为所统率。

这样说，成乎缺乎，盈乎冲乎，直乎屈乎，巧乎拙乎，辩乎讷乎，反而不需要那么严格计较了。

至于这样说是否太消极了一点，那就是另外的话题了。

第四十六章　却走马以粪

天下有道，却走马以粪。天下无道，戎马生于郊。

祸莫大于不知足，咎莫大于欲得。故知足之足，常足矣。

天下走上了正道，战争自然不再需要，战马回到田里耕作去了。天下背离了正道，到处都是战马。

最大的祸害是不知足，最大的错误是贪得无厌。所以说，知足的那种满足，才是永远的不可剥夺的满足呢。

一般人认为，这一章表现了老子的反战思想，他希望天下有道，军马拉到乡下种田，而不要把军马闹得遍野遍郊，也有一种解释是说不要闹得在军旅中生养战马。

这样解释似乎掌握不了全文，难道讲知足常乐的一段也是讲反战吗？难道是说不知足就会开战吗？如果是讲反战，老子的反战争论是不是太浅显化、幼稚化了呢？

我无意在这里讨论猜测老子的原意，而只是发表我自己愿意选择一种什么样的整体的贯穿的再前进一步的理解。

我不认为老子在这里讲述的含意仅仅是关于战争与战马。这里的走马、戎马是一个符号，其本身是很有思考意义的比喻，正如前边讲过的橐籥、水、白与黑、飘风、骤雨、谿谷、结绳、闭关等一样。

天下无道，按旧时国人的观点，正是乱世英雄起四方的年代。

而旧时的英雄，按封建社会的理解正是那些“彼可取而代之”“大丈夫应如是”（以上两句话出自《史记》中记述的项羽与刘邦，他们二人看到秦始皇出巡的场面便有了如上的反应）式的争权夺利的野心家。这样的英雄越多越说明那时的百姓如鲁迅所说，“是欲安稳地做奴隶而不可得”。几个野心家杀得尸横遍野，血流成河，赤地千里，民不聊生。我写的一篇关于《三国演义》电视剧的文章，在被一家杂志转载时，文题被更改为《英雄多，人民苦》，虽说是直白了些，倒也值得一嗟一叹。

是故我宁愿理解此章所说的戎马是讲了这种乱世英雄，讲的是野心家，讲的是小百姓为英雄豪杰们的事迹付出了什么样的代价。天下有道，这样的英雄豪杰不如去耕田种豆发展生产，享受太平，他们的野心则只是粪土垃圾，只是黄粱一梦。天下无道，他们来劲了，骑上高头大马，厮杀得天昏地暗。他们胜利或者灭亡，胜者王侯败者寇了，如雷贯耳或者如日中天了，小百姓只好无奈地为他们埋单。

所以老子要问，人为什么要有取天下的野心呢？天下是不可以由人力取来争夺的。老子在那个厮杀得眼红的时代想奉劝人们冷静一下，为弱者小民们考虑一下，然而，这又怎么可能有效果呢？

老子也是知其不可而为之，知其不可而言之。至少老子留下了著作，留下了论述，留下了思想。思想是美丽的，思想是有益处的，思想是高明的。保留一个思想与现实的差距，保留一个思想的超前性、独特性与奥秘性，这正是人生的一道风景，是大道的一道风景，是哲人智者的一个活下去的理由：如果没有老子这样的哲人智者，我们将缺少多少思辨与心智的光彩，多少思辨与心智的享受！

战马嘶鸣，追风逐电，战场厮杀，英勇顽强，是一道美丽的风景，其代价有时是百姓的活不下去，其收获也可能是巨大的功业。马放南山，铸剑为犁，英雄们变成平民，将军们也过起了平常人的日子，失去了不少浪漫与豪情，增加了老百姓的休养生息即喘息的可能。老子告诉我们这样一个悖论。

你是希望却走马以粪，还是戎马生于郊呢？

那就得常足于知足了。人们什么时候能够做得到呢？王小波生前写过一些文字，他倾向于批评一些人的“瞎浪漫”。如果不瞎浪漫了，是不是能够减祸少咎、少一点纷争呢？

事情当然没有这样简单，有时候你觉得吉凶、生死、和战取决于一念之差。对于一个人来说，是一念之差；对于一邦一国，对于天下来说，这么多一念之差，就需要从更纵深的思路上去研究原因了。你知足了，你不去侵略了，你被侵略了怎么办？你知足了，内外都想停战修好了，对方刚好打出兴头来了，叫作“树欲静而风不止”怎么办？

还是马克思讲的更有道理，人怎么样生活便怎样思想。表面上看念头呀，知足不知足呀决定一切，实际上是阶级的归属、集团的利益、经济的基础、社会发展的要求与民族地域文化的传统决定着一个人与一切人的念头与是否知足。

几千年来，国人一而再，再而三地在念头上下功夫，越下，念头越复杂混乱，乌漆麻黑了，吁戏！

第四十七章　不行而知

不出户，知天下；不窥牖，见天道。

其出弥远，其知弥少。

是以圣人不行而知，不见而明，不为而成。

足不出户，可以了解天下大事。不往窗外观看，却可以交通天道正理，了解大千世界的规律。

你跑得越远，你得到的知识越少。

所以圣人，不外出、不行走而具有真知灼见，不到处窥望而心明眼亮，不刻意去做什么却能完成自己的心愿。

这一章似乎有点过分，与读万卷书，行万里路的古训唱反调，而且与唯物论的实践论截然对立，甚至可以说这是违背常识的。一个人，拒绝行为实践，拒绝获取新的信息，他哪儿来的真知灼见呢？

然而这并不仅仅是一个理论的逻辑论证的命题，这可以说是一个经验的命题。请问，中国历史上的那些被认为有大作为者，有几个是读万卷书，行万里路的？有几个是学贯中西、识通古今的？秦始皇、汉高祖、唐太宗、明太祖、清太祖……哪一个是读过万卷书，行过万里路的呢？

唐诗曰："刘项原来不读书。"扬州有名联曰："从来文士多耽酒，自古英雄不读书。"毛泽东有言："书读得越多越蠢。"

胡适行过万里路，他要的是全盘西化美国化，可惜他做不到。王明等也行过万里路，读过列宁的原文书，当过“百分之百”的布尔什维克，他从书与路中得到的是全盘苏化俄化的启发，也行不通。他们岂不就是“其出弥远，其知弥少”吗？

有时候真理并非远在天边，真理更多时候就在你的脚下。与其行到山穷水尽处，看到天边的地平线目力不达处，读罢各种古书、洋书、稀缺之书，不如弄清你脚下的这块土地，弄清你身旁的这点世态人情，怀抱一个普通善良之心，做一些力所能及、识所能及之事。起码这对于多数既非刘邦也非朱元璋者，是更加切实的忠告。

在中国（其实不仅仅是在中国，想想当代世界各国的选举结果，你应该变得更清醒些）历史人物当中，常常是土的胜过洋的，书读得少的胜过书读得多的，个人条件一般的胜过个人条件超常的，凡人胜过才子，庶民胜过巨擘。你可以痛惜、痛骂、痛哭，然而你不能不承认这个事实。

关键在于脚下的土地。远在天边，近在眼前，踏破铁鞋无觅处，得来全不费工夫。望尽天涯路后，猛回头，就在灯火阑珊处。

即使是非同一般的人物，如毛泽东，他也是靠实事求是吃饭，靠立足本土做事，靠因应变局处理政务。他说，什么是政治？就是团结的人越多越好，树敌的人越少越好。什么叫军事？打得赢就打，打不赢就走。他批评“左”倾机会主义者主要是不知道人要吃饭、行军要走路、打仗会死人。而毛泽东恰恰是在晚年，来了个鲲鹏展翅，来了个高空立论，来了个只争朝夕，才犯下了错误的。

老子要说的是，真理是朴素的，真理是单纯的，真理道德要符合常识。真理并不忽悠人，不应该使人头晕目眩。真理应该回到常识，回到单纯，回到善良，回到简朴，回到自然而然的状态。普通人要有自信，要相信常识，不要被唬住、吓住、忽悠住，不要动辄被迷惑、随声附和。不要唯上、唯书、唯名词、唯大帽子、唯西洋景，只能唯实。

他的用意十分深刻，虽然未必能概括全部真理的特性，却是黄金之论、精彩之论，又确实是惊人之论。

今天的时代与古代已经有了巨大的分别，一方面不出户而知天下的条件比过去不知方便了多少，有媒体，有信息，有互联网。另一方面，天下已经全球化了，已经不是那时的天下的含义，同时扩大了的天下作为认知对象却又缩小了不知凡几，叫作人人得知天下，人人必知天下。天下与一个个个体的“户”的隔膜正在减少，研究脚下的土地与研究天下已经无法分割。

同时，足不出户是一个遗憾；不读书是一个遗憾；不窥牖即不看窗外事是一个遗憾；没有一个遥远的参照、遥远的思念是一个遗憾；一种道理讲得极深、极到位，同时讲得太过分、太以偏概全，也是遗憾。学而时习之则可，照章办事则不可也。

第四十八章　为道日损

为学日益，为道日损。损之又损，以至于无为。

无为而无不为。取天下常以无事，及其有事，不足以取天下。

学习讲的是增益，是用加法积累知识。而学习掌握与身体力行大道，则是要用减法，减了再减，更减，一直减到能够做到无为的程度。

无为的结果是无不为，无为的结果是一切自然运作，成长，成熟，成功。夺取与治理天下，靠的是不生事，不多事，不没事找事。及至事务、事宜、事端到堆得化不开的程度了，你也就治不好天下乃至得不到天下了。

对于我来说，这一章的精华是讲这个减法。人生常常喜欢加法，追求加法，然而，有些时候减法比加法更加英明，更加智慧，更加有必要，更加有益。理想却更难做到。人的一生，是创造和获取，累积和发展知识、能力、经验、财富、地位、成绩、事功、威信、影响的过程，是做加法的过程，但也同样是做减法的过程：减少幼稚，减少贪欲，减少妄想，减少斤斤计较，减少不切实际，减少吹牛冒泡，减少大话弥天。

人随着自己的成熟与长进，需要做减法的越来越多：要减少偏见，减少思维定式，减少夜郎自大，减少自我中心，减少吹吹拍拍的朋友，减少山头宗派意识，减少好勇斗狠，减少显摆风头，减少跑关系走后门，减少本本主义、教条主义，减少装腔作势、借以吓人，减少一切浮华、虚夸、浮躁、盛气凌人、哗众取宠、夸夸其谈、低级趣味……

该减少的东西还多着呢。减少意气用事，减少咋咋呼呼，减少玩物丧志，减少好高骛远，减少嘀嘀咕咕，减少牢骚焦虑，减少不必要的斗心眼儿、耍计谋。总之是戒贪、戒气、戒一切不良的低下的思虑。

想想人要做这么多减法，你不能不叹息人性的险恶。想想你减掉了许多歪门邪道、愚蠢蛮横、自讨苦吃以后，一个简简单单的你反而更接近大道，你又不得不赞美人性的本初。

没有减法就没有大道。做人、做事、做文、施政，都要减了又减：小政府大社会，以一当十，市场配置要素，求真务实，不说空话，言简意赅，少说多干。减成无为了，再也不做任何无聊的、不智的、不良的、不好看的与无效的事情了，你当然高于一般人一大截子。你至少会高雅一些、从容一些、沉稳一些，于是，各种有意义的事情、合乎大道的事情也就做好了。这是何等理想的境界啊！

而那种整天无事生非的人呢？整天告急的人呢？整天搜集别人骂了自己什么的人呢？整天要求别人承认自己正确的人呢？他的是非、事务、事端已经浓得化不开了，已经结了石，已经堵死一切通道了，他还能取天下？一个弼马温或避（辟）马瘟已经把他搅昏了头，休矣，及其有事，不足以取任何了，他只能一事无成，一无可取了。

人性是有各种弱点的，其中之一就是喜加厌减，嫌减爱加。小到一个家、一处住宅，添置的东西远远超过了实际的需要，却就是不肯做减法，弄得自家混乱肮脏，这种生活中的例子太常见了。

有一些俚语也是讲滥用加法、不会减法的可笑，如画蛇添足、越描越黑、弄巧成拙、越帮越忙、废话连篇、自找苦吃等。

让我们从时间与效率的角度，再来想一想为道日损的命题吧。

生也有涯，知也无涯，事也无涯。如果只知道为学日益，你最多变成一个书橱，仍然赶不上一张刻有大百科全书的光盘。你又常常被各种无聊的、纯消耗性的、无趣的滥事所纠缠干扰。你的一生，究竟能拿出百分之几十的精力、智力来从事你视为主要的正经事呢？不放弃一些无聊琐事，你的人生还有希望吗？为什么有些老人显得更平和也更雍容、更沉着也更智慧，这与他们的为道日损，以至于无为是分不开的，与他们有所放弃、有所不理睬是分不开的。

为道日损，是一个警句，是一个亮点，是一个智者的微笑，是一个高峰。

第四十九章　以百姓心为心

圣人常无心，以百姓心为心。善者，吾善之；不善者，吾亦善之；德善。信者，吾信之；不信者，吾亦信之；德信。

圣人在天下，歙歙焉，为天下浑其心，百姓皆注其耳目，圣人皆孩之。

圣人常常是没有自己的见解与心愿的，他们只是以百姓的见解与心愿作为自己的见解与心愿。对于善良的人，需要善待他们；对于不怎么善良的人，同样需要善待他们，这样，就可以获得善良的结果了。对于讲诚信的人，需要讲诚信；对于不怎么讲诚信的人，同样要以诚信待之，这样，就能树立诚信的风气了。

圣人活在世上，小心翼翼的，为了天下而聚拢自己的心思（聚精会神），百姓们是十分在意圣人的一举一动、一言一行的。圣人就像对待孩子一样地对待百姓。

这一章马上让人想起中国共产党的宣示：中国共产党没有属于自己的特殊利益，而是以中国人民的利益为最高利益。

这当然是理想的统治执政。以百姓之心为心，何等好啊，但做起来并非易事。原因在于百姓之心并不是明明白白地摆在那里的。百姓要求的，圣人可能以为那只是眼前利益，并不符合长远利益。这部分百姓要求的与另一部分百姓要求的可能恰恰针锋相对。还有一些百姓之心，可能被某些圣人认为是另外的伪圣人误导、煽动的结果。而另一部分圣人，可能认为这一部分圣人才是伪圣人。仅仅为一个什么是百姓之心，就够圣人们与百姓们闹个够，也许还会为这个百姓之心的定义问题杀个血流成河也说不定。

而且不能不说，圣人也是人，也可能有偏差与私心，也可能有贪欲、偏颇、发烧、糊涂……怎么样才能保证圣人真的无心，真的永远以百姓之心为心呢？这就不是理论、理想、愿望能解决的了。

善者善之，不善者亦善之。信者信之，不信者亦信之，这更难，也更重要。原因是人们在相互的关系中，常常会“以其人之道，还治其人之身”，常常是以眼还眼、以牙还牙，常常是越斗争越趋同：你既然对我不仁，就莫要怨我对你不义；你对我乱咬，就莫要怨我对你下嘴；你对我上纲上线，我岂能任人宰割，我也要把帽子、棍子还击回去；你投来鸡毛，我还回去蒜皮；你投来毒箭，我射过去药矢；你对我无中生有，我对你信口开河……这样，一个污点就会染黑一片，一个野蛮就会恶化全局，一个凶恶就会改变整体气氛。

我一生中提倡用光明正大回应阴谋诡计，用与人为善对待无端的敌意，用积极投身本职本业务来回答自己干不了也不让别人干的职业骚扰、学术骚扰、创造骚扰。还要用心平气和回应气急败坏，用宁可教天下人负我、同时努力不要负一个人的姿态与目标，回应自我中心与心怀叵测……也是这个意思。当然，有时候也会碰到以恶对恶的局面乃至必要性，说实话，那是万不得已，偶一为之，浅尝辄止，见好就收，不足为训。但是总还是要避免以暴易暴，以穷极对无聊，以小心眼儿对心眼儿小，以帽子对棍子，以嘟嘟囔囔对啰啰唆唆。

以善来求善，以信来求信，以善应对不善，以诚信应对猜测与欺骗，这很难，并非事事成功。

但是我的经验，这样做的结果，化敌为友、化小气为大度、化意气之争为君子之争的成功率当在百分之十以上，最高可以达到七分之一——百分之十四强。一时没有达到也还可以等待。

不这样，与对方趋同，与对方一样没劲，与对方两败俱伤的机会则是七分之五——百分之七十强，即使你确实更占理。

公道自在人心，人心总会有一杆秤，恶人的果实必然是孤家寡人，叫作鬼影子都见不着。而善良与诚信的果实是友谊长存，信任长存，形象长存。如果认为可以以恶来求善，以阴谋求诚信，以出气求摆平，那就更是绝无可能。

有个小问题。另一种版本叫作圣人无常心。不是说无心，而是说有心而不固定、不恒久。有的学者将之改为常无心，这也许是改得好的，易解了。有的版本作恒无心，也行。常无心，是说圣人常无先入之见，一切听百姓的、听民意的。无常心呢，则是说圣人的心并非僵化与一成不变，要随时按照百姓的意愿调整充实自己的心——执政目标与执政理念。都可以，都好，没有大矛盾，相通。

不仅《老子》，中国的许多古籍，都有这种文字上的疑问，有些专家为此付出了大量精力考据立论，叫作聚讼纷纭。其实多义性与可更易性也是趣味，也是空间，不妨多元一下、包容一下试试。多假设几种可能，姑妄解之，看看古人的议论抒情能有几种解法、表达法，能在哪些方面给今人以不同的启发。这不也是读书尤其是读古书的一乐吗？

第五十章　善摄生者

出生入死。生之徒，十有三；死之徒，十有三；人之生生，动之于死地，亦十有三。

夫何故？以其生生之厚。

盖闻善摄生者，陆行不遇兕虎，入军不被甲兵。兕无所投其角，虎无所用其爪，兵无所容其刃。

夫何故？以其无死地。

人的出生，也就是走向死亡。生的因素，在人的一生中，占有三成。死亡的因素，在人的一生中，占有三成。想让自己生活得好，却走向了死地的因素，这样的事，在人的一生中也占有三成。

为什么想生活得好却走向了死地呢？因为有的人太过于照顾自己的生存，太重视、太优待自己了。

据说善于养生的人，走在路上不会碰到犀牛与老虎，进入军事行动中不会遭遇兵器与攻击，犀牛没有地方撞它的犄角，老虎没有地方抓它的利爪，敌兵没有地方可以用得上他的兵刃。

这是什么原因呢？因为他没有进入不可以进入的危险的地方，自身也没有必死的破绽。

·

生的因素三成，死的因素三成，过分致力于生反而加速了死亡的因素三成。这样一个三三定则，是老子的一大发明。

多数学者老师将之解释为长寿的三成，短命的三成——也许从字面上来看这样的解释是正确的，窃有疑焉。那个时候，不可能有三成长寿的。今天，所谓长寿者，按现在的标准，起码也得活过八十岁，同样也占不了这样的比例。我宁愿做别样的解释，说成六经注我倒也不妨。

生的因素包括主观与客观。客观包括土地、阳光、空气、水、植被、生态与适宜人类生存的气候、地理条件等。主观上则是人的正常的生活能力、调节能力与自我保护的本能，还有免疫力、代偿能力……是人的身心的正常运作。

死的因素同样包括主观与客观。客观包括自然灾害、生物威胁、细菌病毒，不利于乃至直接危害人的生命的气候或其他环境因素。主观上则是人的衰老、心理疾病、做事失当、愚蠢、不智、不仁……这种类似自我毁灭的程序，常常会莫名其妙地启动。

因生致死的做法则包括了争强好胜、好勇斗狠、阴暗焦虑、奢靡过度、用力过度、进补过度、医疗过度、练功过度直至炼丹、迷信、长生药的寻找、秘方的崇拜等。

这第三个三成，我的研究体会还不够深，相信会有更多的内涵，而且是老子此番论述的精华、要点所在。但是我们可以想到一些成语：缘木求鱼、南辕北辙、揠苗助长、饮鸩止渴、走火入魔、过犹不及……这些表达了中华文明的伟大智慧的成语中包含着类似的意思。

三三定则说明了生的因素只有三成，而另外六成是相反的因素，是负面的因素，是死的因素。当然还有一成不确定的因素。说另一成是指善摄生者？亦存疑，因为善摄生应该包括到第一个三成即生的因素当中。

如果不说长寿不长寿，而是说体现了生的活力的人（生之徒）三成，体现了死的危殆的人（死之徒）也有三成，体现了因过分重视生从而背离了自然而然地生存的大道，反而面临着死的靠近的人（人之生生，动之于死地）也是三成，含义差不太多。

这也是一种忧患意识，是符合人生况味的。人生不如意事常八九，这样的俗话说的是更高的负面因素的比例，不是六成而是八成至九成。人需要有这样的准备、这样的警惕、这样的谨慎，不能老想好事，老存侥幸心理。

扩而大之，其实不仅是生死的问题、摄生的问题，一切事情，都有个类似的三三定则。两支实力相当的球队，遭遇上赛事了，对于每一支球队，都应该有三成胜利、三成失败、三成求胜心切包袱太重反而失败的可能性。在正常情况下做一件比较艰巨的工作，同样也只能有三成把握、三成危险、三成由于急于求成反而做不成事、达不到既定目标的可能性。科学研究、发明创造、理财经营、求职自荐、冲击纪录、著书立说、文艺创作……莫不如此。当然这里还有一个前提，就是在你基本上具备条件的情况下，你可能有三成把握。如不具备基本条件，就连一成把握也没有了。

我的七十余年的人生经验证明，三三定则太棒了，完全是真理。总括地说，无论什么事，求学问、参加革命、做工作、写作、做一些社会政治工作、承担一定的义务与责任、追求国泰民安、身心健康与生活幸福等，成功的因素、成功的机遇是十分之三。失败的因素、失败的机会是十分之三。而由于激动、由于一个时期的一帆风顺、由于对自己估计过高，取得的是相反效果的概率也是十分之三。

例如小时候我功课好，我以为自己可以成为一个发明家、科学家或者文学家，革命的风暴使我选择了革命而中途辍学。少年时代，我立志做职业革命家，然而事实证明我最多是十分之三的革命家，另有十分之七是艺术气质、幻想气质、书生气质、幼稚与浪漫气质以及某种自由主义的性情中人。

后来我立志写作，为此付出了巨大的代价，也达到了我理想的最多三分之一（比十分之三略多一点）。

我希望自己在改革开放的新时期对于整体、对于全局有更多的影响与贡献的想法，最多实现了三成，或不足三成。而一切超前的说法与行事，只能是适得其反。

反过来我要说的是，一个人在一生中，在各个阶段中，如果时时有三成的成功、三成的果实、三成的效果、三成的进展，乌拉，了不起，祝贺你！千万不要事事要求百分之百。三成了，你应该快乐满足，你应该感激惭愧，你应该心如明月，你应该心花怒放。相反，过分的贪欲、野心、狂想、大言、美梦，过多的操作、活动、奔走、劳神、焦虑，结果只能是害了自己，乃至自找倒霉、自取其辱，直至自取灭亡。

后边说的行路不遇猛兽、作战不怕武器，角、爪、兵器都奈何不了他，这是一种理想，这是一种极美好的审美表述，这是一种大道，这是一幅得道者、善摄生者的美丽风景。或许这种话像是邪教奇功，至少像是武侠小说里的金钟罩、铁布衫。然而老子不是这样的，他绝非在提倡练什么奇门遁甲。他是说，关键在于你是否有死地，你是否进入了死地，你是否向着死亡的负面的因素猛进，你是否在做愚蠢的、贪婪的、自取灭亡的傻事。也就是说，死不死、伤不伤，不在猛兽，不在敌军，不在武器，而首先在你自身，在你自身的道行。

这样的论说必须与前面的说法联系起来理解：这就意味着人应该做到无懈可击。生的因素三成，你应该充分地、自然而然地去靠拢，去受用，去发挥，去亲近、爱惜、珍重这三成生。死的因素三成，你应该谨慎对待，趋利避害，不可掉以轻心，不可有亡命徒心态，不可毫无准备与警惕。

尤其重要的是你自身，不应该自生病灶，自见要害，自露破绽，自己搞出、露出与突出自己的软腹部，例如贪财，例如自私，例如阴谋诡计，例如以势压人，例如低俗不堪，例如树敌伤人。害人者人恒害之，骗人者人恒骗之，毁人者人恒毁之。阴谋家最易落入天罗地网，整人者最易搬起石头砸自己的脚。

老子强调的是，可怜人必有可恨之处，被犀牛、猛虎、甲兵攻击了的人一定有自己的原因，至少是不小心。一些人甚至很多人的不幸的结局，有其自身的责任。此话虽然说得残酷无情，有片面性，但对于多数人并非没有教益：遇事多想自己的责任。多责己，心平气和，增长见识，提升境界，以至于靠近大道，有助于往后。多责人，则只能是怨愤满腔，毒化自身与环境，乃至臭己臭人，贻笑大方。

无懈可击并不是一个技巧问题，问题在于你的境界、你的功夫、你的居心、你的高度，你的世界观与价值观、你的方法论与认识论、你的接近与违背大道的程度。

例如你发表一个看法，做到面面俱到是非常困难的，乃至是心劳日拙的，然而，你超出个人与小团体的偏见与狭隘，超越意气与一日之短长的争执，抱着最大的善意，从有利于最大多数的动机出发，发表一个比较高明、比较不带宗派色彩、不计较谁得谁失、比较看得远站得高、具有最大的谦虚、充分吸收各方面的意见而又提高一步的见解，则是完全可能的。做到这一点，你就少了许多被攻击的可能。

例如当群体分裂，当各种利益分歧与经验分歧、背景差异与文化差异造成了尖锐的对立的时候，你做到八面玲珑、人见人爱是不可能的，乃至是可耻的，因为如果那样你就成了俗话说的“琉璃球儿”了。但是你不做不实事求是的事，不说过头话，不企图讨好任何一批人或某种势力，你时时寻求最大公约数，时时扩大与他人的理解与沟通，这完全是可能的，而且其完善是无止境的。

无懈可击者也有被击倒乃至击残击毙的可能，我对于这样的个案是无话可说的，但是这样的个案是相对容易翻过身来的。而且在大多数情况下，无懈可击者是犀牛用不上角、老虎用不上爪、敌军用不上刀剑的。无懈可击者比较有信心，有办法，有可资审美的风姿，逢凶化吉，遇难成祥，到处有“金刚力士”相助。我七十余年的经验已经说明了这一点。

再说一点，大事小事都无懈可击，今天明天每分每秒都无懈可击是不可能的，小事任你击、任你赢、任你横行神气，然而你还是达不到目的。因为我根本不计较小事，不怀好意者的小小胜利对于我来说，不关痛痒，不足挂齿。被击者微微一笑，击者又达到了什么目标呢？至于大事，你的角、爪、刀枪，全无用武之地。目的并不仅仅在于摄生，更在于我们要依大道而行、而止、而快乐、而微笑、而合目小憩，而看不起你那样的气迷心窍者。

没有比通过自己的实践来证明大道、来体味大道、来皈依大道更澄明、更满足的了。

第五十一章　是谓玄德

道生之，德畜之，物形之，势成之。

是以万物莫不尊道而贵德。道之尊，德之贵，夫莫之命而常自然。

故道生之，德畜之，长之育之，亭之毒之，养之覆之。

生而不有，为而不恃，长而不宰，是谓玄德。

道产生出万物（大道是存在的总的根源与本质），德滋养与充实着万物（大德是存在的总的内涵与供给），物质是万物存在的形式，趋动（运动变化）是万物存在的脉络与过程，是存在的完成。

所以世间万物都尊崇大道，珍贵大德。大道的尊崇，大德的珍贵，都不是人为的规定而是自然而然的结果，同样大道与大德也不干预万物，而是尊重它们自己的运动。

大道生发了万物的存在，大德充实了万物存在的内涵，使之生长发育，使之成长定型，供给世间万物的需要，覆盖（涵盖）着万物。

产生它们但不占有它们，为它们做事但不把持它们，带领它们却不主宰它们，这才是巨大的根本的也是最玄妙深远、难以见闻与描述的德性。

老子在这里再一次做出对于世界与真理的抽象概括描述。他提出了道、德、物、势这样一个阶梯式的命题，逐步下达，而又四位一体。

道是根本、本原，万物万象均生于道。道的意义在于生发、产生、催生这个世界。

德是品性，是基本功能，是贡献，是道的滋养，是最大的仁爱，虽然老子屡屡批判仁爱。老子此处讲的德这种仁爱是自然力的而不是人为的。

物是道与德的具体化即道与德的下载，是道与德的形而上性质向具象方面的转化，通过万物而体现、而证明、而弘扬光大。

物化使世界得以成型成形。物还带有客观世界、身外世界的意思。道并不就是你自己，而是大千世界。这个想法可贵。

至于势，则是道与德的趋动，是道的动态、动因、动力和动向。势是内趋力、路线图，是道与德自然就具有的而不须第一推动的能量。

德是道的滋养、功用。这里老子的一个思想，很有趣。世界并非一蹴而就，生于道以后，还要接受德的培育、滋养、充实，而且还要长之育之、亭之毒之、养之覆之。也就是说，万物还需要一个成长、发育、稳定、成熟、结果、保护、存藏的过程。

这一章是老子的创世记，可以与《圣经》上的说法对照来读。《圣经》上讲的是耶和华根据需要有意识、有计划地用六天时间创造了世界，第七天就安息了。

在这里不难发现老子的尊崇自然的特点。而西方宗教的特点是寻找一个主——Lord。上帝＝主。主创造了一切，主宰着一切，安排着一切。老子的说法则是自然之道，“生”出了世界而不是创造了世界。“生”比“创造”更少有意为之的成分。佛教的说法也是由佛法主宰，而不是由佛陀掌控。

老子还特别强调生而不有，为而不恃，长而不宰，是谓玄德。就是说，大道不是主——Lord，而是自然与自化。

道、德、物、势是一个逐步落实、逐步显现的阶梯，同时中国式的整合性、整体性思维，决定了四位一体的特色。文句上说的是道、德、物、势，最后一个“势”字或作器，窃以为物与器可不连用，乃从势。说它四位一体是有许多根据的，其中最重要的一点是前面对于一的论述。我们要的是归于一、定于一、得一（有趣的是佛教也讲万法归一，万法叫作五蕴十八界，一叫作真如如来藏）。

道是原理，是规律，是本源，是先天地生的世界的原生状态，是惚恍，是恍惚，是混沌，既是最根本的存在，也是最概括的本质。

存在到了最最起始的极端，便是本质，便与本质并无不同，这是中国式思想方法的妙处。这也是对于价值与选择、认知与信仰、先验与逻辑推论、本体论与认识论和方法论的区分的超越。因为这样的本质与任何人为的价值与选择性无关，它自来如此。这也不是一种特定的认知，不是学派，不是学说，而是世界的最初，是既没有学派也没有价值观乃至还没有人类时期世界本质的永远的照耀。它既是理性推演与概念提升的结果，又充满崇拜的情绪。

老子在此章中特别提出了尊道与贵德的问题，这在其他章节中并未多言。他说万物莫不尊道而贵德；道之尊，德之贵，夫莫之命而常自然。正是这几句话流露出老子的道的概念的不无信仰主义色彩。你不但要认识它，体悟它，还要尊贵它。

这样的一个尊贵，应是沿着道德物势的反方向而进行的。最明显的是你要尊贵“势”，你至少是因势利导，要认清大势，认清“世界潮流，浩浩荡荡”（语出孙中山）。要看准事物的发展方向，不干逆潮流而动的蠢事。

然而仅仅看到势是不够的，仅知势你有可能变成墙头草，随风倒。所以进一步要知道物，知道客观世界、身外世界，懂得实事求是，懂得势的来源，而不可刚愎自用、一意孤行、唯意志论、以空想代替现实。

你更要从世界的发展变化中看到玄德，看到大道之德、自然之德、万物之德。玄德，抽象而又宏大，无所不在、无所不受其德，养之覆之，德莫大焉。这里有没有感恩思想的契机呢？却又与天地不仁的命题不一致。这是老子思想中的一个悖论：不仁乎？

玄德乎？

最后，你能做到尊道而贵德了。大道是世界的原生本体，也是道理规律的决定因素，还是一种境界、一种方法、一种路线。它尊重自然，克制人为；尊重万物，克制自身；尊重弱势，克制坚强、逞强。总之它是天下天地之母、之始。

这里有整体的观点。原因就在于每一件具体的事物都同时具有自己的本质、自己的原理、自己的最初，那么万物的最最终极的本质、原理与最初是什么呢？就是道。道起了什么样的作用呢？它生发了万物，产生了万物。

世界就是这样的，有原理，有原本，有始初，有永恒的本体：道；有发展、成长、成熟、成型、存在与发育的必需因素：德；有存在的体现、形状与声音，实在的而不是虚幻的性质：物或器；有运动的动力、趋势、能量：势。这四者是不能分割的。

认识与强调世界的同一性、整体性、融合性，这是古代中国哲学的一个重要思路。谚云："不为良相，便为良医。"这样的谚语只有中国有，因为中国式的思路认为医国医乱与医人医病的道、德、物、势是相通的。古代国人还喜欢通过例如观察竹子研究书法，通过观察禽兽研习武功，通过观察自然界研习哲学、美学、伦理、兵法直至文章做法。《文心雕龙》中举证的最大的模范文本，正是大自然。

格物、致知、正心、诚意、修身、齐家、治国、平天下的高屋建瓴却又不符合形式逻辑的演绎规则的推论，也只有中国有。外国人则更倾向于强调区别，倾向于择清楚某人某事的独特性。

其实事物既有它们的共同性，也有它们各自的独特性，二者缺一不可。

在这里，老子再次论述了生而不有、为而不恃、长而不宰的大德，再次与寻主论、与 Lord 论拉开了距离。其实大自然就是这样的。以母鸡孵蛋为例，做一个不无牵强的比喻，胚胎与整个鸡蛋的成分比例与构成是道，蛋白和蛋黄是德，母鸡的体温与耐心孵化是势，而雏鸡的身体是物与器。母鸡对于雏鸡，从来就是生而不有、为而不恃、长而不宰的。母鸡对于雏鸡恩重于山，但雏鸡一旦长大，便与母鸡告别。为什么一只老母鸡都具有的玄德，对于人来说却是这样困难呢?

这恰恰是由于人的自作聪明——自以为是——自我膨胀。人的万物之灵的地位使人产生了主观性、目的性、计划性、优越感、自足感，产生了贪欲、权欲、物欲、占有欲、收藏欲直到破坏欲，产生了计谋，产生了一切未必全部是积极的与真正有价值、有利益的东西。人为什么不多想想大自然，想想“天何言哉”，想想大江、大河、大海是怎样运作、怎样“行事”的。人啊，你应该学习大自然，与大自然保持一致呀!

第五十二章 塞兑闭门

天下有始，以为天下母。既得其母，以知其子。既知其子，复守其母，没身不殆。

塞其兑，闭其门，终身不勤。开其兑，济其事，终身不救。

见小曰明，守柔曰强。用其光，复归其明，无遗身殃。是为袭常。

天下的初始也就是天下的母亲——本原。知道了天下的母亲——本原，也就知道了万物，即天下之母的孩子们。知道了这些林林总总的万物，即母亲的孩子们，仍然要回到天下的母亲——本原那边，坚守母亲的大道。于是，到死也不会发生危险、错误了。

塞上感觉的进出口，关闭感觉的门户，生命与大道就永远不会枯竭了。打开你的感官，为满足你的感官的需要而行事，你也就永远不可救药了。

能看见细小的东西才是明，能保持住低调与柔弱的姿态才是坚强。能够明白这样的事理，用得道者的光明来照亮万物，不给自身造成损害或者灾难，这就是保持了、掌握了那种可持续的永恒的大道。

这可以算是中国古代的一种“原道旨主义”“原婴儿主义”。它认定本原＝本真＝原生态＝本质＝大道。因此，它不相信并高度怀疑和否定文化、历史与发展、进步的观念，推崇向后看，要求回到本初状态即本真状态，从个体来说就是回到婴儿状态。

盖一切理想信念包括老子心目中的大道，在提到世人面前以后，最好的情况、受欢迎与被认同的情况下，面临着两方面的发展可能。一个是理念的被接受，被传播，发生着越来越大的影响与威力；另一个是接受者同时也是实践者，而实践者必然同时是改变者、修正者。人们无法不倾听实践的声音，也无法不受自身即受众的文化、经验与水准的限制与影响。原有的理想与信念能够指导接受与实践的过程，是一个方面。同时，接受与实践的过程必然地、自然而然地在修正着、调整着，在一定程度上改变着认识，改变着你原来的理想与信念，这是事物的另一个极重要的方面，这也是完全无法避免的。理念与生活永远有一个相冲突、相磨合、相作用、相改变的互动过程。从表面上来看，明显的是理念改变着生活，例如五四运动所宣扬的民主、科学新文化改变了古老的封建大国。更深一步来看，是中国的文化、生活、历史与人民的革命改变着新文化的诸种理念，一种宗教被接受的历史也是如此。

所以从古到今，都有原 × 旨主义和修正主义与革新派别或庸俗化派别的斗争，有所谓保持理念的纯洁性、保持精神的清洁性或要求变革与创新的斗争。例如《老子》一书就因读者的不同，而时时会被做出不同的解释：可以解释为大道，也可以解释为阴柔的智谋；兵法、阴险可怖的歪门邪道至少是小道，或者变为炼丹作法的民间宗教。

当然，还有另一种更要命的可能：一种理念的提出，生非其时，它立刻受到批评、嘲笑、反对，它被歪曲、被曲解、被妖魔化或丑化。一时间，抨击这种理念的潮流成了事，一犬吠影，十犬吠声，此理念再无还手之力，就这样被消灭了。或者，一种理念红里透紫了一个时期，阴差阳错，突然走上了“背”字儿，变成被嘲笑与辱骂的对象。

前面的几种情况都不利于你去了解掌握原道旨，前面几种情况也都策动你搞原道旨主义。

原道旨就是原母体、原本初。所以老子主张“既知其子，复守其母”，从当下派生的万物万象——子出发，回到原生的母那里去。

老子他并没有提出什么惊世骇俗的独特理念，他的原道旨并不惊人。他的原道旨似乎其貌不扬。他的理念就是让人回到婴儿状态，回到人的、生命的原生状态，认为那个状态就最好、最合乎大道。原道旨主义就是原婴儿主义、原生命主义、原自然主义。掌握大道的关键在于懂得万物之母，母就是大道，就是婴儿，就是自然，就是一，就是泰一、太一。母是本质，母是一切德性、一切智慧的总概括，有了这个母就有了一切，千万不要在追求“子”当中迷失了方向。所以老子让人守住母，而不必为了万象万物这些个“子”、这些个派生物、这些个假象而伤脑筋、赶潮流、追时髦不已。

其实基督教也有特定的婴儿崇拜，婴儿即刚刚诞生的耶稣——圣子，圣母玛利亚与圣子纯洁光辉的形象经常会出现在教堂的油画与雕塑里。

佛教也常讲到释迦牟尼出生时的异兆吉兆。

他们崇拜的是特定的婴儿人格——神格，而老子提倡的是回到一般的本质的婴儿状态。

回到最初，回到起点，回到本源，这不失为认识真理的途径之一。确实，许多事情是在庸人自扰，在无事生非，在自己绕糊涂自己。

西方文化包括他们的科学主义也并不轻视对于本初状态的研究，如生物学之于细胞、生理学之于胚胎、经济学之于商品与货币、人类学之于原始公社、绘画艺术之于素描、几何学之于诸如两点间以直线为最短的公理。

西方科学文化承认这样的追索的必不可少，同时他们一般并不把这些研究加上信仰主义的色彩，他们认为这样的最初、本原并不就是事物的全部，更不是认识论的全部。

怎么样才能做到原道旨主义，回到最初、回到起点、回到本源上去呢？老子提出的办法是闭目塞聪，杜绝有害信息，近于实行软性的（不像佛教那样严格的）闭关修炼。这也很有趣。在中国，这样的修道方法可不仅是道家。各种教派都有这种面壁而坐、闭关苦修的大同小异的方法，叫作心斋，要让心灵与感官斋戒；叫作闭门思过；叫作打坐或者气功；叫作一心修炼，乃至灵魂出窍。这是一种相当惊人的认识世界、认识自身的方式。当然，对于老子来说，认识自身所具有的道性比认识世界更重要。

周恩来的诗中有“面壁十年图破壁”句。面壁十年，是修炼的功夫，代表的是精心钻研、苦心孤诣、寻求真理而且达到了极致。

弘一法师（李叔同）也修炼过“塞其兑，闭其门”的苦功。

释迦牟尼练习过面壁，似乎收效不大，但达摩的面壁就十分脍炙人口。达摩老祖的说法是“外止诸缘，内心无端，心如墙壁，可以入道”。相传他曾面壁十年，鸟儿甚至在他的肩上筑了巢，他对面的石壁上印上了他的形象，栩栩如生，连衣褶都看得出来。至今全国有不止一处佛教寺庙区域，有达摩面壁的洞穴供信众参观。

中国有苦练内功的传统。中国式的以人为本，有时达到了将世界视为次要、视为从属的地步，以为只要自己的心性、良知、良能、呼吸、导引、“一口气”（俗谚：内练一口气，外练筋骨皮）修炼好了，世界上什么难题都不在话下。如果练的是武功，做到了塞兑闭门的功夫，定能无敌于天下。

孟子的“苦其心志，劳其筋骨，饿其体肤，空乏其身，行拂乱其所为，所以动心忍性，曾益其所不能。人恒过，然后能改；困于心，衡于虑，而后作；征于色，发于声，而后喻”，也讲到了外界影响的逆向性与坚定不移守护内心的必要性。

几个僧人争论是风动还是幡动，而禅的回答是：“不是幡动、风动，只是心动。”此说亦是讲只要心不动，什么事情都不会发生。

从义和团的硬气功，到金庸小说中的特异的练功，尤其是几种内功的神秘修炼，再到近年的所谓特异功能热、气功热，都有这种“向内转”的影子。

当然老子的内功与气功武功不同，他搞的不是神秘的苦行、苦修、苦练，而是恢复到本初状态、婴儿状态。他更注意的一是戒贪欲，所以要闭目塞聪，不受诱惑；二是不以物喜，不以己悲，叫作宠辱无惊。

中国的先哲认为，大千世界千变万化，声色犬马，花花绿绿，许多东西不过是一时的镜花水月、一时的魔界虚相，咋呼闹哄，不足挂齿。同时圣人之心深如古井，清如明月，冷如冰霜，与大道相交通，与日月同辉映，纤毫毕见，明察秋毫，而又甘居人下，为豁为谷，知白守黑，知雄守雌，以静制动，万物心为先。有道是："为将之道，当先治心。泰山崩于前而色不变，麋鹿兴于左而目不瞬，然后可以制利害，可以待敌。"（苏洵《心术》）

这些说法不无夸张，但也很有参考价值，我们说沉得住气，讲定力，说宠辱无惊，说每临大事有静气，说自有主张，说稳如泰山，说撼山易、撼岳家军难，说富贵不能淫、贫贱不能移、威武不能屈，这些说法都很高尚，很美好，很重要，也很有分量，都与老子幻想的"既知其子，复守其母"的命题相靠拢。我们既要有眼观六路、耳听八方的本领，又要有心如古井的清凉静谧。没有本领是傻子，没有主见是游魂。

在致力于大道的追寻与体悟的时候，一定要有守护的功夫、坚持的功夫，有足够强大的抗逆性能，有捍卫住自己的袭常——习常——恒常状态的能力，有守护住可持续的明明白白的状态的能力。要有有备无患、有定无扰的状态与道性；要守得住自己内心这一片不可剥夺的净土；要守住自身的一贯性、稳定性、长期性、纯洁性；要有钢的筋骨、水的清澈、月的明洁、山的沉着。这样的功夫即使难以完全做到，虽不能至，心向往之，梦寐求之，诗之吟之，长啸呼之，也是好的。

心功很有魅力，心功令人入迷。心功你琢磨起来要比事功——用功做事、武功——用功习武、腿功、轻功、毯子功、技艺之功高妙得多。

然而，仅仅下这方面的功夫，讲这方面的道理，甚至夸张地认为有了心功、内功就是有了母，就是有了一切，认为回到婴儿状态就有了一切，这未免太天真、太有点长不大的孩子的意思，乃至有点走火入魔的意思。

第五十三章　盗夸非道

使我介然有知，行于大道，惟施是畏。大道甚夷，而人好径。

朝甚除，田甚芜，仓甚虚。服文彩，带利剑，厌饮食，财货有余。是谓盗夸，非道也哉！

我们本来应该有一个深刻与坚决的认识，就是要皈依大道，按大道行事。大道怕的是偏离于它，而走上邪路。大道本来是平坦周正的，偏偏人们，尤其是当权者们不肯那样走，他们更喜欢走小径乃至于邪魔外道。

朝廷里相当腐败，田园里一片歉收，仓库里业已空虚，为政者却穿着鲜花着锦的华丽服装，佩带着锃亮耀眼的锐利宝剑，享受着奢侈无度的精美饮食，而且是一身的珠光宝气。这是在欺世盗名，这是在自欺欺人，这是在伪作强大，这才是对于大道的全然背离呀！

老子很早就发现了一个大问题：理论与实践的脱离，人们尤其是当政者的非道性——不按公认的大道行事的特性。

果然，儒家讲仁义道德、仁政、以德治国，那么请问，标榜尊孔的历代统治者，有几个人做到了四维、八纲、五德的周公、孔圣人的教诲呢？道家讲清静无为，讲以百姓之心为心，还有其他各家包括各种宗教的理论与清规戒律，谁又认真做到了呢？法国大革命提出的自由、平等、博爱，基督教提倡的宽恕，佛教提倡的慈悲，一些宗教提倡的救世苦行与奉献牺牲，不错，是有人做到了，然而没有做到的人更是多得多。

旧中国的国民党讲三民主义，他们做到了吗？如果他们做到了，会在内战中败得那样惨吗？

我们今天的指导思想非儒、非道、非某种宗教，我们讲的是马克思主义，讲马克思主义的中国化，讲社会主义的核心价值，讲八荣八耻，等等。党与人民正在努力躬行这些指导思想的要求，这并无疑问，但同时，社会上包括身居高位者中，仍然有大量的不讲指导思想，只讲跑官跑级；不讲原则，只讲关系；不讲理想，只讲利益；不讲清正廉明，只讲徇情舞弊，乃至贪污腐化、损害公共利益，成为国家的罪人，成为罪犯的无数事例。这究竟是为什么呢？

不仅在我国，就是在欧洲，也有许多理想主义的信念是建筑在大致的性善论基础上的，例如利他主义的提倡，例如对于欲望的克制等，在理念上常常所向无敌，没有人敢于、好意思于公开反对，即没有什么人敢于公然地暴露自己的自私、利己、多欲、粗鄙。但人性中又确有不那么大公无私的一面，有自己的私密，有自己的弱点，有自己的局限，这是理论难以完全与实际合榫的首要缘故。

其次，原则理念的收效需要时间，而一些邪路、斜径、小道、后门的收效常常立竿见影。人们，包括为政者常常难以完全拒绝小道斜径的诱惑，原因是小径已经被认定为捷径。何况还有体制上的不足，为各种斜径小道开了方便之门。例如人际关系，你本事再大，学问再好，人际关系不好，好办事吗？当然不灵光了，你也就难以责备有些人只忙于搞关系了。

再次，就是客观世界的千变万化，理念、大道、主义在其面前常常显得捉襟见肘，难以对付。国人自古追求以不变应万变，以一个大道，一个“一画”，一个一以贯之应对世界上的一切问题：包括格物、致知、诚意、正心、修身、齐家、治国、平天下、医疗、养生、绘画、音乐、用兵……这是我们的传统的本质主义、整体主义、整合主义、主导主义的体现。我们追求的是共同性、一贯性、整体性，而有时忽略了差异性、变异性、具体性、分类分科性。这是我们的文化传统的一个特色，优劣短长另议，但是它会更加造成吾道其夷而莫之行（我指出的大道非常平坦正直，但人们不去实行）、大道其夷而人好径（大道很平坦正直，人们却偏偏更喜欢走小径）的令伟大的老子大发牢骚的局面。

从中也可以看出人的成色与分量。什么叫庸人，什么叫俗人，什么叫没有觉悟的人？就是那些没有原则、没有理念、只看蝇头小利、随风摇摆、任人或任风驱赶的人。而一个精英，一个仁人志士，一个有识之士，一个智者，一个大写的人，就不然，他应该懂得更多的根本的道理，更接近于历史与世界的大道，更自觉地有所为有所不为，敢于拒绝，敢于说“不”，时时有自己的清醒、自己的选择、自己的坚守与投入。时间不断地逝去，历史不断地发展，投机者、夤缘时会者、搭车者、逢迎之徒、无耻小人，或快或慢，总会暴露自己的面目，成为笑柄，成为反面教材。在最好的情况下，是热乎一段，然后被人遗忘。

这样的反面教材、反面教员，老子已经勾画出来一个。他讲得其实很生动，官事腐败，农田荒芜，仓廪空虚，却还要穷奢极欲，耀武扬威，装腔作势，自欺欺人，这样的人是无法逃脱可耻灭亡的命运的。

明初开国重臣刘基——刘伯温，也提出了“金玉其外，败絮其中”的著名说法，他描绘一些堂堂皇皇、张牙舞爪的人物，其实内里非常空虚，与老子的说法一脉相承，是值得引为教训的。

第五十四章　以身观身

善建者不拔，善抱者不脱，子孙以祭祀不辍。

修之于身其德乃真，修之于家其德乃余，修之于乡其德乃长，修之于邦其德乃丰，修之于天下其德乃普。

故以身观身，以家观家，以乡观乡，以邦观邦，以天下观天下。吾何以知天下然哉？以此。

善于建立的人，他的建设成果是不可能被拔除取消的。善于抱持的人，他所怀抱的东西是不可能脱落和被夺走的。有子有孙的人，他享受的祭祀是永远不会中断的。

只有将大道修习为自身，成就自身与大道的一致、一体，其德性才能达到本真。只有把大道修习为自家，成就自家与大道的一致、一体，其德性才能富富有余，源源不竭。只有将大道修习于乡里，成就乡里与大道的一致、一体，其德性才能天长地久，生生不息。只有将大道修习于邦郡，成就国家与大道的一致、一体，其德性才能丰盈充实。而如果能将大道修习于天下，实现天下与大道的一致、一体，其德性才能覆盖万民，使天下共享其德。

我能够习养大道于自身，乃可以观察判断一个个人身。我能够习养大道于自家，乃可以观察判断一个又一个的家庭家族。我能够习养大道于乡里，则可以观察判断一个又一个的乡里市镇。我能够习养大道于邦郡，乃可以观察判断一个又一个邦郡侯国。我能够习养大道于天下，乃可以观察与判断天下。为什么我能够判断天下的大事、大势呢？大道的习养，这就是关键的所在。

这里老子讲的是大道与认知主体的统一，自身、家庭或家族、乡里或故乡或乡村市镇、邦郡或诸侯王国、天下与大道的统一。也就是讲人的大道化，是讲人的主观世界与自然的客观世界的统一。

老子的理想是人与大道的一体化。尽管这个一体化的定义是模糊的，不像欧盟的一体化那样条文明确，定义清晰，它仍然是一种哲学——神学理想。

人的大道化，即是人的本质化，即是人与道的一体化。

对于“一”即世界的统一性的追求，对于本质或究竟的追求，是国人先哲的最高追求，这个追求的最后成果就是大道。身也好，家也好，乡也好，邦也好，天下也好，最后统一在大道里。大道，这就是老子的哲学、政治学、社会学与神学的终极概念与原初概念，是起点也是终点，是最先也是最终，是最高也是最低，是无限大或宏观，也是趋于零的最微小或微观。

善建不拔讲的并不是建筑学，而是讲道的习养。同样，讲抱持也不是讲劳动或运动，同样讲的是道，讲道怎么样才能如身、如心、如灵魂、如自我，从不背离，从不遗忘，从无须臾脱轨，从无毫厘偏差。

善建的果实是人、大道与建筑的一体化。也就是说，你建设起来的东西是根深叶茂，与天地同在、与大道同存的东西，一体化了，怎么可能拔除呢？

善抱的结果是人、大道与被抱持者的一体化，怎么还可能存在掉不掉得下来的问题呢？

想想古今中外那些伟大的建筑，比如万里长城，比如都江堰，比如天坛、隋塔，比如泰姬陵，比如金字塔与卡纳克神殿，比如凯旋门与巴黎圣母院，想想那些伟大的作品和思想，想想那些先贤留下的榜样……他们或它们都是永远不会被拔除、不会脱落、不会被子子孙孙忘记的。

而且子孙的含义是生命的延续，是生命的本质化，即生命与大道的一体化，当然也就不存在是否祭祀不辍的疑问了。

使自身与大道一致、统一、一体化，这也是一种类似天人合一的思路，叫作道身合一。天与人为什么能合一呢？因为人本来就是天的一个部分、一个从属。人是天的杰作、天的集中而灵动的表现。同样，人是道的派生，是大道的杰作，是大道的下载，是大道的演化的证明与体现，是大道的果实。人脱离了天，脱离了道其实是不可能的，人怎么可能脱离大自然呢？人疯了、自杀了、犯罪了、十恶不赦了，仍然是大自然的一部分，一个被淘汰或被抛弃的部分。人怎么能够脱离时间与空间呢？人怎么能够脱离世间万物万象的规律、本质与本源呢？人违背大道的一切自取灭亡的行为，也是大道的一个反面的版本、一个警示的例证，也是大道的一次现身：切切不可如此。

从根本上来说，道、天、人本来是合一的，本初是合一的。

那么为什么有那么多离道、悖道、无道的事与人出现呢？为什么历史上有无道昏君，有多行不义的自毙者，有大量的“背而驰”的事情出现呢？

首先问题在于人这种东西有时候会由于贪欲、由于疯狂、由于妄想，主要是由于对自身估计过高，由于强不知以为知、强历史之所难、强自然之所难、强大道之所难——例如追求长生不老，追求百战百胜，追求万世基业，追求绝对权威，追求集众富于一身，追求万代霸权……而走到了大道的对立面，于是弄巧成拙，画虎类犬，缘木求鱼，南辕北辙，聪明反被聪明误，雄心反被雄心误，意志反被意志误，作为反被作为误。人啊，你们干了多少蠢事！其结果只能是一败涂地。

其次是由于文化的发展。老子是世界上最早对文化有所反思、有所困惑、有所质疑的人物之一。文化是不能不要的，然而文化的发展是付出了代价的。环境的污染，生态的破坏，人格的复杂化，竞争的过分紧张，生存与快乐享受的过分复杂化，美丽田园与牧歌情调的消失，人际关系的非真诚化，人生的淳朴的快乐的日渐减少……老子早就看出了这些问题，乃至于希望开开历史的与个人学习修养的倒车——他提出的终极目标是人的婴儿化，这就有点乌托邦了。

开倒车是做不到的，讨论怎么样去减少文化发展的代价，则是颇有意义的。

不仅文化的发展是有代价的，人的成长也有代价。青春花季的代价是告别童年与少年时代；成熟的代价是告别青春；丰富的代价是告别纯真；随心所欲不逾矩的代价是消除了人生的挑战性与不确定性。看到了太多的代价，当然会有回返的冲动与要求，会有回归婴儿状态的梦想。

老子认为：对于大道的修行习养，其实也就是返回，就是返璞归真。一个人的习养返回到大道里了，你就本真了，不必作秀，不必表白，不必强努、硬憋、死忍，你自然合乎大道，也只有自然合道才是真正的大道。你的家庭习养返回到大道里了，你这一家也就游刃有余、年年有余、终身富裕了，不必训诫功课，不必家规家法，不必苦心经营，不必殚精竭虑。这是多么理想的境界啊！

而你所在的乡里，习养返回到大道里了，大道的德性即功能恩泽便充盈丰满了，永远不患物质的或精神的匮乏。生活在大道中的人民，其乐何如，其美何如，知足常乐，怎么可能有什么不满足呢？

你的邦郡王国呢？如果统治者与万民返回于习养大道，那么一切美好的生活不就能够天长地久，能够稳定永远，能够可持续地快乐幸福下去了吗？

到了天下这边呢？天下都回到大道里去了，万物被大道所滋润营养，其大德变成真正的普世价值，这将是多么和谐的世界、多么聪明的人间！

这可以说是老子的大道乌托邦主义。

这是虽不能至，心向往之。这是两千六百年前国人先哲对于普世价值的一种设想。当然那个时候人们对于天下、对于世界还没有今天的概念，那个时候的人们并不知道天外有天，中国外有国，天下外还有天下。但是老子的追求是普世与永久，而不是一时一地，则是无疑的。多么可惜，它没有得到天下与本邦、本乡、本土的足够的倾听。如今人们喜欢讲的普世价值与法则，似乎是西欧北美的专利，似乎都成了舶来品。而我们自己要做什么、不做什么，只能用国情特殊来做论据，倒像是我们在普世价值法则面前不无窘态了。呜呼！

第五十五章　比于赤子

含德之厚，比于赤子。毒虫不螫，猛兽不据，攫鸟不搏。

骨弱筋柔而握固。未知牝牡之合而朘作，精之至也。终日号而不嗄，和之至也。

知和曰常，知常曰明，益生曰祥，心使气曰强。

物壮则老，谓之不道，不道早已。

大道所包含的德性（形象、影响、作用、感人之处、深入人心的力量等）是非常宽厚广大的，其状况恰如婴孩。毒虫不会去螫咬他，猛兽不会去捕捉他，猛禽不会去搏击他。

婴孩骨头是软弱的，筋脉是细柔的。他不可能懂得男女交合之事，但他的生殖器会自行挺起，那是由于精（精力、精神、精子或睾丸……）的功效。他终日号哭而喉咙不会嘶哑，那是由于和谐与自我调节的功效。

懂得和谐与自我调节，就能做到恒久与可持续。懂得如何才能做到和谐与可持续，才算明白——心明眼亮，不昏昧。有益于养生、生命、生活的叫作吉祥。一厢情愿地咬牙、使气、好勇、斗狠、蛮干、硬拼那叫作勉强。

一个东西太强壮了，就开始衰老，也就是违背了大道。违背了大道，也就会很快地完蛋了。

老子讲大道，最喜欢用的是两个比喻：一个是水，上善若水；

另一个是婴孩，讲婴孩、讲赤子，认为从中可以大获教益。

不仅仅是比喻，因为比喻是一种修辞——表达手段。人们有了一个论断、命题，需要给以通俗化的、更加生动的解释，乃取之于比喻。例如庖丁解牛、守株待兔，分别表达的是游刃有余与坐等侥幸，你理解了游刃有余与坐等侥幸的有关想法以后，解牛与待兔这两个原来的例子是否可信、是否确实，并无太大的意义。

老子这里用的是形象思维，他不但从理念中找比喻，也从对水与婴孩的观察体认中寻找新的启发，寻找对于大道的进一步把握，寻求对于大道的新发现、新心得。老子相当虔诚地喜爱直至崇拜水与婴孩，并从中寻找灵感。

这里，老子对于婴孩的观察思考相当细致。他先说婴孩虽然骨弱筋柔，但拳头握得很紧。对于这一现象，不知道今日的生理学、育儿学是怎么讲的，但是老子认为这大有深意。依老子的观点，婴孩才出生就握紧双拳，意味着他生而通大道，大道的作用是大德。大德广远深厚，只可握而藏之，含之蓄之、保之持之，不可掉以轻心，不可放弃须臾。

依拙见，握紧拳头从象征的意味来看，即不是从生理学上来看，还可解释为一层意思，不伸手，不手心向上乞讨索要，也不手心向下抓取抢夺。这样就珍惜自身，同样珍惜与尊重世界。己归己，人归人，世界归世界，很好。至于说到婴孩虽柔弱，却不受攻击，窃以为关键在于婴孩处于受保护的地位，并不是婴孩自然不受毒虫、野兽、猛禽的攻击。祥林嫂的儿子阿毛就被狼叼走了，而外国也发生过小孩被老鼠咬掉了耳朵的事件。

这里展示的仍然是老子的弱的哲学、阴柔的哲学。宁失之于弱，失之于受保护，莫要失之于强，失之于威胁他人，这是老子的一个原则。这样的原则对于称王称霸者、盛气凌人者、因挫折而灰心丧气者，都是极有教益的，但换一种情况，就不灵了，例如被侵略者。

细心的老子一直观察到了男婴孩的生殖器的挺起。老子在他的微言大义的作品中大方地谈玄牝（大阴户）与小男孩的阳具，说明那时候的性观念没有后来的那么多禁忌。他的意思是说，生殖器的活动不需要外力的煽动、教唆、挑逗，不需要进行早期性教育，也不需要讲什么性禁忌、性防范，既然有精，生殖器自然会动起来、运作起来。或云精是聚精会神之意，无伤、无悖，聚精会神也是精，精子、精液、精力、精神也是精，这里是汉语汉字的概括性与整体性的表现。

终日号哭，其实是会哑嗓子的，不至于哑得很厉害，像成人嘶吼太过，或歌唱、戏曲演员练声方法有误造成的后果那样，原因就是婴孩的啼哭是一件自然而然的事情，想哭就哭，哭累了自然就休息睡眠，或者哭着哭着衔上了乳头，变成满意的呻吟，自然就不哭了。

喉咙也好，生殖器也好，自有章法，该起则起，该止则止，行藏有道，起伏在我，自我调节，达到和谐平衡，才能可持续地长期稳定。

这里老子提出了大道的一个新的属性：和，即和谐与平衡、节律与本能。一时的胜利，一时的收益，一时的得计，是容易的；难得的是常与明，永远正常，永远和谐，永远明晰，永远光明。于是老子再次强调自然，反对心力交瘁，反对争强好胜，反对使气斗狠，反对霸气十足。他让人们警惕那种高峰状态、黄金状态，极端傲视群小的状态，东方不败、凌驾群英、横行霸道的状态，认为谁达到了那种状态，谁就失掉了大道，谁就会走向衰落与灭亡。

忠言逆耳，良药苦口，这一段教训，值得肃然深思。

论述婴儿的道性，伟大的老子似乎有些一厢情愿。世上有些所谓永远长不大的人，他们表现的孩子气除了纯真、直爽、不动心眼儿、不做局、无害人心等正面品德外，也常常伴有任性、浅薄、易怒、易喜、自我为中心乃至自私、依赖性、无能、动辄伸手、无责任心、无远见、无自我掌控能力等。其中最好的例证就是贾宝玉；不怎么好的例证就是顾城，实在不敢奉承、不敢树立他为得道的榜样。我国十三亿人要是变成十三亿孩子，要是出来阳具坚挺的七亿五千万小男孩……

那也够恐怖的啦。

第五十六章　是谓玄同

知者不言，言者不知。

塞其兑，闭其门，挫其锐，解其纷，和其光，同其尘，是谓玄同。

故不可得而亲，不可得而疏；不可得而利，不可得而害；不可得而贵，不可得而贱。

故为天下贵。

真正有知识、有智慧的人不会轻易说话，轻易说话的人并没有什么知识与智慧。

关门闭户，闭目塞聪，磨钝你的锐气，减少你与旁人的纠纷、分歧，调和五颜六色，认同于尘世的非绝对洁净状态。这就是所谓的广大深厚的认同精神、尚同精神。

能够有这种玄同，即广大深厚的认同、尚同精神了，你就不可能被亲昵拉拢，也不可能被疏远冷落。你就不可能被收买利用，也不可能被陷害侵犯。你就不可能被提升尊贵，也不可能被贬低下贱。

能做到这样，就是天下最高贵、最有尊严的人了。

这一章特别强调所谓的尚同精神，不是求异而是尚同，这也是中国古代先哲思想的一个重点。老子一上来先谈言与知的关系。知者不言，言者不知，与孔子的“述而不作”，与禅的“不可说，不可说”，与西谚“雄辩是银，沉默是金”有异曲同工之妙。与尚同精神联系起来看，妄言（夸张、片面、空谈、吹嘘、为自我表现而多言）是产生分歧的一个原因。

当然我们也有另外的传统，即所谓学而不厌、诲人不倦的传统，灌输的传统，年年讲、月月讲、天天讲的传统。

闭目塞聪，和俗世拉开了距离，不会跟着俗世、跟着时尚、跟着风乱转。而挫锐解纷、和光同尘，则是对于人间（不管它有多少弱点、多少负面的东西）的和解，是一种对于俗世的亲和的姿态，而不是一味众人皆醉我独醒、众人皆浊我独清的孤愤决绝。

这里的前提是对于统一、同一的大道的承认。既然都是大道的体现，万物万象之间就没有不可调和的矛盾，就有共同性，就有可能找到共同语言，就有可能找到和谐共存的办法。不论雅与俗，精英与大众，不同的族群，不同的宗教、学派、文化传统……都有它的玄同而小异之处。

不可得而亲、疏、利、害、贵、贱，则是金玉良言，其意弥深，其格弥高，其言弥善。在那个政治动乱、风云震荡的时期，人因为外力、因为环境而忽为座上客，忽为阶下囚；忽拥黄金屋，忽成乞讨儿；天有不测风云，人有旦夕祸福；忽吉忽凶，命运难卜；处处被动，任人宰割，任人耍弄，太难自处了。老子的几个不可得，也太宝贵了。

不可亲、疏、利、害、贵、贱是什么意思呢？就是要稳定，要有一个稳定的环境，也要有一个稳定的精神状态，一个稳定的自我，然后才有大道的彰显，才有发展，才有一切的美好。

春秋战国时代的最大特点是不稳定。这个时候只能加强自己的定力、静力，认识到吉凶互转、福祸相倚的道理，看透外力与环境的非道性、非郑重性、非长久性，转化到反面的习性；看透外力与环境对你的亲近与疏远、予利与加害、提升与贬低的共同性：这个共同性就是扰乱你的清静理智，降低你的人格尊严，增加你的贪欲或恐惧，取消你的主动精神、主体性，使你用侥幸、用迎合、用躲避、用服膺、用作秀来适应环境，争荣防辱，趋利避害，思贵惧贱，实际上是摧毁了自己的道心、道性、道觉、道力。你能抵御得住这一切，能够不受外力的亲疏、利害。贵贱的左右，就是至人、圣人、哲人了！

人之贵在贵于大道，而不是贵于亲疏、远近、荣辱、得失、贵贱、祸福。这一点太重要也太难做到了。

老子说，做到这一点的人是天下之贵，是天下最高贵、最宝贵、最珍贵、最有价值的人。老子在谈到其他问题时没有用“故为天下贵”这样极度的褒语，可以看得出老子对于不可得亲疏、远近、荣辱、得失、贵贱、祸福的境界的向往、推崇与提倡。

不是官大则贵，不是钱多则贵，不是名声大则贵，不是能唬人、能吓人则贵，而是不可得而亲、不可得而疏、不可得而荣、不可得而辱、不可得而利、不可得而害、不可得而贵、不可得而贱最高贵。善哉斯言！尤其是不可得而贵则贵，太棒了。当一个人得而贵之的时候，因外力的捧抬而贵，也就是得而辱之的同义语。你认为某种力量可以给你增加高贵，那么这种力量采取相反取向的行为，不就恰恰可以侮辱你、作践你、毁掉你吗？无欲则刚，无欲则刀枪不入、金刚不坏，也就是天下之至贵真贵了。

第五十七章　以奇用兵

以正治国，以奇用兵，以无事取天下。

吾何以知其然哉？以此：天下多忌讳，而民弥贫；人多利器，国家滋昏；人多伎巧，奇物滋起；法令滋彰，盗贼多有。故圣人云："我无为，而民自化；我好静，而民自正；我无事，而民自富；我无欲，而民自朴。"

以正道（正规、正常、正直之道）治理国家，以出其不意的非正规、非正常手段用兵取胜，这都是对的。但真正要做更大的事情，要取天下，就得"无事"了。就是说，要以无为、少生事、简化为政手段取得天下的信赖。

我为什么说要这样治国、用兵、取天下呢？原因如下：天下的规则禁忌越多，老百姓就越穷困。人们的利器（奇货可居的物品或有杀伤力的武器）越多，国家的政治就越昏乱黑暗。人的奇巧淫技越多，怪人、怪事、怪物品、怪现象就越多（离大道越远）。法令越是严苛、烦琐、发达，作奸犯科、为盗为贼的就越多。

所以圣人说，我不做什么而民众自然有所教化。我好静（多一事不如少一事）而民众自然走上了正道。我不生事，不没事找事瞎忙活，而民众自然富足。我没有贪欲野心，民众自然淳朴淳厚。

老子并不是什么作为也不允许有，他主张以正道治国，以奇道用兵，这也很好。治国是对待本土的百姓，必须用正道，不能要花招、动计谋、搞伪装，闹什么出其不意。治国应该正正派派，端端正正，实实在在，光明正大。用兵则不然了，只有用另类手段，用敌人想不到的办法，用匪夷所思的怪招，才能取胜。这里老子甚至可以说有分清两类矛盾的含意在焉。

然而，正道也好，奇道也好，都还是具体的道，是小道，是局部的道，而取天下，想统一中国，就要大道了，只有用无事无为的大道才能得到天下人的拥护信赖。

以无事取天下，听起来很精彩，很高雅，很智慧，很道德也很美丽。可惜古今中外这样的范例不太多，倒是有这种情形，两个能人争得一塌糊涂，难分轩轾，最后果实落到了一个不显山、不露水，基本无事、无言、无意图、无倾向、无人知晓的人手里。

反过来的例证倒是不少，有些多事之人、多事之君、多事之臣，他们励精图治的多事足以坏事败家、亡国亡头。

例如秦始皇，多大的能耐，多么有作为！统一六国，巡视四野，书同文，车同轨，修长城，筑阿房宫，整顿思想，消弭兵器，图万世基业，却只传到了二世！

明朝的亡国自缢之君崇祯，也并非昏庸懒惰之辈，他素称宵衣旰食、心细如发、勤政罪己、增税除逆，他雷厉风行，清除魏忠贤等阉党势力，也曾被欢呼拥戴，却终于灭亡。

计划经济在我国当前形势下的不成功也说明了这一点。计划经济是何等辛苦，何等负责有为！在一定条件下计划经济并非一无可取，但是，这么大一个国家，靠一个计划来解决民生与发展国力的任务是不可能的。

事必躬亲的领导、不相信下级与百姓的领导、不允许下属有任何创意与变通的领导，必定是累死却不讨好的领导。刚愎自用的领导，是注定要失败的领导。

搬起石头砸自己的脚，从这个意义上来说，老子提倡的无为取天下，还是有他的特殊见地的。

生活中特别是政治中常常出现适得其反、泼油灭火的情况，老子早早发现了这一点：规定越多越过细，民生就越困难，百姓就越贫穷。各种财货宝贝越多，反而越是争了个昏天黑地。劳动者的技术熟练程度越高，不靠谱的事就越多。法令越来越严格，违法的罪犯也随着增多。

老子关于利器、伎巧、奇物、难得之货等的说法，拿到今天，倒是可以引申到另一个角度，即一个社会不仅要注意发展生产与效率，还要注意分配、社会公正与人民的教育，注意道德规范与应有的约束与自控。类似的问题，在任何社会、任何历史时期都会有的。

老子关于法令越发达犯罪越多的发现，有颠倒原因为结果的问题。因为毕竟不能说法令乃是犯罪的诱因，不能说技术是假冒伪劣的罪魁，也很难说利器、好用的或值钱的货物以至武器本身造成了昏天黑地的局面。忌讳多了使人贫穷，倒是容易说得通，因为你捆住了百姓求生存、求富裕、求消费的手脚。

但是这说明了一个更为深刻的问题，执政者的头痛医头、脚痛医脚往往不能解决问题，甚至会引发更多的问题。仅仅通过控制、管理、禁止、设防等手段，是达不到有效执政的目的的。对于没有把握的举措，宁可失之于少，不可失之于多；宁可失之于迟慢，不可失之于急躁、失之于轻举妄动。执政者应该研究更深刻、更本质的原因，应该采取更多治本的举措。例如法令太多或太少，都不应该是产生盗贼的原因，更深刻的原因应该从分配的公正性与百姓的教化程度、守法程度，以及执政者的身教状况即奉公守法状况方面去寻找、研讨。

无为，民自化；好静，民自正；无事，民自富；无欲，民自朴。这仍然是一个好理想。这与小政府、大社会，直到国家与政党消亡的理想取向是一致的。然而理想固是理想，现实则还达不到这一点。这也是令智者长吁、令恶性有为者、恶为者仍然肆无忌惮、仍然大有市场的原因所在。

第五十八章　祸兮福所倚

其政闷闷，其民淳淳；其政察察，其民缺缺。

祸兮福之所倚，福兮祸之所伏。孰知其极？其无正也。正复为奇，善复为妖。人之迷，其日固久。

是以圣人方而不割，廉而不刿，直而不肆，光而不耀。

你的为政比较粗线条，比较宽松放手，你的老百姓也就比较淳朴忠厚。你的为政过于苛细，过严过死，无所不至，你的老百姓也就狡黠难管和怨声载道。

灾祸正是福祉的倚靠，福气正是灾祸的包藏。谁知道福祉与灾祸的终极标准与运转的根本规律呢？这里并没有绝对的正解指标。正常会转化为奇——诡异、另类、非正常。善良或善（擅）长会转化为妖魔邪恶、怪力乱神。在何者为正、何者为奇、何者为善、何者为妖邪的问题上，人们感到困惑迷失已经好久的时间了。

所以说，圣人方正讲原则，但是不伤害他人；清廉严肃，但是不刺痛谁；直截了当，但是不放肆；光明朗悦，但是不炫耀自身。

为政苛细，明察秋毫，包揽一切，干预一切，这其实是一种极权主义的思路。是《美丽新世界》《一九八四》《我们》这三部著名的“反面乌托邦”小说系列所描写的令人毛骨悚然的社会生活现象。《一九八四》中描写由老大哥通过电视机带领全国人民做体操，而且他们的电视接收机具有监控摄像功能，任何一个人不好好做操，都会被惩罚。《美丽新世界》中所有百姓的婚配都由政府按照优生原则掌握，包括做爱，也是按照规定的时间表与要求细则进行。这样的问题其实早在《老子》中，中国人已经提出了自己的警告。

当然后两本长篇小说具有反苏倾向，其中的反共主义并不可取，但是作为小说，其不无夸张地描写一种其政察察的极端画面，是值得深思、值得警惕的。

至于《美丽新世界》一书则描写了美国式的资本主义发展到极致，效率和科学都异化了，成了人生的对立物。它的时间采用“福特纪元”，即自福特公司发明的生产流水线为新纪元的开始，这样的流水线摧毁了人生、人性、人道的最后防线。

其政闷闷的国家，例子不好举。但是我们有一些说法做法，可以参照。如讲放手，讲抓大放小，讲放开一批。再如把计划改为规划，讲调动积极性，讲相信人，讲宽以待人，讲宽松的环境，讲意向协议，讲模糊数学，讲掌握九个指头与一个指头的区别，讲和稀泥、捣糨糊、协调一下、必要的妥协，讲先搁一搁放一放、冷处理、不了了之、宜粗不宜细……

还有我们最喜欢讲的“基本上”“有一定效果”；还有“找他谈谈话”“安慰一下”“做点工作”，安排一个虚职……都不无其政闷闷的意思。相反，事必躬亲，事无巨细，无微不至，心细如发，对于修表、刺绣、精密仪器等行业的从业者也许是必需的品质，但是对于从政者、执政者、领导人来说，未必总是正面的特性。

按现代西方的行政理论，人们不仅应该懂得横向的分权，也应该懂得纵向的分权。该科长管的事，处长不要越俎代庖，局长与部长更莫不如此。胡适对蒋介石也提过类似的意见，他说美国总统艾森豪威尔在戴维营打网球，手下送来了加急电报。一份电报看了，艾说，此事应由国务卿处理，照打球不误。又一份电报来了，他说应由五角大楼处理，仍然照打网球。据说胡适的此文使蒋大不高兴。

其政闷闷与其政察察的分析中，我还体会到并且也从百姓的所谓淳淳与缺缺中，发展引申到高调与低调的意趣。

闷闷，应该是粗疏的、相对低调的施政。作为施政者，你提出来的目标都应该是做得到的、可操作的，即可兑现、可检验的。所以在正常情况下，施政者的目标应该集中在民生问题上，因为民生目标是最少争议、最可以通过实践达到的。

而其政察察，则摆出一副全能全知的姿态，摆出一副历史从今天开始的姿态，必然会提出不切实际的目标，使执政、施政过度地意识形态化、理想化、高调化、泛漫化、无边化。其结果只能造成过高的预期值，造成百姓的缺缺，或者解释为刁钻狡猾——这也是执政者教的。或者将缺缺解释为牢骚满腹，其原因是上梁不正下梁歪，造成全民的言行不一、大言欺世的恶劣风气。

我去过一些东南亚国家，他们那里也有严重的贪腐问题，但百姓的反应并不十分强烈，原因是他们的其政闷闷，绝不察察。他们执政的调子本来就不高，社会期待的标准也不高。

人当然有私心，这是他们的逻辑。这当然是不足为训的。但是它从一个侧面给人一个启发：执政者的号召政策调门过高，如动辄要求大家牺牲自身利益，舍己为人，其结果是百姓未必按你的高调行事，却以你的高调来衡量你自身，反过来对你的表现严苛评判，认为你压根儿就没有做到那个超级高标准，只能使你诚信扫地。

窃以为，还不妨将闷闷与难得糊涂的说法相联系。我们讲为政或管理要抓大放小，其意在于有精明也有糊涂，有管严管住的，也有其实管也管不了，不如适当放手的。

现代政治学有一个说法，就是说执政者要有一定的常规性。我不知其详。但我想，对于一个科学家、艺术家、明星来说，天才是大有助益的。而政治家过于天才型了，过于个性化、与众不同，想象力过于丰富了，创意汹涌而来了，也许并不总是对治国、平天下有好处的。政治是大家的事，是日常的事。其政闷闷，也许比其政惊雷闪电、其政鲲鹏龙虎更好。

从闷闷产生淳淳，察察产生缺缺，老子把论述引向哲学层面，提出了关于祸福转化的思想。

有个“塞翁失马，焉知非福”的有趣故事。而在苏共二十大揭露了斯大林的某些错误后，毛主席多次引用老子的“祸兮……福兮……”的话来消除丧气，增加信心。

在我们的经典文化与民间中，表达类似内容的说法还有很多，如“满招损，谦受益”“吃一堑，长一智”“月盈则亏，水满则溢”“物极必反”“多难兴邦”“吃得苦中苦，方为人上人”“乐极生悲”“否极泰来”“置之死地而后生”等，都是中国的先人在复杂诡谲的世事中得出的经验教训。它教给我们，看事物至少看两面，正面与负面，前面与背面，效果收益与损失危险。任何事物都不是只有一种解释、一种后果、一个方向的。

老子在这里是紧接着闷闷与察察的辨析而谈祸福的转化的。原因是闷闷看似不佳，却能使民淳淳。察察看似精明强悍，无敌于天下，却会使民缺缺。为政行事，切不可只看只想一面的理，而忘了另一面、另一类、另外的可能。下棋也是一样，越是不会弈棋的人越是只想着自己怎么走、怎么出招、怎么妙极，从不考虑对方会有什么回应、棋局会不会逆转。

正化为奇、奇化为正的思想精彩。大清王朝自以为是正统，称孙中山等为乱党，后来民国成了正统，袁世凯、张勋等才是妖孽。蒋介石称共产党领导的人民为“匪”，而我们也曾称蒋为匪帮。斯大林曾称南斯拉夫铁托为叛徒、机会主义，我们后来又称赫鲁晓夫、勃列日涅夫为修正主义、社会帝国主义。后来又一阵风吹了，后来苏联垮台了……

再举个轻松些的例子，当我观看实力相仿的两支球队比赛时，一会儿你觉得优势在这边，一分钟后你又觉得优势是在那边，谁胜谁负，谁正谁奇，这里有什么规律吗？是偶然的吗？有规律你为什么闹不明白呢？是偶然为什么行家又看出了那么多道理，出现那么多评论？看乒乓球赛更是如此，一球之争，胜也胜得飞快，败也败得偶然，一会儿是甲方主动，胜券在握，一会儿是乙方反败为胜，令你大跌眼镜。你永远不知道下一分钟下一秒，小小的一个黄球会飞到什么地方去。

这不就是“人之迷，其日固久”吗？老子那么早就发现了这个秘密、这个局呀。事物向着相反的方向转化，认识到这一点还不算是最困难的。困难在于你怎样在你最困难、你被指责为“妖”的局面下，尽快扭转不利的局面，同时在你被认为正是善的情势下，怎样警惕与防止复化为“妖”、化为“奇”，怎样防止至少是推迟再次进入逆境的时间表。

老子的这一段论述，同样包含着“道可道，非常道”的含义，谁正谁奇，谁善谁妖，这都是可道的一时之道、权宜之道，不是常道。但同时，无常、人之迷日久、正化为奇、善化为妖……恰恰是常道——大道的体现，叫作认识其常者，非常道，认识其无常者，反而是常道。认定是绝对真理的人常常掌握不住绝对真理，而认识到真理的相对性的人，却稍稍接近了一下绝对真理。这个说法是深刻而且悲哀的。因为它有一种危险，颠覆一切判断、价值，造成世界末日式的混乱与崩溃。

当然，我们也不妨与老子辩论，这样一来，会不会走入相对主义的泥沼呢？会不会我们再无是非、真假、美丑、善恶之辨了呢？那样我们岂不更蠢、更没有希望、更没有活头了吗？

这里，同样有老子等着你，老子的辩证法是没有尽头的，是“其为正也，莫知其极，孰知其极”的。所以老子早就预告过了，预警过了，讲“知者不言，言者不知”，还有“善者不辩，辩者不善”。用有限的文字语言讲说无限的大道，这本身就是不可能的，用“可道”来讲说常道，包括著述《道德经》，这本身就包含着自相矛盾的契机。这里有一个语言的陷阱：真理一经语言文字的表述，就变成有空子可钻的东西，就变成用语言文字不难宣称驳倒至少是不难煞有介事、振振有词地予以驳斥的东西了。用语言驳斥语言，是天下最轻松的游戏。任何一种语言，说到东就漏掉了西，说到冷就漏掉了热，用语言与语言抬杠，这是不费吹灰之力的事情。遇到成心抬杠、成心找别扭的人，一加二等于三也可能被此人驳倒。所以禅要讲“不可说，不可说”，孔夫子也要讲“述而不作”。老子做了，他已经不知不善了啊。

要掂量老子的某些论述的含金量，不能仅仅从语言文字的释义上斟酌，还要从实践、从经验、从悟性、从审美上去寻找、探索、对照。

至于“圣人方而不割，廉而不刿，直而不肆，光而不耀”的句式不能不让人想起孔子的诗教，所谓“怨而不怒，哀而不伤，乐而不淫”，所谓“温柔敦厚”“尽善尽美”。“某而不某”的造句句式，就是在提倡一种美德的同时防止它的过分，防止它极端化、极而反，走向反面。这也是一种道德理想，也是不能抬杠的。其实，方正了自然会伤害坏人、小人、伪君子；清廉了自然会刺痛腐败者、行贿者、市井庸人无赖；直截了当了自然会在得到欣赏赞美的同时受到反对。就一个掌权者来说，没有不提倡直言而提倡曲意奉承者的，然而翻开历史，到处是直言者们的血迹斑斑与阿谀奉承者们的飞黄腾达。说不定正是老子看到了上述的令人痛心疾首的事例才提醒方正的人注意不割——不割伤旁人，清廉者要注意不刿——不刺痛什么人，直言者不肆——别忘记了分寸。

光而不耀，则更重要啦。因为即使是圣人，也有不能免俗的时候，也有光耀一番的场合与场面出现，也有“春风得意马蹄疾”的表现的可能性。而另一方面，从根本上来说，圣人应该是不耀的、没有光环的，也不可能经过认证与公民投票确认。

不应该有光环的圣人，结果一不小心有了一点点光辉，必然有人受不了。你已经伤害了旁人，你已经引起了厌烦至少是嫉妒了。不是吗？

同样是：孰能无过，孰能免祸？

因此，儒与道就都更加主张适可而止，见好就收。

第五十九章　莫若啬

治人事天，莫若啬。

夫惟啬，是谓早服；早服谓之重积德；重积德则无不克；无不克，则莫知其极。

莫知其极，可以有国；有国之母，可以长久。是谓深根固柢，长生久视之道。

治理百姓，侍奉上天（或服侍天年、奉行天道），没有比俭约吝啬更重要的。

能做到俭约吝啬，就是有了提前量与预应力。什么是提前量与预应力呢？就是重视积累与储蓄德性。重视了积累与储蓄德性，就没有克服不了的困难障碍，就能稳操胜券。能够攻无不克，其力量也就永远没有穷尽，别人也不可能知道他的力量到底有多少。

有了无穷的与不可预知的力量，就可以保有与治理国家了。有了治国保国的根本与源头，也就能够长治久安了。这就叫作根深蒂固，长生久视。

在大道这里，治国、平天下、事功与养生，是统一的、互补互通的。而不论是治国、平天下还是养生与追求长生长寿，都要注意积蓄精力与德性、涵养性情、储存能量。

国人的传统认识是，强调节俭，反对奢靡浪费，诸子百家中绝无仅有提倡消费乃至提倡大量消费、高消费、享受人生的。中国人至今的储蓄率高于欧美也高于日本，高于中东国家也高于印度和东南亚，这是我们的一个文化特点与优势，当然也有不足。

这与中国的政治缺少多元制衡的观念有关。没有多元制衡，就有三十年河东，三十年河西，就有时间纵轴上的平衡。为了防止纵轴上的大摇摆，就必须提倡留有余地，毋为已甚，要吝惜自己的出招，要吝惜自身的付出，不能动辄搞他个声嘶力竭、倾巢出动、心劳日拙、鱼死网破，而要争取做到游刃有余、举重若轻、运筹帷幄、决胜千里。

这是因为，第一，作用力越大，反作用力越大。大道是讲究返回的，你不懂得啬，不懂得节俭积蓄，你就会受到大道的惩罚。整人者人恒整之，害人者人恒害之，骗人者人恒骗之，诬陷人者人恒陷之。为了多看几步棋，为了有提前量、准备金与预应力，你做事不可做绝，不可用力太过，不可太贪狠、太恶毒、太狂躁、太过分。

第二，你与敌手对垒，最重要的是你要有后备力量。你要隐藏你的预备力量，慎用你的后备力量，咬牙坚持到最后，迟用你的后备力量。比如兵力武器，你用上百分之一的力量可以取胜的，绝对不可多用一分一厘，你一年可以取胜的绝对不要拖上两年。比如权力，你有一万个权力单位的，日常工作中用到千百个单位，已经足可以了。而有的人，一个弼马温，却拿着自己当玉皇大帝摆谱要威风，这样的可笑的例子我见得多了。

第三，不论面对什么情况，你要考虑此一步，还要考虑下一步，你必须维持自身的重心与平衡。体育对抗中这样的情况最为明显，你的一个攻球动作，十分精彩，但由于用力太过，失去了重心与平衡，反而把球输掉。俭约才能平衡，俭约才能不倒，俭约才有长劲。所以这一章在讲啬的同时，一再讲长久，讲长生久视。

第四，老子的啬的概念，必须联系他的无为思想来思索。无为，尤其是不可妄为，不可过为，不可贪得无厌，不可绝对极端，不可亡命徒作风，不可砂锅砸蒜，一锤子买卖。老子提倡慎重，提倡留下回旋余地，提倡可持续行事治国、事天、养生，当然有他的精彩异人之处。

第五，反观万事万物，莫不是处于一个积累量变的过程。一个王朝垮台了，这是积累了一百年或几百年的结果，是大量的民怨、压迫、腐败、屈枉、胡作非为厚积如山的结果。即使末代皇帝励精图治，如朱由检（崇祯）那样，也回天无力了。一个新兴政权的胜利，也是至少积累了几十年，乃至此前的多少先行者的奋斗、理念、牺牲、厮杀，与己方的亲民、智谋、善用人等的结果。

中国百姓爱说一句话：积德。原来两千多年前的老子却已经讲积德了，积德之议源远流长，积德之记录应该说乏善可陈。德不是现金，不是立即兑现、立即出成果的。德是根本，需要的是积蓄、积累、存储；德是基础，需要提前挖好、夯实、填满，而且要有超过上层建筑重量多少倍的承担能力。“早服”就是积蓄，就是打基础，就是积德、积攒、积累。

民间的另一种说法叫作积怨，这样的例子比较多。

强调啬，就是强调积累，强调存储，强调余力，强调为政者与养生者的不可强努、硬拗、透支，不可吃光、用尽、拼完老本，不可放炮吹牛，不可动辄冲破天上九天。原因还在于为政者的一举一动都会是十倍、百倍、千倍地放大的。一言可以丧邦、一言可以兴邦，这说的恰恰是为政者，而不是民间议论、舆论。

啬的原则、节约与储备的原则对于做别的事也有启发与参照的意义。为政法、为外交、为工商、为文艺、为学术、为教育、为体育竞技等都有一个重视积累、节约、储蓄、后备力量的问题，都有一个可持续发展与为明日做准备的问题，都讲究一个厚积薄发、犹有余力、绰绰有余。

啬的原则对于奋勇争先、杀出一条血路来说是不够的，很不够。人生总不免要拼几次，要敢于全力取胜。但懂得了啬的原则，至少不会搞什么违反客观规律的大透支，不会去做那些个劳民伤财、自陷窘境的傻事了。

第六十章　治大国若烹小鲜

治大国，若烹小鲜。

以道莅天下，其鬼不神；非其鬼不神，其神不伤人；非其神不伤人，圣人亦不伤人。夫两不相伤，故德交归焉。

治理大国就像烹调小鱼一样。

把大道行使贯彻到天下，鬼怪邪祟也就没有什么可闹腾、可神奇的了。不是它们不闹腾，就是它们闹腾起来、神妙起来、来劲起来，也伤害不了谁。并不是神怪都一定不伤人，而是由于得大道的圣人不伤害人，圣人的大道帮助、防护了人们不受神怪的侵袭。圣人不伤害人，神怪也不伤害人，双方一致，德性也就汇合到一起去了。

"治大国，若烹小鲜"，这是整篇《老子》中最奇突、最有光泽、最迷人、最令人拍案叫绝的千古名句。有这样一句话，其立言之功已经永垂史册。这是思想与语言的杰作，这是智慧与经验的异彩，这是出人意料的闪电惊雷，这是超常的令人一跳三尺高的命题！

再想想古今中外有多少学者、伟人、大师、高峰，他们学问那么大、地位那么高，他们一生说过几句能给人留下印象、留下启发的话语？

有不少那样的人物，堂皇乎似颇有学问、颇有见识者也，然而他的记录是零，是一句振聋发聩的话也没有。

我要说，少年时代，我就是看到了这一句话，产生了我对《老子》的兴趣与折服，使我觉得一部《老子》令人终身受用不尽！何必求解？即使不解、不求甚解、无定解……这句名言也已经脍炙人口，已经魅力四射，已经发人深省，已经家喻户晓。

老子对于人是有帮助的，就说此言的理念、信心、境界、气魄、雍容、大度、潇洒、幽默、深邃，够我们学一辈子的。

这段话有详细具体的注解，如说烹小鲜不能来回翻动，不能去肠、去鳞，不敢挠……（参考河上公说，转引自傅佩荣《解读老子》，线装书局2006年版）。我假设这些注释都是对的，谢谢前贤。然而，对于我来说更重要的不是烹调小鱼的细节与注意事项，不是烹小鱼的要领规程，重要的是这种治大国的游刃有余、举重若轻、平常心、有把握、舒舒服服和笑容满面的精神状态、精神境界。这不是技巧性条例：如不得翻动五次以上、不得放调料五钱以上或火候太过——煎炖四分钟以上，或至少要翻动两次……这是大道，这是胸怀，这是人生观、世界观、政治观、价值观，这是本体论也是方法论，这是修养也是人格，这是姿态也是灵魂。这是治国、平天下的一种智慧和美，一种领导人风度，一种形象思维，一种直观体悟，一个超级发现。

读完治大国，若烹小鲜，你不能不大喊一句："亏他想得出！"

有时对一个名言名文的注释太清晰了，反而不是最好的理解方式，也就是说：世人皆知明白之为明白，斯不明白矣。

白居易的"花非花，雾非雾。夜半来，天明去。来如春梦不多时，去似朝云无觅处"写得何等好啊！某晚报上登载，一个保姆看到此诗后便说，这是谜语，谜底是"霜花"。真是天才的保姆！用霜花解释《花非花》，天衣无缝。然而，这位天才的保姆从此也就杀死了白居易的词。

天才的解谜语者，同时难免不成为文学的刽子手。

让我们保留住初读"治大国，若烹小鲜"时的惊叹与激动吧，保持住那种对于精彩的思想的新鲜感、折服感乃至困惑感与神秘感吧。不要把它解释得太明白、确定、技术化了吧。即使笼统地解释为“不多事琐碎也”（明末清初学者傅山所解），也仍然觉得未免简单化了老子的名言名喻。

因为古今中外，再没有人把治大国看得那么轻松、平常、小巧、愉快，乐在其中，妙在其中，道在其中，趣味在其中了。国人的说法多么可爱，叫作“举重若轻”——由于大道，由于精湛，由于信心，由于不急、不贪、不私、不争，世上又有什么能把人压趴下的重量呢？

法国一位总理曾对中国领导人说：“法国六千万人口就把我们（政府）折腾个不亦乐乎，你们这么多人口，无法想象你们的工作啊。”

这位法国政要的感觉是，治大国如活鱼接受清蒸或者红烧，他能有若烹小鲜的快乐吗？

他只有被烹调的痛苦。

做事情是苦熬苦忍、惨淡经营更出活儿，还是乐在其中、美在其中更有效呢？

比如割麦子，越是力巴头越会是咬牙切齿、瞪眼撅腚、气喘如牛、汗流如雨。而劳动模范呢？他会感受到快乐。

前些年曾经有过关于快乐足球的辩论。足球踢得好当然是充满快乐的，又不仅仅是快乐，因为比赛中还有惊险，还有失败，还有伤病……只有故意抬杠者才由于有后面那些东西就否认了足球的快乐。

在某种意义上，踢好足球并不比治好一个大国更容易呀。看看媒体，令我们相信许多大国都治理得不错，至少都认为自己治理得成功、治理得英明，但他们的足球不怎么样，甚至是一塌糊涂。

那么，做一些难事大事，而若烹小鲜，你有这个气魄吗？你有这份闲心吗？你有这种艺术感觉吗？

我们看看某些人，办一点事，暂时负上一个县、一个市、一个局、一个部、一个科的责任，就那样一惊一乍，大呼小叫，天天告急，时时呼救，事事急赤白脸，不是若烹小鲜，而是若身陷鳄鱼的利齿大口，真是痛苦死人，也笑死人、丑死人啊！

与此同时，烹小鲜又包含着小心翼翼、不急不躁、戒轻率、戒乱来的意思。小鲜嘛，不要大折腾，不要大火大烧，不要过度加工、过度炮制。你很难找到别的例子，能表达出既是轻松愉快、得心应手，又是适可而止、慎重稳妥的要求。

我有时候还进一步推敲，为什么是烹小鲜，而不是养小鲜呢？从审美和情趣的观点来看，不是养小鲜更灵动一点吗？也许烹小鲜的说法更加世俗化、生活化、操作化？如果是饲养小鱼，个中包含的问题并不仅在于人的操作方面，还有鱼的品种问题，水、空气、温度等环境方面的问题，并不是你操作对了，鱼儿就一定活得好。老子宁愿用家庭中的小小炊事做比喻。

底下的一大段话我以为最好与烹小鲜联系起来理解。用烹小鲜的沉稳、慎重、余裕与把握治国理政，也就是把大道带到了天下。有了圣人带来的大道，带来的早服、积德、余裕、忠实与信心，一切妖魔鬼怪、邪教迷信、巫婆神汉、怪力乱神、装神闹鬼，也就不起什么作用了。归根结底，神鬼作乱是人乱的结果，是人缺少自我控制的结果。圣人不伤人，牛鬼蛇神也就伤不了人。反过来说，如果一个国家闹鬼神伤人，一定首先是这个国家的帝王将相、圣人贤人先胡作非为，乃至借助神鬼去吓人唬人，是他们自己已经先伤了人。

而做到了若烹小鲜的人，做到了不慌不忙、不浮不躁、不吹不叫、不吵不闹、不翻天覆地的为政者，他们的平和带动了天下的平和，他们的稳定推动了天下的稳定。鬼不神奇，神不伤人，圣人不伤人，就是说不伤这种平和与稳定，岂不天下太平？

至于说两不相伤，德交归焉，这再次表现了中国的尚同、注重同一性、统一性、本质的一元性的思想方法。圣人与大道一致，鬼神也与圣人保持一致，于是大家都与大道一致，与婴儿、与水性、与大德、与朴呀，真呀，淳呀，冲呀，虚呀，静呀什么的，都一致了，都进入了永恒的最佳状态。

以道统领庶民，同样也可以做到以道统领鬼神，道以制神，道以亲鬼神、和鬼神、安鬼神、平鬼神。老子的有关思路独一无二，令人击节赞叹！

（他不讨论迷信与非迷信的问题，他也是“六和”——三维空间——之外，存而不论。承认它的存在或虚幻存在、暂时存在，同时以道统领引导之，至少是使之不为害。这应该说是一个聪明的选择。）

按照中国式的思想方法，德与德相亲，道与道相近，圣人不伤人，鬼神也就不伤人了，圣人有德，其他各种力量也都有德起来了，叫作物以类聚，人以群分。这样的烹小鲜的结果，这样的互相无伤的结果，是汇集了天下的有道无伤之士、之理、之物质与精神的资源。妙哉斯论！理想啊，这样的大道！

反过来说，如果一个侯国的侯王、臣子、士人乃至于圣人，自己折腾，动辄伤害他人，那就不仅是他们几个人乖戾伤害的问题，而是妖魔神怪一起上，各种恶斗、伤天害理、灾难混乱一起上，不是德交归而是怨交归、恨交归、伤交归、祸交归焉。

第六十一章　大国下小国

大国者下流，天下之交，天下之牝。牝常以静胜牡，以静为下。

故大国以下小国，则取小国。小国以下大国，则取大国。故或下以取，或下而取。

大国不过欲兼畜人，小国不过欲入事人。夫两者各得其所欲，大者宜为下。

越是大国，越要把自己摆在相对低下的地位。它提供的是天下的会聚、交往、来往与合作。它发挥的是天下之（阴户的）雌柔与繁殖的功能。雌柔常常由于自己的被动与平静而胜过（阳根的）雄强，而在与雄性的交合中处于主动地位。通过平静保持低下——谦卑，或者也可以理解为通过低下与谦卑保持平静与长性。

大国如果能对小国谦卑、礼让、低调，它就能从小国身上得到好处。小国如果能对大国谦卑、礼让、低调，它就能从大国身上得到好处。也就是说，不是因欲获取而谦下，就是因谦下从而获取。

大国不过是想收拢容纳更多的人口、人心、人气，小国不过是想参与并受到容纳与尊重。能做到这样，双方都可以得到自己需要的东西，但大国尤其要注意谦下。

这一章讲那时的诸侯王国，特别是讲对大国外交的设想与意见。

中国是世界上最注意提倡谦虚逊让的一个国家。这与中国自古以来的泛道德论，修身、齐家、治国、平天下论，将人格修养、人格力量置于万事之首的传统有关。这同时也与重视政治斗争、政权争夺的社会政治、人文传统有关。越是争斗得厉害，就越有必要强调谦虚，以团结更多的人，以争取聚拢人气。这也是相反相成。

这里将谦卑礼让原则的奉行放到大国与小国的关系上来论述。

越是大国越要谦卑、礼让、低调，要处在下位，成为天下的阴户，才能起到汇聚天下、合作天下、交融天下、集拢天下的作用。这里老子通过雌雄性器官的交媾功能体会到雌性器官的居下而更上乘、柔软而更坚强、静候而更长久、被动而更主动的深刻哲理，与老子一贯提倡的知其雄守其雌的主张一致。

（老子的时代那么推崇雌、阴、牝，毫不避讳，毫不扭捏，不知后世为何吃错了药，竟那么歧视女阴，乃至视为不洁、不祥、不正的凶物、秽物。）

春秋战国时代，老子显然对于性事还没有那么多禁忌，他不断地用牝牡之合、之区分、之特色来讲述大道。包括他的橐籥的“虚而不屈，动而愈出”，还有“玄牝之门，是谓天地根。绵绵若存，用之不勤”，都有借性说事的色彩。

本来嘛，注意到水的向下与婴儿的纯洁柔弱的道性的老子，喜欢追问起源与本初状态、具有一种本初主义倾向、原道旨主义倾向的老子，不会不注意最神奇、最伟大、最重要的人的生命的源起，注意形成婴儿前的更加本初的男女交合，并从中寻找大道的解读。倒是后人，注释时一定要把牝呀，牡呀抽象化、“扫黄”化，把它解释得文绉绉、玄兮兮，高度清高反而更糊涂了。

大国谦下才能取小国，这话有点可怕，它给我的印象甚至是大国谦下才能占领或占有小国。小国谦下才能取大国，我也觉得玄乎，似乎是小国谦下了，就能以小胜大，把大国拿下来。但老子的意思却非如此，老子是理想主义者，是希望创造天下的和谐的。他把大国的要求定位于“兼畜人”，取得更多的人口、人心、人气、人力；把大国的作用定位于“天下之交，天下之牝”，用今天的话来说就是为天下提供更多的服务。大国的最高志愿是做天下的阴户，这实在不能说多么具有侵略性与霸权主义。

他又把小国的要求定位于“入事人”，是参与和存在的保证，这是有道理也有难点的。难点就是贪欲，就是大国对于小国的领土与主权的觊觎，是小国对于大国的提防与利用大国间的矛盾以求自保、以求占便宜的动机。同时，大国之间的矛盾会使小国夹到当间，于是为了争夺对小国的影响，大国之间说不定会火并起来。大国一旦火并，夹在中间的小国就更难受了。春秋战国期间不断地发生会盟、联姻、结好、交恶、战争、政变、屠杀，在这样的情势下提倡雌柔谦下，第一，非常有针对性；第二，非常不具有可操作性。

相对起来，大国还好操作一些。大国之大，只是相对的。大有大的难处，大了难掌控，难团结一致，难转弯，难调众口，国越大破绽越多，软腹部越是随之而大。国越大越会成为众国的批评攻击对象，越是会引起普遍的不安与疑虑，例如如今美国的处境。许多大国不是败在敌国手里而是败在自己的混乱与分崩离析上，例如苏联。大国应该认识到自己的短处、危险处、软弱处。大国同样有求于小国，有待于小国的友谊、信任、支持、善意与以诚相待。大国主动做到谦卑、礼让、低调，应该是可以做到的，但又常常是做不到的，因为大国太气盛，大国容易犯单边主义的错误。

那么小国更不应该强硬咋呼。小国更需要大国的友谊、帮助、尊重与合作。小国敢于大闹天宫的不多见，但也不可小视。小国如果采取正确的政策与态度，如果掌握了大道，也有可能做出奇迹。

两者各得所欲，不容易，然而理想。这里老子已经表现了双赢的思路，而不是非此即彼，有你没我的“零和”的唯一选择。这是老子的政治理想主义的可贵之处。

大者宜为下的说法很精彩，而且此处说的是大者，不仅仅是大国，人物、集团、公司、流派、学派、军队都应该注意大者为下。越大越要谦虚谨慎。回想新中国成立初期共产党对于各民主党派的礼遇，对于非中共人士的尊重，例如毛主席亲自到北京站接宋庆龄；再如二十世纪六十年代中国对于朝鲜、阿尔巴尼亚与柬埔寨的关系，似乎都有老子的传统教诲在起作用。

大者难免骄气、傲气、霸气，大者难免恣肆、轻忽、随意、妄言、妄动，这些都是值得从老子的论述中深思的。

反对霸权主义，深挖洞、广积粮、不称霸，永远做第三世界国家等——我们提出过有的至今仍然坚持着的主张，除了外交与国家利益上的考虑以外，是不是也有思想文化上的传统在起作用呢？

第六十二章　道为天下贵

道者万物之奥。善人之宝，不善人之所保。

美言可以市尊，美行可以加人。人之不善，何弃之有？

故立天子、置三公，虽有拱璧以先驷马，不如坐进此道。古之所以贵此道者何？不曰：求以得，有罪以免邪？故为天下贵。

大道是万物的深秘与奥妙所在，是善人、好人的自然的宝贵与宝贝所在，又是并非那么善良美好的人之不那么自然的保持与保有，也是后者的赖以生存与保有——得到保护的依据。

美好的言语，可以赢得尊敬；美好的行为，可以为自己加分。一个人不够善良美好，这并不是予以抛弃的足够理由，也不具备该人与大道无干的含义，为什么要抛弃他呢？

不论是天子继位，还是封赏任命三公，与其双手捧献上美玉、宝马，不如献上这种比一切美好更美好的不离不弃的大道。为什么自古以来众人都珍贵大道呢？还不就是因为大道能帮助你心想事成，有了过失、罪过也能避免灾难吗？大道因此是天下最宝贵的东西。

这里讲大道的功用与价值，讲大道的普遍有益性与适用性。或将“奥”解读为“庇荫”，想来是有根据的。然而，问题在于，大道与万物的关系不是外物与万物的关系，不是一层皮包围着或保护着万物的关系。大道是万物的起源与本质，是万物的始祖——母亲，是万物赖以存在的道理即究竟，是万物的核心。与其说是大道包围着万物，不如说是大道是深藏于万物的核心，不如说万物是大道的下载，是大道的功能与效用。

我愿意相信，古汉语中“奥”具有庇荫的含义，问题在于老子的观点是不是大道具有庇荫的作用。这里需要花力气讨论的不是一个汉字古词，而是一个论点。我们的古代经典解读常常会因字忘义。

对于懂得道、自觉地与道一致、守护并贯彻道性的善人来说，大道是他们解决一切难题（前面说过“无不克”）的宝贝。妙就妙在即使那些不懂大道，有时行事无道、非道的资质较差、德行较差的人，他们的命运、他们的存在、他们的得失也是离不开道的。他们的不尽如道意的情况，本身就是大道的体现。大道并不使人同一面，心同一心，大道注定了智愚、贤不肖、美丑、善恶、寿夭、正奇、治乱……各种相反相成的对立面同时存在与互相转化。它们的存在本身就是大道的证明、大道的效用、大道的功能、大道的活力。

无限的大道是接近于完美的，然而也是不存在完美的概念与标准的，谈不上完美或者不完美的。自大道而生的万物，则各个是有限的，是完全不可能完美的。

大道本身就不是单向的、一面的、扁平的。大道本身教给我们有无相生、难易相成、善恶相伴、美丑相形、贤与不肖相随，万物都同时伴随着对立面或向对立面的转化。你尊道、贵道、悟道、学道、行道、如道、得道，当然很好。同时人有贪欲，有骄傲，有浮躁，有自命不凡，有其政察察，有不智而又多言，有好勇斗狠，有自取灭亡的种种弱点毛病。这些毛病弱点的必然发生与不幸后果，或者说是这些弱点毛病得到教训与惩罚纠正，都是大道的体现。非道、无道、逆道、背道而驰者的一切表现，都是大道实现自身的一种代价，是大道的反面教材，是大道对于人的警示。

同样的背道而驰者，有的由于一意孤行而自取灭亡，有的由于及早醒悟而面貌一新、终得自保，有的由于最后终于进入道境而无限光明、无不克，这都是大道的必然、大道的效用。这体现了大道的丰富性，功能的立体性、多用性。不善人之所保云云，是双向的保有与保持。不善之人仍然未将道意泯灭干净，仍然有觉悟与转变之可能，叫作仍然保有向道的契机。而同时，大道保有着一切，引导着一切，启发教育着一切，包括不善者。

下面讲可塑性、可逆性、可作为性。既然美言可以赢得尊重，美行可以给人加分，不善云云也是可以通过自己的美言、美行来改善的，不必抛弃不善者，道体万物，道泽万物，不论善与不善，这正是道的伟大包容、无弃无敌、至高至德之处。在这个意义上来说道有庇荫之用，当属不差，但这是道的比较不那么重要、不那么本质、不那么关键的作用。

但是，你过于强调了道的有用，道能使你求以得，祸以免，心想事成，免灾消难，既宝且保……这太好了，但也太实利、太通俗、太简单化了，太亲爱、温柔、甘甜、润滑了。

讲智慧与效用，讲宝与保，讲夫唯不争，故莫能与之争，讲后其身而身先、外其身而身存，讲将欲取之，必先与之，不怎么讲献身与德性，不讲舍身饲虎（佛教）与背起十字架（基督教），就是说强调奉献不足，这是道教在彰显德性上不如另外的某些宗教的原因。等而下之，大道有时被认为是兵法直至阴谋，其原因亦与此有关。

求以得与罪以免，本来很好。但太好就与前面老子庄严宣告的“天地不仁，以万物为刍狗。圣人不仁，以百姓为刍狗”不一致了，这两个“不仁”与两个“刍狗”是何等振聋发聩，天门洞开，一身冷汗！

你身为刍狗，还要“求以得，罪以免”，还要心想事成，消灾免祸，岂非痴心妄想！

《老子》的第三十八章至第八十一章共四十四章中又有极精到的论述，如关于一、二、三，关于失道而后德，关于治大国若烹小鲜……所以我倾向于（是思考的结果而不是考据的结果）怀疑这后四十四章的情况复杂，混有一些非原文的东西。

或者，如果并不存在这样的可能，那就说明了老子思想的非单向性、复杂性。老子的学说并非珠圆玉润、百无挑剔。

那么求以得、罪以免是不是就全无是处呢？当然不是，真正求道得道的人，应该算是圣人吧，他自然不会贪得无厌，求其不能，求其无道非道，求其逆天害人。用道来规范选择自身的所求，这是得的保证，就是说你可能得到的是合乎大道的东西而不是违背大道的贪欲。他至少已经得到了与大道一致的恢宏与虚静，得到了尊重与加分。而罪以免呢，当然也不是说他会无恶不作，他至多是悟道、悟得比别人慢一点、迟一点，他宝贵珍视的仍然是道。有这点道心、道性、向道之意，不论是求还是罪，都比坚持无道、背道而驰好得多，这样讲就完全是真理了。

第六十三章　味无味

为无为，事无事，味无味。

大小多少，报怨以德。

图难于其易，为大于其细。天下难事必作于易，天下大事必作于细。是以圣人终不为大，故能成其大。

夫轻诺必寡信，多易必多难。是以圣人犹难之，故终无难矣。

行无为之为，做无事之事（或服务于无所服之务），体验无滋味之滋味。这就是大道的品位。

什么叫大？什么叫小？什么叫多？什么叫少？不论是大还是小，是多还是少，反正我要以德报怨。

准备做一件困难的事，先从其中较容易的部分做起。做一件大事，先从它的比较小的细部做起。天下一切艰难的事情，都是从一件件较容易的事情做出来、做成功的。天下的大事情，都是从一件件细微事情做起的。所以圣人不去与伟大认同，不觉得自己大，才能成就大事，成就伟大。

轻易地做出允诺、许诺，轻易开支票，必然缺少信用。把事情看得太容易了，必然会碰到意想不到的困难。所以越是圣人越会把事情看得困难一些，而对于困难，如果做足预想、预案与准备，事物反而没有那么多困难了。

为无为，事无事，这仍然是在“无”字与“不”字上狠下功夫，使自己不上当，不入陷阱，不进圈套，不中计谋，不搅局，不被搅，不伸手，不混进或钻进蝇营狗苟的行列，不适得其反，不用力过度，不斤斤计较，不鼠目寸光，不苛细烦人，不啰唆琐碎，不轻举妄动，不枉费心机。这个意思极好也极有帮助。

可以说我的七十余年，就是在干扰与不受干扰、闹腾与不想闹腾、美梦与不必太做梦吃肉包、扬扬得意与何必扬扬得意的张力中度过的。幸亏我有那根弦：无为的弦，无事的弦，拒绝人际纠纷、拒绝拉帮结派、拒绝青云直上、拒绝大言欺世、拒绝装腔作势、拒绝跟风起哄的弦，我才能有今天，我才基本上是我自己，是我愿做的自己，而不是成为我最最痛心的那种政治与官员混混儿或骗子，也不是那种文学、文化巫师、无赖、骗子。

我对我自己大致满意。不是满足，不是得意，不是晕菜，不是膨胀与自吹自擂，我满意的就是在弄不清究竟与就里的时候，我宁可选择无为、无事、无味。

让我们讨论一下，一个人的志向有高低，寿命、体力的本钱人与人不同，才具有大小，成就有不一样，机会、命运有通蹇，命运的许多因素是个人无法选择的，是无劳个人过于费力吃劲的，那么，人的选择主要表现在负选择即不能干什么、不能成为什么样的人的选择上。

我们不希望自己成为坏人、卑鄙的人、害人害己的人、骗子、恶棍、气急败坏者、挑拨是非者、一脑门子官司者、告密者、政治投机者、腐败分子……简单地说，每个人都有自己最不喜欢、最感厌恶、最感作呕的人。你无法完全摆脱这样的人，你不得不与这样的人周旋，然而，你至少可以，你绝对必须使自己不成为这样的人。

也就是说，不能因为有阴谋家暗算你，你也变成阴谋家。不能因为有谎言家欺骗你，于是你也说谎。不能因为有人搞了小集团排斥你，你也拉出一支小队伍。

所以老子后面紧接着讲的就是以德报怨。宁可被阴谋陷害、被谎言陷害、被宗派陷害，自己死也不搞这些下贱勾当。这些，做主在我，我必报应，我们自身就可以决定，自身就可以负责。

对于某些恶性选择、恶性命运，我们只能说“不”，叫作断然拒绝，只能威武不能屈、贫贱不能移、富贵不能淫。你有千条妙计，你有万般诱惑，你有百种高压，我就是一个“无”字等在那里，死顶在那里。我们不要忘了那个军事用语：顶住！遇到这种情况，我们必须为无为、事无事、味无味，否则就是浑蛋，就是该死，就是背叛了大道和人生，背叛了众生和自己。

味无味，这句话对于我颇有新意，在《老子》里亦算鲜见。无味、枯燥无味、淡而无味、自讨没味……本来都是贬词，这里的味无味却是褒语，是极大、极深、极不平常的褒语。

不能不想起来，在我暂时处于逆境的时候，友人赠我以黄山谷的诗。诗云：“外物攻伐人，钟鼓作声气。待渠弓箭尽，我自味无味。”

确有这种妒贤嫉能的外物、心胸狭隘的外物，他们想尽办法整你，也拉出一个小小的打击乐班子，钟鼓齐鸣，制造声势。而你呢，应该坚壁清野，不予出战，不予理睬，静待浑水沉淀变清，等到他的子弹用光了，你静静地在一边品尝那个无味之味的恬淡悠长吧。

老子喜爱无为无事，也推崇无味，我想这与老子推崇水有关。水是无味的，空气也是无味的，水与空气却是最最养人的，最最须臾不可离弃的。

无味之味才是最高的味，因为它恬淡高雅，清洁透彻，营养生命，可持续享用，可帮助你洁身自好，却不引诱贪欲，不刺激也不麻醉神经，少有因过度使用而产生的副作用。越是低级的饮食，往往会越发刺激，而高档的东西反而会显得淡而无味，茶酒菜肴都是这样。文学作品也是这样，许多伟大作家，都经历了一个从奇花异彩、从挑战性、从惊世骇俗到恬淡自如的发展过程。我曾有句云“文心宜淡淡，法眼莫匆匆”，我说的是那种自以为太优越的文人绝对不是第一流人物，就像老作家所说的“最高的技巧是无技巧”。即使是最最绝妙的技巧也不如那种你在阅读当中根本不会感到作者的技巧的作品，后者给你的只有真情、灼见、天才与道德责任、道德正义。尤其在一个争夺、钻营、浮躁、战乱频仍的环境中，你能做到无为、无事、无味，那简直就是圣人嘛。

一方面是治大国若烹小鲜，一方面是圣人犹难之，这是自相矛盾的吗？有一点，老子此前已经强调，难易相成。难之则易——有了对于困难的充分准备与对策，即可化难为易。易之则难——只有对于一帆风顺的准备与对策，本来很容易的事也变得难做难成了。所以他此章讲的“圣人犹难之”的结果是“故终无难矣”，很好。烹小鲜的另一面，也是难之，充分地经受困难的考验。同时正因为难之，才若烹小鲜，而不是胡作非为，如抡大锤，如砍大斧。

有了无为、无事、无味的境界也就不会厌倦平凡与细琐，因为一切艰难的大业的完成都是从完成一点相对容易的小事开始的。这个观点与欧美人、欧美文化传统完全一致。老子既讲玄奥、深邃、高妙、弥漫、恍惚的大道，也讲小事易事，他从来不把大道与细易对立起来。他的大道不是反人生、反日常、反平常心的，而是贴近日常、贴近生活、贴近操作、贴近做事、贴近可行性的。这样的大道，上至宇宙永恒，下至一草一木，都是一致的、互通的、愉悦的与智慧的。体悟这样的大道，同样也可以从易处、从细处做起，从戒贪做起，从戒大言做起，从戒为人为政的苛细上做起。每日每时每刻，都有大道可知、可循、可依、可行，这样的快乐与踏实，是多么宝贵呀！

我们同时遗憾地看到，一些忙于“务实”的人，忙忙乱乱，焦焦躁躁，物欲得失，心劳日拙，已经或正在被人生、人群、人事所淹没。而一些读过点书的人，自命清高，从书本到书本，空对空，百无一用。唉！

不妨一面阅读此章一面向自己发几个问题：

一、你会从一些小事、易事做起，走向远大的目标吗？

二、你有一种自信或者原则，坚持你所认为的宝贵的一切，你的不可或失的原则吗？

三、对于一切可能的困难，你有足够的理解与准备吗？

四、你有没有过轻诺寡信的记录？你能不能克制你的轻诺（随意许诺）的毛病？

五、你有过几次以德报怨的记录？有过几次以牙还牙的记录？有过几次气急败坏而又还不了手的记录？你为什么硬是做不到以德报怨？

六、你能做到不该为的时候无为，不该生事的时候无事，甘居平常，体味平淡，并从中体悟出人生的真味、大道的真味吗？

第六十四章　未兆易谋

其安易持，其未兆易谋。

其脆易泮，其微易散。为之于未有，治之于未乱。

合抱之木生于毫末，九层之台起于累土，千里之行始于足下。

为者败之，执者失之。是以圣人无为故无败，无执故无失。

民之从事，常于几成而败之。慎终如始则无败事。

是以圣人欲不欲，不贵难得之货；学不学，复众人之所过，以辅万物之自然而不敢为。

情势安定了就容易保持、持续；事件还没有要发生的预兆，就容易防止，或是事物发展的趋向还未定规，就容易策划。

脆嫩的东西容易化解，微小的麻烦容易消散。在一个过程未成形、未出现以前容易对之有所作为。未出乱子、未闹腾大发以前，容易予以治理与恢复秩序。

一个人抱不过来的大树最初也只是细小的树苗。九层楼台也是从地表上的土方活计开始的。上千里的路程也是从脚下出发的。

你刻意有所作为，反而容易失败；你刻意抱持不撒手，反而容易丢失。而圣人，不刻意追求什么，也就不会失败；不刻意把持什么，也就不会丢失。

老百姓做事，常常是已经快要做好了的时候，反而失败了，所以说要慎终如慎始，像开始时一样慎重地对待事情的最后阶段，也就不会坏事了。

所以圣人的愿望是自己没有愿望。圣人不珍贵也不追求难得的商品货物。圣人希望学到的是没有多少知识与学问的状态。这样，圣人才能弥补（承担）众人所犯的过错。圣人希望的是万物自行演化发展，而自己不要轻举妄为。

这一章乍一看似乎有自相矛盾的地方。它讲了持，讲了谋，讲了为，讲了治，讲了生，讲了起，讲了行与始。这些都是有为，不是无为；都是有，不是无。当然，它紧接着又讲无为，故无败；无执，故无失。然而再接下去却又是慎终如始，则无败事。其实按照老子的独特的思路，把持与失落，谋划与不谋、无谋，为之于未有与无为、不为，生与灭，起与落（建筑与倒塌、垮台），千里之行与就此而止，本来不应该有什么计较，而且是后者——灭、落、止等更根本、更重要、更近道。

由此可以看出，无为也并非绝对。刻意的为不可取，刻意的无为也不可取，刻意无为等于是一种矫情的为，一种费力的为，一种勉强的作秀。

这一章老子所讲的重点恰恰是为，而且要早为，要为于事物的萌芽状态，要有预见、有提前地为，而且要为到底，不但慎始而且慎终。

但老子的为，是以无为为前提、为基础、为主心骨的为，是说在为时更要想着无为的道理。讲话时要时时不忘不讲、不言的好处与及时打住的必要性。下命令时要想到不下令而能使之正常做到的可能性，从而减少可以不下的命令，要做到可下可不下的命令一律不下。争执时要想到没有比争执更不可取的了，不妨再看一看、等一等，适当多保持一点沉默寡言。加班时要想到减少劳碌的好办法，并且要认定加班绝对不是提高效率的可取途径。预定一个什么目标的时候要想到这一目标的无意义处与不可能、不易做到处。有所期盼、有所要求、有所愿望时，要想到此期盼、此要求、此愿望很可能是竹篮打水一场空，如果能控制和取消这样的期盼、要求、愿望，自己将更加主动优越，立于不败之地。即使只是生了病去看医生，也要明白，遵医嘱服药打针的同时，要有听其自然、尊重生命的规律的豁达、沉着与平和。做到这一步，几近道矣。

这里还有一个原因，为与有的必要性是不需要讲解与讨论的。一个人活在世上，有欲望、有冲动、有需要、有珍贵、有谋划、有目标、有喜有不喜、有爱有不爱、有乐有忧、有怒有喜、有紧张有放松，这些都不需要讲解宣示。难得的是能看到下一步，看到欲望的后面有贪婪的陷阱，冲动后面有自取灭亡的危殆，需要的后面是更大、更不靠谱的需要，谋划后面是进入迷魂阵与盘丝洞的自我迷失，目标后面是无聊的不得满足，喜与不喜的后面是自欺欺人，忧乐后面是自我捉弄，怒与不怒后面是一笔糊涂账。看到这一点绝非易事，看到了也会被浅层次的魅惑所“拿住”，使自己昏心迷窍，不得解救。

所以在这一章中，老子既讲了提早为之的必要性、慎始慎终的必要性，有所预见、有所先知的必要性，同时最终讲的仍然是无欲、无贵、不学、复过（弥补与承担众人的和自己的过失）、不敢为的重要性与主导性。这里的老子，虽然略显极端了些，却含着大量的救人济世之心，不可不察。

老子主张在为的同时强调无为，在做事的同时看到事的无意义处、不可能做成处，在言的同时看到不言的好处。这是不是会闹成虚无主义、造成自相矛盾呢？肯定会的，老子的学说中本来就有虚无主义的成分。但他毕竟在此章中肯定了安、持、谋、易治、合抱之木、九层之台、千里之行、慎终如始、辅万物之自然（是辅不是主，但也不是不闻不问），他毕竟有所肯定、有所希冀、有所愿望。

这一章前半部分的核心思想，与其说是讲无为，不如说是讲要“为于无处”。鲁迅是“于无声处听惊雷”，老子要求的则是“于无声处知惊雷”，也可能是“防惊雷”。鲁迅想着的是革命，老子想着的是天下有道。二人当然不一样，但都听到了无声处，看到了无光影处，想到了人所未想处。

简单地来说，要有预见，要走到头里，不能等到出了问题再为，要为在安稳时而不是乱了以后，要为在没有什么兆头出现时而不是等到山雨欲来风满楼了才想起关窗子。要化解矛盾于矛盾的有关方面尚未成形，尚未坚硬，尚未抱团、板结、僵化的时候，而不是等到情况恶化、固化、死结化之后才想办法。要看得懂大事是由小事造成的，巨无霸是由点点滴滴聚成的，万里长征是一步步走过来的。

要无为就要为无：为于无处，为于先时，为于未发，为于未作。那就要从根本上做起，要治本，要戒贪、戒谋略、戒苛细……

这就是说，无为了才能为于无处，为了无了才能无为。无为与为无，二者互相作用，互为因果。

这种循环往复的、类似画圆圈的思维方式与表述方式，是老子最喜欢用的。

第六十五章　将以愚之

古之善为道者，非以明民，将以愚之。

民之难治，以其智多。故以智治国，国之贼。不以智治国，国之福。

知此两者，亦稽式。常知稽式，是谓玄德。玄德深矣、远矣！与物反矣。然后乃至大顺。

古时候善于以道治国的人，并不是以道来教民人（那时并无如今的“人民”一词，故我有时用民人、有时用百姓、有时用庶民、有时用人众来指代老子的“民”字）聪明，而是以道来教人们愚傻。

民人为什么难以治理呢？就因为他们的智谋太多。所以说，以智谋治国，就是国家的蠹贼与灾难。而治国不用智谋，才是国家的福气。

懂得这个关于以智治国与不以智治国、以愚治国的这样一个治国模式问题，就算有玄德了。玄德是多么深远而且奥妙啊！它与一般的浅薄的思维模式是相反的，或者说它是从一般的浅薄的思维模式返回到大道来了，表面上看我说的这些都是反话，实际上这样才能一通百通、理顺一切事物与内心。

这里老子又把治国的事扯到智与愚上头来了。一般人，看得到的是智的功用与好处、愚的可怜与坏处，叫作智荣愚耻、智行愚止、智美愚丑、智强愚弱、智胜愚败。但是惯于逆向思维的老子看到了智有其大大的坏处与反作用。智多了会产生狡诈之心、机巧之心、阴谋之心、争胜之心，智多了还会产生不平之心、不忿之心、不老实不听话之心……当然不如愚傻好。愚傻虽然智力较差，然而比较本分、比较淳厚、比较好管理。

这里老子说出了中国许多统治者这样想过却未必说得如此直截了当的话。看来，中国的反智主义是源远流长的。

他们只考虑到民是否难治，却没有同时考虑社会的进步与发展，看来，发展的观点、进步的观点，还是近代以降，在受了列强的许多气、许多侮辱和宰割以后，国人才树立起来的。这种反智主义与愚民倾向，是中华民族曾经暂时积贫积弱、愚昧落后的根源之一。

但同时，老子有一个观点：他认为民的智谋的恶性泛滥化，责任在于统治者，是由于治国者即统治者的滥用智谋造成的。这个判断又是精辟感人的。以少数人尤其是以君王一人控制管理或者说得好听一点是治理一国之民，不动点心眼儿是不行的。什么二桃杀三士，什么围魏救赵，什么合纵连横、远交近攻，什么卧薪尝胆，什么西施美人计，所有的春秋战国统治者哪个不是绞尽脑汁、挤尽坏水、殚精竭虑，以求统治顺利并扩大自己的统治地盘的?

而且中国是最最重视计谋的国家之一，你读《东周列国志》，老子的时代正是计谋大盛的时代，所谓三十六计；所谓胜战计、敌战计、攻战计、混战计、并战计、败战计；所谓金蝉脱壳、抛砖引玉、借刀杀人、以逸待劳、趁火打劫、浑水摸鱼、打草惊蛇、瞒天过海、顺手牵羊、调虎离山、隔岸观火、欲擒故纵、釜底抽薪、上屋抽梯、偷梁换柱、借尸还魂、声东击西……已经普及为今天的全民文化。不仅在备战、外交等大事情上，甚至报批、立项、申办、经商、求职、求学、购物、交友、爱情、亲情、对上、对下、对老师……一直到说话、聊天、点菜、查询什么事，无不计谋连连，有时不免令人感到诚信与实话的稀罕与珍贵。这是我国社会风气上存在的历史残余问题之一。呜呼老子，奈何！奈何！

我想国人重视计谋的原因可能在于从春秋战国到后世，中国的封建社会时间太长，夺取政权的斗争太残酷、太激烈，权力的争夺全靠实力、靠争斗、靠武力，更靠心智计谋，靠心黑手辣、技高一筹。把本来追求的以德治国的泛道德化理念，以民为本莫失民心的民本理念，沦落为使用计谋迷惑对手以挫败对手的计谋手段，变成以谋为本，变成政治的计谋化、人生的计谋化，直到婚事家事的计谋化。这是很值得叹息的。

老子的观点是治国不能靠计谋，只能靠真诚、靠老老实实，靠不扰民、不害民、不骗民、不玩弄民人。靠计谋治国是国之贼，是偷国窃国、坑民攥民。不以智治国是国之福，对百姓诚实守信用当然是国之福、民之福。

中国文化讲计谋本来也是对敌国，诸葛亮对吴、魏两国诡计多端，对蜀汉则只有忠心耿耿。只有曹操之类的被认为是奸雄的人才，相传他会对自己人讲计谋。

老子早就预见了计谋化的危害。他的警告语重心长，有大智慧、大眼光。但是他用愚来取代计谋的药方是一种空想，他的这种对症下药失之简单，类似于以毒攻毒，实非理想。你的毛病出在智上，我的处方就是愚，这很简明也不免廉价。以绝对的愚来解决民之难治的问题，其结果只能是国之羸弱灭亡，这与用无为的绝对化来解决为之不当的问题，用不执的绝对化解决总有失之的问题一样，它等于是用自杀来解决难治的慢性病的痛苦。

其实民之难治是体制问题、法制问题、游戏规则问题与观念问题，当然还有生存环境与历史传统、有文化素质与教育、有风气与各种实际问题……并不是知不知、智不智、愚不愚的问题。

以为用智与愚的讨论能解决治国理政的问题，几近玩笑。

发出勿对你治下的民人使用智谋的忠告，则是对症下药。但不等于药到病除，公共管理上的痼疾，不是一旦可以根除的。

当然古代的智愚之说，也可能与今天的语义不尽相同，可能古代的“愚”字中包含了更多的厚朴的正面含义。有些专家为了维护老子的伟大，把“愚”字尽量解释成正面的德性，恐怕也不算实事求是。

他的批判计谋化是天才的，他提倡愚本身就太天真了，与老子的天才不相称。只有用合理的道德规范，用严格的逻辑规则，用实事求是的提倡、大兴务实之风，用正确的与令人信服的价值观念，用完备公正的法制、法治逐步压缩计谋的地盘、取代计谋的天下；用现代社会的公共管理原则，用先进的理想与实践才能最终削弱与结束过度计谋化的价值取向。

计谋仍然是会有的与必有的，但必须辅之以诚信、忠实、诚恳、透明度与可监督性。

我有一句爱说的话：大智无谋，因为大智不会过分依靠计谋。

“常知稽式，是谓玄德。玄德深矣、远矣！与物反矣。然后乃至大顺。”这一段，老子又发一番感慨：深矣、远矣，与物反矣，这里的“反”最好解释为相反而不是返回。如果是与物同返回，是用不着加“矣”的感叹性语气词尾的。连用三个矣，“深啊，远啊，与外界的（一般的）认识相反啊”，比“深啊，远啊，与外界一起返璞归真呀”更有感叹性。

稽式即玄德说也有新意，老子的玄德与孔子的仁德、仁者爱人说出发点不同，孔子的德性是一种情操、一种道德良心；老子的玄德是一种智慧和体认。孔子的德性是伦理学概念、价值概念；老子的玄德是哲学，是认识论概念。把握了稽式，把握了大道运行的模式，才是大德。仅仅主观上爱这个、爱那个、哭这个、疼那个了，你能真正有助于被你爱的人们吗？

所以我于二十世纪就屡屡说：理解比爱更高，即稽式的正确性比情操的善良性更重要，道比仁更高。

第六十六章　善下能王

江海之所以能为百谷王者，以其善下之，故能为百谷王。

是以圣人之欲上民，必以言下之。欲先民，必以身后之。是以圣人处上而民不重，处前而民不害。

是以天下乐推而不厌。以其不争，故天下莫能与之争。

江海为什么是千溪百谷之王呢？因为江海的位置在下边，它们愿意也习惯于处于下边。

同样，圣人打算比民人站得高看得远，那就先要处于民人之下，用谦卑、礼让、低调的语言言说。圣人想走到民人前边，想带头做什么事情，必然要先把自身摆在民人的后边，先做到跟随着民人的愿望说话做事。这样，圣人站得再高，地位、思路与权势再高，而民人不觉得是沉重的负担。圣人位置再靠前，再提出超前的目标与任务，民人也不觉得对自身有什么妨碍，老百姓从来不会觉得圣人碍眼。

这样的圣人，天下人愿意推崇他而不觉得厌烦。这同样是由于圣人不与谁争夺什么，所以也就没有什么人能够与他争夺什么。

这一章的重点是讲圣人，讲圣人的定位。老子的所谓圣人与孔子的圣人或宗教的圣人（圣徒）说含义不会相同。老子强调的不是仁义道德，不是天使与通神品格，而是大道无为与玄德。

老子讲圣人的一些说法，可以用来给当今的精英者或有志精英者参考。

这里老子同样敏感地提出一个难题：圣人由于站得高、地位高、论调高、权势高而成为民人的负担，成为压迫者，异化成为民人的对立面。同样圣人由于要带领民人做这做那，老是站到民人的前头，也会令民人讨厌，让百姓觉得碍眼，让百姓不快不服。

这个问题提得很实在。先知先觉者并不是总能够得到民人的欢迎爱戴。如果老是有人教导他、带领指挥他，老百姓会觉得心烦与厌倦。对于老百姓来说，有时先知先觉者似是在生事、出事，扰乱清梦。鲁迅的小说《药》、杂文《聪明人和傻子和奴才》《立论》里都表达过这种智者、仁者、觉悟者、先行者的寂寞与悲哀。有些有志精英者也喜欢悲情地咀嚼与卖弄这样的寂寞与悲哀。

民人其实或许不欢迎别人比他高明、比他远见、比他深刻、比他说话管事，并反衬出他们这些沉默的大多数的卑微与“不可承受之轻”来。民人不欢迎圣人提出与俗鲜谐的主张。民人尤其不喜欢圣人与管理者无休止地教训他们要这样、不要那样。民人未必欢迎自己走到哪里都碰到“公公”“婆婆”。

圣人有时候与管理者合作教导民人，民人未必喜欢。也有时候圣人与管理者闹翻了，就教训民人要与管理者闹翻，其结果是民人夹在了当间。民人对这种种情况不是没有警惕。

为此老子开的药方是：圣人更要自居于民人之下而不是之上，自居于民人之后而不是之前。

如果将之只视为一个态度、作风、公关问题，并不足以解决这个精英与大众的关系问题，但老子的建议并非无足轻重。它更重要的意义在于圣人的自我定位。

这里有圣人的毛病，怕的是圣人自以为是高高在上乃至形而上的，是走在民人前头的，像我们今天的某些精英或自命精英们那样。

一个自高自大，再加一个自命超前，实际上就站到了民人的对立面，你的心再好，你的招再妙，你也只能落一个为民冷漠的不光彩的下场。

这里也体现了民心，民人并不喜欢老是有人压在他们头上，不是那么喜欢老是有人带领他们前进。时间长了，一成不变，民人会想换换岗，会想变变位置、调调座位的。然而这样的民人是不是有真本事能比圣人做得更好呢？那倒是另外的问题了。

让圣人或自居圣人者，真正做到谦卑、礼让、低调绝对是困难的。原因是，岂止圣人，就是一个有点学历自命精英的人，都动辄拿出一份精英的派头。与谦卑相比，他们更愿意自吹自擂。与礼让相比，他们更愿意事事争先。与低调相比，他们更愿意高调贩卖他们自身也没有弄明白的食而不化的疙里疙瘩的“进口”（双重含义）物资。他们自命不凡，他们坐井观天，他们颐指气使，他们经常热昏，他们横行霸道、仗势欺人、因人成事、照样谋私不误……唉！

那么，怎么办呢？老子考虑的是理顺圣人与民人的关系，理顺圣人与民人的心态。他希望圣人、处于高位的人能够加倍做到谦卑、礼让、低调，能够做到适当往后捎一捎，能够把利益、风头、体面、位置多多出让一点，自己少得一点，要求自身更严格一点。虽然那个时候没有人民的勤务员的提法，但是老子的意思与之接近。人民的勤务员提出已经好久好久了，真正做一个这样合格的人民的勤务员，则并非易事喽。

老子提出了“天下乐推而不厌”的标准，圣人们应该做到被天下长期拥戴而不厌烦。这话说得有趣，这话等于是看到了即使是圣人也有被厌的可能，圣人也有三把斧用完了的时候，有技穷的时候，有引起审美疲劳的时候。而且，要知道圣人的身份是不能垄断的，即使有博士学位与教授职称也不行。你圣，可能还有更圣的。所以此处回到老子早就讲过的生而不有、为而不恃、功遂而身退，多考虑考虑中国文化中关于急流勇退的思想，可能是有必要的。

当然老子的说法里也留下了破绽。后其身而身先；不争，故莫能与之争；圣人欲上民，必以言下之；欲先民，必以身后之；等等。圣人的“下”“后”“不争”有可能成为曲线谋私的手段，曲线求上、求先、求莫能与之争即战胜一切对手的手段，这样的手段，再下一个台阶就变成阴谋。

另一个破绽是，有时候圣人当真提出了救国救民、利国利民的高明建议，但是民人认识不到。民人也会犯鼠目寸光、作茧自缚、人云亦云、不辨皂白的毛病。那时候真正的圣人就需要有一言而为天下法、匹夫而为万世师的承担，有为人类背负十字架的牺牲，有我不下地狱谁下地狱的决绝。遇到这种情况，智慧的老子认为应该怎么办呢？难说。

用言语表述大道，常常碰到按下葫芦起了瓢，说了 A 就漏掉 B，说了 B 又漏掉 C 并且冲淡了 A，而 A、B、C 全讲说了，读者反而不知所云，或反而觉得你是在说废话，说套话，说全面而无趣的空话等的麻烦。然后，越说越难通，越说离大道越远；而不言不说则等于零，等于死人，等于没有活过一遭，等于没有大道一说。所以老子开宗明义就告诉我们，可道可言说的道，并不是恒常的大道啊；而不言不语的道，又是无从接近之领悟、之持有、之充实、之的莫名其妙啊。

在学习大道的时候，你必须做好思想准备，你可能被驳斥，你可能被抓住几处言语的漏洞与把柄，你可能被误解、被歪曲、被驳倒，你也可能自己心生疑虑、犹豫不决。当大道用言语表达出来以后，它永远是不完善、不透彻、有漏洞、有极大局限的了。我们只能澄明地一笑，表达我们对于大道的追求与向往，表达我们对于难以完整无缺地表达清晰的大道的歉意。

第六十七章　我有三宝

天下皆谓我道大，似不肖。夫惟大，故似不肖。若肖，久矣！其细也夫。

我有三宝持而保之：一曰慈，二曰俭，三曰不敢为天下先。慈故能勇，俭故能广，不敢为天下先故能成器长。

今舍慈且勇，舍俭且广，舍后且先，死矣！夫慈以战则胜，以守则固。天将救之，以慈卫之。

天下的人都说我讲的大道太大、太宽泛了，未免不着边际，令人找不着北。是的，正因为是大道，不是小术，所以才叫人摸不着头脑。要是容易掌握的话，像某个简单平常的事物的话，那早就好办了，也就太渺小啦。

我有三个法宝，一直把握着与保存着，第一是慈爱宽厚，第二是节约俭省，第三是什么事自己绝对不走在天下的最前头。正因为慈爱宽厚，才能勇敢决断；正因为节约俭省，才能道路宽广；正因为不敢带头做什么事，所以成了万事万物的带领人，成为诸人的领袖。

如今，你舍弃了慈爱宽厚而去好勇斗狠，你舍弃了节约俭省而去扩充推广、广种薄收，你舍弃了不做出头椽子的原则而遇事往前赶、往前冒，你就完蛋了。以慈爱宽厚之心打仗，才能胜利。以慈爱宽厚之心去守卫，才能固若金汤。天神要救助你、保卫你了，才会把慈爱宽厚的心地与旗帜赏赐给你。

这一章讲大道的应用，老子特别提出了道的慈性的概念，提出了慈的有效性。应该说，老子讲的这一章是乱世的做人护身、求稳、求生之道。它当然显得消极，但是有它的道理与根据。

老子的估计是正确的，他的书确实会让人丈二和尚摸不着头脑，缺少可操作性；会让人觉得嘛也不像，不像任何已有的与被接受的忠言教训，尤其是与孔子的教训相比。孔子的教导是多么合情合理，多么合用合益，孝悌忠信、成仁取义、道德礼法、修齐治平，做起来都是立竿见影的，至少听起来是明确正面的。

而老子呢？说来说去，《老子》读完了，再读一遍，它究竟教会了你一些什么呢？

所以老子这里突然简明化了一把：你不是说把不着脉吗？好的，请君从下面三件事做起：第一，从此慈爱宽厚；第二，从此节约俭省；第三，从此什么事往后捎着点。还有比这三件事简单的吗？

说明伟大如老子，也并非抗战到底，颠覆阅读，视普通读者如寇仇、如草芥的。这一章，他已经有所迁就，有所努力，希望自己的思想适当地大众化与通俗化。当时虽无知识产权与版税的概念，他的文字仍然是为了让人阅读理解而不是为了不叫人阅读、不叫人理解而写出的。

为什么要讲慈呢？在一个战火燃烧、天下未定、枭雄四起、争夺激烈的时刻，强调慈爱宽厚，也算对症良药，虽然药力够不够还是一个问题。

中国的传统是越是习武习兵，越要强调慈爱宽厚，越要强调不可滥斗滥杀，不可意气用事，不可因武逞强，不可因艺因力压迫旁人。越是学武，越要磨性子，讲慈悲仁爱。即使仅仅从武侠小说上来看，这样的说法与故事也是不胜枚举。

或谓，慈是宽容，不是仁慈。当然，老子在前面痛批过儒家的仁说仁论，他的名言是“大道废，有仁义”。其实慈他也批过，他的话是“六亲不和，有孝慈”。那么，我这里解释的慈爱宽厚，与仁慈、孝慈的说法有没有不同之处呢?

有的。慈爱宽厚,说的是人的自然流露、人的本性。比如母爱,比如成人对于儿童、婴幼儿的欣赏、爱护、帮助之情,比如弱者的求助心与帮助弱者的良心、良能、良知,都不能说是某门、某家国学的产物,不是人为的,不是圣人规定的,而是人类自有的、自然的、淳朴的真情流露,即人性的自然而然。而儒家一旦没完没了地教训起、耳提面命与谆谆教导起仁慈孝慈,反而使自然的东西变成人为的规范,变成主流社会的法则,变成需要不断灌输的道德训诫,变成评比、奖惩、排名或者鉴定的一个项目,变成需要重复背诵的子曰诗云。太败兴了!世人皆知美之为美,斯恶矣;皆知善之为善,斯不善矣。仁慈与孝慈,经过儒家的渲染、忽悠、闹哄,变成伪善,变成装腔作势,变成夸张秀、人生舞台秀的可能性大大地有。

这正是老子对于孔子始终保持批评态势的要点所在。老子许多其他的话,也有明显的对于儒家进行责难的主题含于其中。这种责难当然也有片面性,也有硬抬杠,有非议异数、彰显自身的动机与人性弱点——老子这样伟大的智者,也摆脱不了这种弱点呀——但是他的思路有助于丰富而不是贫乏人的思维空间。

这是人生的一个悖论,看重什么,就要宣传、灌输、强调、上课、天天讲、月月讲、年年讲什么,但是强调过分,又会化真为伪,化自然为做作,化自己的事为大众秀,化适可而止为没结没完,夸张过分。"文革"中强调忠于毛主席强调到无以复加乃至疯狂非理性,实际上呢,正是"文革"中出现了最多的背叛、阴谋、骗局、两面派、虚与委蛇、怀疑困惑,不是增加了而是大大损害了毛主席的威信与说服力。

当然这是极端的例子。

什么都不说,什么都不管,什么都随它去,当然也行不通。

掌握好说与不说、行与止,强调与不必经意强调的度,这是个道行了。

老子从道中引出个慈来,虽与前边所论"六亲不和,有孝慈"

不无悖谬，或可勉强说通。这里有两个可能，老子不能一味地坚持非道德非伦理化，对于国人包括古代与现代国人来说，道德化与伦理化的压力还是太大了。老子要推行自己的理念，不能不做某些让步。另一个可能就是文中有伪托。目前似无后一种说法，那么我们就按前一种说法理解吧。

慈而后勇，老子的意思是慈乃是勇的根据，同时也是勇的刹车。你不能无端而勇。无端的勇是匹夫的意气，是一时的心理失常。慈而后，你才有必须勇敢的理由，慈才有正义性、天道性、责任感，你才不会恐惧犹豫，不会怯懦后退。

而没有安装刹车装置的车辆是不能驾驶的。在勇敢的斗争当中，既要斗得有理、有据，有慈的正义性、悲壮性，还要时时刹住车，不要误伤好人，不要误伤无辜，不要过分快意，不要勇到自己的反面，勇到慈的反面即恶狠毒辣上去。

勇须有节，慈是那个节。

俭而后广，同样，俭是广即发展扩大、补充丰赡的前提与刹车。要讲究积蓄与节约；要实事求是；要知道自己能做到什么，同时要毫不含糊地明白自己绝对不可能做到什么。例如“换了人间”（语出毛泽东词《浪淘沙·北戴河》）是可以做到与已经做到的，“三年超英，五年超美”是绝对不可能做到的。

要知止而后有定。尽量能够适可而止，能达到即为止，才能做到心中有数，才能沉得住气，不是无限扩张、膨胀，更不是搞爆炸。要多想几步，要想到失败的可能、碰到突然事件的可能，要有坏的准备。要保持住自己的平衡和重心——才可能有下一个动作的可持续发动，才不是砂锅砸蒜——一锤子买卖。保持不住平衡和重心的任何动作都只能算孤注一掷，都会自取其败。

老子一直主张慎重，主张慈爱宽厚、节约俭省，主张留有余地，主张毋为已甚，主张适可而止，民间叫作见好就收乃至急流勇退，这些都是金玉良言。不必过于担心由于老子的教训大家都变得消极被动起来，因为人性还是好动的、多欲的、好胜的，基本上可以放心。

老子既要为勇与广设定界限，同时，老子也要为勇与广的努力设立道德的基础与光环，所以他说："夫慈以战则胜，以守则固。天将救之，以慈卫之。"这个意思也就是说，正义的事业是攻不破的。古往今来，树立己方的道德优势、道德悲情、道德力量，都是在复杂尖锐的斗争中不可忘记的。

第六十八章　善战不怒

善为士者不武，善战者不怒，善胜敌者不与，善用人者为之下。

是谓不争之德，是谓用人之力，是谓配天，古之极。

高明的武士、军官，是不会耀武扬威的。会打仗的人，是不会怒气冲天的。懂得怎么样才能战胜敌手的人，绝对不给敌手以可乘之机。善于用人的人，能做到甘心处于你所要用的人的下面，或至少对之谦卑礼让。

这就是一种不争斗的德性；这就叫作借力打力，四两拨千斤；这就叫作与天道为伍，与天道匹配，这是自古以来的准则与极致。

老子再次强调含蓄的必要性，冷静的必要性，谦卑的必要性，谨慎的必要性，阴柔与退让、巧用实力与调动一切积极因素的必要性。

善为士者不武。以此引申开去，我们还可以说善用权者不威。善为学者不引经据典、不炫耀知识、不滥转名词。善医者不打包票也绝无秘方。善走者不跑。善弈者不杀，其势之厚足以令对手投子认输。善文者不搞辞藻。善思想者不玩深奥，不唬人。善歌者不声嘶力竭。善言者不口若悬河。善绘者不（求形）似。善解道者不言道。善商者不财——一个真正的商人，重视交通物货、活跃经济比积攒财富更甚。对于真正的善什么什么的人，对于有真正成就者，一般人看到的是某些表面的效果，如权之威严、财之富足、名之响亮、文之华美、言之雄辩、思之奇异、弈之大胜……然而这些往往只是副产品，不是善者、成功者硬为出来的，而是顺便达到的，甚至不达到也没关系。为了弄权而从政的人一般不是好政治家。为了钱财而从事实业的人，一般不是好商家。为炫耀辞藻而从文的人，一般不是好作家。为了雄辩与成为名嘴而到处讲话的人，一般不是好演说家。为一鸣惊人而思想的人未必能提供出真正有价值的思想。为大胜而弈棋者，格调也距真正的大师甚远。

俗人只知追求副产品——权、财、炫耀、雄辩、惊人、大胜，却丢失了主道大道，他们怎么可能不常常失算呢？

善战者不怒的说法也有点意思。善战者对于收拾自己的对手极有把握。或者更高明的情况是善战者根本无意回应对手的挑战，认为不值得一战，他已经看到了对手的破绽与自毙的必然下场，无劳弄脏自己的手。或者更更高明的是，他完全有办法化敌为友，胜对手的身前先胜其心。他怒什么？

一般来说，怒是自己不如对手强大、拿对手没有办法的结果。无奈者易怒，有把握者稳操胜券，何怒之有？

善战者不怒也是很实在的经验，人一怒而发冲冠，而肾上腺激素猛烈分泌，而心律失常，而头脑不冷静，而轻举妄动，不加分析。自古国人有“制怒”之座右铭，当非偶然。

善胜敌者不与，有的解释为不与敌纠缠，窃以为可以理解得更加宽泛。老子喜欢用比较模糊、比较抽象的词，不是为了故弄玄虚，而是给你以解读发挥的余地。老子做的文章都是活的、灵动的，是“其犹龙乎”（《春秋》中孔子所说，是说老子像龙一样地腾移变化，不同凡响）。不与，就是不把主动权、主动性拱手出让，不让对手抓住你的辫子，不让对手有隙可乘，不跟随对手的指挥走，不把取胜的机会让给对手。

胜与败，从表面上来看是一个气力与技术加偶然机会的问题，实际上关键在于谁掌握了主动，谁无懈可击，谁有懈可击，谁破绽百出。谁胜谁负，实际上是战略与道的问题，是主动与否、错失与否、沉着冷静与否的问题。

善用人者为之下，这可了不得啦。许多人也喜用人，用能人才能出成绩，当然。但是多数人追求的是为我所用，是我为人上，用不用首先看你是不是甘居我下。所以单纯自上而下地用人的结果，会是罐里养王八，越养越抽抽。老子提出“为之下”，这就抓住了要害。敢不敢看、愿不愿发现使用帮助比你还强，但目前地位比你低得多的人？敢不敢或甘心不甘心某一天或目前就想到：你可能居于你所用之人之下？老子提得太高了，难矣哉。

不争之德，用人之力，配天之极。老子把这样的论点上纲上到高处。不争乃是立德以服人，是无欲则刚。为下，乃是谦恭以用人之力，使人才人力为我所用，叫作聚拢人气，以一当十、当百、当千，有容乃大，一呼百应，四两拨千斤。这也就是慈而勇、俭而广、战而胜与不武、不怒、不与，永远立于不败之地。

为什么说这是天道呢？天是不武、不怒、不与的。天从来是自然而然、不伤心、不愤怒、不用力的，天用无为的方法，依靠万物来行施道性，来保持大道的运行通畅，为什么我们不能向天道学习、与天道匹配呢？

老子考虑问题，确实比常人高一个或好几个层次。不争也不与，高人一等。这里包含了莫问收获，但问耕耘，但行好事，莫问前程的意思；也包含了自有公道、自有果实的信心；还包含了一种骄傲，如果争，岂不与尔曹一个水平了吗？

不争的另一面是不与，不与你纠缠，更不予你把柄。庸俗的市侩们根本够不着我，跟不上我，叫作吃土也吃不上——以骑马或行车做喻——你还能如何？

不怒与不武。老子追求的是一种相对的冷静与闲适，无为、无事、无味，则有心、有空、有道，要有余裕，有余力。庖丁解牛，游刃有余。学而优（优做余裕解）则仕，仕而优则学，做官而有余裕，要多读书论道。不把自己用情绪和事务塞个满满当当，不做急死、累死、忙死、乱死的鬼。这确是一种理想，是一个美丽的梦。

把用人与配天联结起来讲，也是别开生面。一个人的本事再大，力量有限，成事有限，只有能聚拢众人之力的人才如有天助，才是配天之极。

两千多年前，老子的这些见解高于普通人，高于常人。如今，仍然高于常人，因为他要求的恰是克服常人身上的那些弱点：贪、骄、武、怒、争、与、先、上、为等。理想化、抽象化、微妙玄通化是老子的高明与魅力，也是老子的局限。读而思老子，是多么美丽，又是多么不足够啊！

第六十九章　哀兵必胜

用兵有言，吾不敢为主而为客，不敢进寸而退尺。

是谓行无行，攘无臂，扔无敌，执无兵。

祸莫大于轻敌，轻敌几丧吾宝。故抗兵相加，哀者胜矣。

谈到打仗，我要说，我不敢采取攻势而多采取守势，不敢轻易前进一寸，却敢后退一尺。

这就叫，虽列队而没有队形，虽投掷而不暴露手臂，虽冲锋对抗却没有对手，虽紧握而没有兵器。

灾难的后果没有比轻敌更严重的了，轻敌就差不多丧失了咱们的法宝。双方对抗用兵的时候，是哀者（悲愤者、危殆者、哀怨者、被侮辱者与被损害者）才好胜利。

老子讲述了一种小心谨慎、含而不露、无迹可寻（善行者无辙迹）、深远高妙（深不可识）的作战——做事方略。其中行无行、攘无臂、扔无敌、执无兵的说法有些神龙见首不见尾的神秘，时至今日，这种战法还有点游击风格。国人的说法叫作用兵如神。

小心谨慎，慎进勇退，宁取弱势，不取强势，这是一。这也是儒家所讲的如临深渊、如履薄冰的精神状态。反复斟酌，不要轻易下决心。要充分考虑到失败的可能，不要一心侥幸。因为人最常犯的错误不是对自己的力量估计不足，而恰恰是对自己的力量估计过高。人常有侥幸心理，你中头彩的可能性只有十万分之

一、百万分之一、千万分之一，照样有那么多傻小子去买彩票。你靠赌博取胜的概率只有千万分之一，照样有许多人醉心赌博。想撞大运的人们啊，你们什么时候能够清醒一下呢？

如果进行战争也心存侥幸，就更危险了。历史上有多少事例说明，越是自以为强大的军事力量，越容易大败如山倒。

底下的话神妙无穷。行进但不列队，列队但无队形，排队但不成行。这像游击队、游击战，起码不是正规军，但老子那个时候似乎还没有游击战术的概念。那么这就叫不拘一格，不搞正规战、阵地战，不拉架子，不摆阵势，不搞军事教条主义。这接近毛泽东的战略思想。

投掷但是不见胳臂，这是说隐蔽性吗？也可能是说不必用傻力气，或者是说不要造势，不要搞什么显示实力，不必亮肌肉块，不必在战场上搞健美操，不必追求声势。当然也包括不过分暴露自己，宁可多一点掩体，多一点防护，多一点不经意间的出手出击。

现在的战术，已经是“攘无臂”了，因为现在的“攘”只需要按一按电钮最多是扳机或敲一敲或只是触摸一下键盘或是声控，要这么多胳臂干什么？老子说的既像游击战也暗合当今的高科技战争。

扔无敌，执无兵，如今的高科技战争正是如此。老子时代没有高科技，但是有高明的用兵如神的理论哪怕只是想象，叫作思战如神，思胜如无形，思兵如无物。老子要打的是一场看不见、摸不着、听不到的战争，是大道之争，是大哀之争。

为什么冲杀上去、攻上去、对抗上去了，没有敌手呢？第一种可能，你用兵如神，敌人根本没有准备，来不及反应，没有任何反制措施，没有可能组成对抗的力量、战线、反攻。

第二种可能，你追求的如孙子所讲是不战而胜，是胜负的大势的掌控，是使一切主客观因素向你的胜利方面倾斜，于是你未战而笃定胜利了，不是非经过肉搏、经过拼刺刀才决定胜负。

为什么能够执无兵呢？同样，你从战略运用上已经取得了巨大的决定性的优势，不待挥刀剑（冷兵器）与开火（热兵器）已经取胜了。

这说的是军事，其实政事、文事更是如此。老子欣赏与追求的是不动声色，了无痕迹，悄悄完成，自行达到。老子反对与鄙弃的是大轰大嗡，强人或强己、强民所难，刻意作秀，自找麻烦。

为政，不需要经常提出新纲领、新口号、新提法，不需要经常揪出新敌手、确立新目标，不需要经常做动员、煽情悲愤、大游行，不需要经常搞成新高潮，不需要经常振臂高呼万岁或者打倒，不需要大搞政绩工程、面子工程。为政而能务实求真，能为百姓办事，排忧解难，能清廉公正，能为客而不为主，即真正拿民人而不是自己当国家的主人，能以百姓之心为常心，能够不扰民、不乱民，不小题大做，不草木皆兵就好。

写文章，应该是有结构、有起承转合而无定型、无定则、无安排巧思的任何痕迹的。文无定法，大匠运斤。这话说得在理。应该说是文章本天成，不像是谁写的，倒像是老天自己留下来的。好的作品，其作者的感觉绝对不是自己怎么呕心沥血、惨淡经营，而是天假尔手，踏破铁鞋无觅处，得来全不费工夫。

好文章的力透纸背处也是见不到用力的姿态与斧凿的痕迹的。越是有经验的作家，越不会在要紧的地方拼命煽情、拱火、咬牙、谩骂、胳肢人以逗笑、糟践人以出气、哭天抹泪以求同情、大话连篇以壮声势。好的作家越到关键处越是写得相对平静和不动声色。

文章尤其是小说作品，离不开精彩的描绘，别出心裁的妙喻，警句妙语，悬念故事，扣人心弦、天外飞来的奇笔，抒情引泪之语，颠扑不破之理，出人意表之情节，等等。

但是更上一层楼后，这些反而向后捎了，不必显山露水，不必精妙修辞，不必风云突变，不必怆然泪下，不必振聋发聩，只不过是喁喁道来，只不过是信手拈来，只不过是小事细节，只不过是白描速写，你已经为之震动、为之动容了。

咬牙切齿的文笔不是好文笔，就像仅仅靠咬牙切齿的用力未必能提高劳动生产率一样。

祸害莫大于轻敌。这当然也是经验之谈。这里我们看到了老子的两点论。一是战争中要神龙见首不见尾，要不着一字尽得风流，要举重若轻、游刃有余，要如有神助、取胜于尽早尽先。一是整体的盘算中切切不可大意；不可掉以轻心；不可丧失悲愤、悲壮、悲情的状态；不可丧失自己的道德正义感；不可不说清用兵是完全不得已，是被顽敌所逼迫，己方是受害的一方，敌方是加害的一方。哀兵必胜，这已经成为我国传统文化的一个重要提法，是我国传统军事学的一个重要命题，这是老子的一大发明。

所谓哀兵必胜，所谓背水一战，都有点置之死地而后生的意思。这些说法辩证则辩证矣，但是如何与老子的无为、不争、行无行、攘无臂、扔无敌、执无兵的这一面，如有天助的一面，举重若轻的一面，不战而胜的一面统一起来，我还是不无困惑的。读到老思索到老，让我们慢慢往深里研究去吧。

第七十章　知我者希

> 吾言甚易知、甚易行。天下莫能知、莫能行。
>
> 言有宗、事有君。夫惟无知，是以不我知。
>
> 知我者希，则我者贵。是以圣人被褐怀玉。

我的讲述非常容易明白，也非常容易实行。但是天下没有人能做到理解明白，更没有人能去实践躬行。

我的讲述是有一个宗旨、主题、目标的，是有自己的主心骨的。我的谈论事务，是有一个依据、一个主干、一个总体的思路的。只有无知者，才会不理解我，也不被我理解。

理解明白我的人绝无仅有（前面已经说了莫能知，因此不仅是稀少之意），取法我的人更是难能可贵。所以可以说圣人是穿着粗布衣服，怀里却揣着宝玉。

老子开始谈论认识论的问题，谈论知与行这样一个中国哲学上的老课题。

老子自以为他讲得清楚明白、简单易行，因为他并没有特别要求你做什么，而是要求你不要、不必、不可做什么。完全不必太费心思，不必苦学苦修，不必殚精竭虑，不必攀升不已，你只消停止、取消，克制你的计谋、欲望、妄为、各种自寻苦恼、自找麻烦、自取灭亡，回到你的本初状态、婴儿状态、淳朴（乃至愚昧）状态、无差别状态，就会与大道合一，天下太平，个人畅快，无往而不胜。

好简单！偏偏你们这些俗人，不去理解老子主张的平易性、真诚性、可行性、不劳争辩性、有效性与理想性，例如治大国若烹小鲜性、入军中而不伤性，无言而自化性、无不克性，你们究竟是怎么回事呢？

这很有趣，很值得探讨。

从根本上来说，知与行是不能分离的，我常说，知识的魅力在于它对生活实践的发现。生活实践的魅力之一，在于它丰富发展了知识。知识分子的最大快乐、最大使命，就是做到这两个发现互相发现。知识分子的最大本领应该是他能够像读书一样地读社会、读自然、读世界、读生活、读实践。他能够做到为世界而如醉如痴，从生活中发现精彩，发现真知，发现哲学、科学、艺术、理想、悖论和美。同时他能够像观察体悟生活实践一样地去读书，从书中发现活的感觉、道理、知识、形象与感受。

同时知识分子的最大悲哀是书归书，知归知，活归活，用归用。读书不能有所知，有知不能帮助生活，生活不能用书用知。是谓书呆子也，越读越蠢也。

同时知与行又不可能完全同一，行是有自己的最最直接的目的的。农民种地要的是丰收，政治家执政是为了国泰民安，不能仅仅是为了求知。

而知、求知、求学、理论研究与著述，在它密切联系着生活的同时，也可能从生活、从日常经验中升华起来，成为生活的一道风景，而并不等同于生活本身。

当然也有可能，知识也可能偏离大道，偏离科学，偏离真理，书本也可能荒谬化、教条化、脱离生活乃至成为生活的对立面。

不能将知与行分离，也不能将知与行同一。二者既互相滋养又各有特质，各有侧重。

知，包括知识、智慧、科学、艺术、理论、信念，它们满足着生活的需要、行的需要，同时这里的生活不仅指吃喝拉撒睡，这里的行不仅指经世致用，也指智力的操练、内心的期待、灵魂的渴望、趣味的满足、快乐的产生与自我的抚慰与完善。

首先，老子的精彩是无人否认的。但是老子的主张是难以认真贯彻的，它本身就包含着悖论。例如，老子说了，言者不知，知者不言，善者不辩，辩者不善，那么堂堂《道德经》即《老子》五千言，算是言了，还是辩了呢？算是善了、知了，还是不善了、不知了呢？既然言者不知，你的五千言又怎么能让人家知你，或者表示你知了人家呢？关于德也是这样，失道而后德，但你又没完没了地讲德，讲玄德。关于无为更是如此，无为的想法伟大绝妙，然而，真的无为了，还讨论什么道与德、胜与不胜、柔与坚、伤与不伤干什么？进入最最玄奥的境界，进入无限大的终极范畴，道与失道、婴儿与非婴儿、迷失道心道性与保有道性，以及一切讨论过的客与主、亲与疏、利与害、仁与不仁、刍狗与圣人与百姓、知与不我知、行与莫能行、则我（跟随我）与笑我、知我与误解我、一与二与三四五六七，又有什么区别，又有什么区别的必要性与可知性呢？

老子的论说，具有一种理想性、美妙性，与现实不无落差。例如无为，古今中外，哪一个政权是仅靠无为来取天下（赢选票）、治天下、胜天下的呢？没有。而且，伟大如老子，他怎么可能不知道，绝对的无为也是一种刻意为之、一种强做、一种咬牙切齿呢？辩证如老子，齐物如庄子，为什么不谈一谈有为与无为的相通、相似、相一致呢？

当然，可以解释为这是老子的对症下药。春秋战国时代以迄于今，人们患的多是轻举妄为之症，是实症、热症、火症、阳亢狂躁之症，而不是消极抑郁之虚症、风寒之症、阴湿之症、无所作为之症。所以老子对于无为方面的道理就多倾斜了一些。

这又说明了一个真理，真正精彩、绝妙、高深、照耀的思想、命题、论断，特别是涉及神性问题、神学问题，即世界与生命的终极、起源、归宿、本质、究竟、永恒、无限、一元等的学说，都是不大可能用一般的常理常识、用一般的逻辑计算实证就能做到理解与明白的，更是难以在日常事务中躬行实践的。大道非凡，大道难做，大道难行。

非凡、难做、难行，同时又有利于凡俗的行为与生活。读过《老子》的人至少比没有读过的人会多一点静气，多一点沉着，多一点谦卑，多一点略带冷笑的平和。

既然道可道，非常道；名可名，非常名，那么知可知，也就非常知——你能知道的知识，都不是根本的与恒常的知识；行可行，非常行，你能躬行实践的一切，都不是根本的、关键的、终极性与恒常性的实践。以子之矛，攻子之盾，伟大的老子先师啊，您又何必叹息牢骚于自己的不我知（无人理解）与莫能行（未能付诸实践）呢？

时至今日，两千余年后，中国外国，仍然有那么多人阅读、讨论、争论您的《道德经》五千言，聚讼纷纭也好，郢书燕说也好，越讲越糊涂也好，说三道四、指手画脚也好，无人正解更无人实践您的思想也好，您的影响已经伟大绝顶，您的成功已经难以匹敌。还要怎么个知法行法？《道德经》毕竟不是射击要领或交通规则，您想让读者怎么去行呢？

思想是光亮的，而生活太平凡。思想是深邃的，而生活常常显出来的是浮浅。思想是犀利的，而生活常常像钝刀子割肉（这是毛泽东用过的比喻）。思想尤其是思想的语言文字表述是非常美丽的，而生活经验要暗淡与非美丽得多。

还有，有许多思想很有道理，很有见地，很雄辩也很逻辑，但是就是难以完全做到。例如克制贪欲，各种宗教、伦理、道德，讲过多少金玉良言啊。相反，我们又看到过几篇倡贪、倡纵欲的理论文字？然而，人为什么有贪欲呢？就因为这不是一个立论的问题，不是一个后天教育的问题，不是一个观念的问题，而是一个人性的问题，一个原罪的表现啊。

靠任何伟大的学说、教义、训诫都不可能完全解决贪欲问题，只有靠应有的教育程度、合理的社会分配即对人们的正当欲望的尽可能地满足，激励与惩罚的制度和完备清晰的法律，加上必要的心理调节、心理卫生，社会风气的好转等综合措施，才能减少贪腐，使人欲的追求与满足文明化、合法化。谁又能读上一遍《老子》就立即清心寡欲起来了呢？

现在反过来说，高明伟大的思想首先具有的是欣赏、赏玩与发展思辨能力的价值，是令眼睛一亮、心智一明、心旷神怡、赏心悦目的同时又赏神悦智的效果，是吟咏徘徊、自得其乐、其乐无穷的效果。它们是智慧与高蹈的思想境界的维生素与营养添加剂、驱动剂。不管你自己怎么样强调它的朴素平易，它都不是拿过来就能啃、就能充饥的大馒头，不是泡上水就能吃的方便面。

毛主席嘲笑过教条主义者，拿着好的理论好比拿着弓箭，只知道夸“好箭、好箭”，却不用它来解决中国革命实践中的问题；不能用马克思列宁主义的矢，去射中国革命实践之的。毛主席批评这种对马列主义读之、习之、赏之、悦之却不会用之、行之的人，是无的放矢的教条主义者。对于马列主义，在革命发动时期的中国，毛主席的这一番论断是有道理的。但同样对于马列主义，也不排除有人更多的是去进行学理、资料、档案、文句方面的书斋、案头研究。至于老子，捧读《老子》而大赞“好箭”，赏之玩之，悦之服之，思之叹之，吟之咏之，并且随之而棋看远几步、事看深几层、无聊事放弃一大把、无聊纠纷看穿一大片，你会变得更加从容，更加有深度，更少骄（傲）、娇（嫩）、焦（虑）、矫（强）、搅（扰）、叫（闹）。这已经是很伟大、很受用、很了不起、很享受了，难道你还真的要用《老子》去修身、齐家、治国、平天下，去掌权，去执政，去外交，去国防，去调整汇率，去救灾抢险，去健身，去行房，去延年益寿吗？

老子的书益智、益心、益神、益气、益处世做人。益就是益，就像复合营养药品，其益甚彰，但不能代替米饭炒菜与汤粥茶水。

有些学问，越是急于应用，越会显得一文不值。五四时期的先锋们，对于中国经典的极端绝望与厌弃，正是由于他们急于以经典救国图存的缘故。现在救亡的实践没有二十世纪三四十年代那样紧迫了，“好箭、好箭”的赞美声又不绝于耳了。这很正常，也很可爱、可喜。当然仅仅是对于好箭的玩赏，其作用也是有限的。

给你一个古典的箭，要求立即射中现代、全球化时代与中国的独特模式的靶心，则是开玩笑。

圣人被褐怀玉，即穿着粗布衣裳，怀里揣着宝玉。这段话也与老子的风格不尽一致。这话更像屈原的怀忠不遇、怀才不遇的愤懑。伟大如老子者，难道会介意自己没有穿金戴银，没有冠盖车马，没有鸣锣开道，没有山呼万岁吗？

肉食者鄙，威风富贵者易从俗，叱咤风云者未必有多少独到的思想。思想者易高端、高耸云天却未必威风富贵。这也是万物皆有的区分，这也是知与行不可能完全统一的表现。尤其是那种天才的、超前的、绝妙的，与世俗拉开了长长距离的思想，也就是那一块光芒耀眼的惊世宝玉，带来的是思想的享受与纪念，是千秋万代的钦佩与汲取，是一个民族、一个大国的光荣与骄傲，却不是锦衣玉食、威风富贵。老子不会不明白这个啊。正是他提出了要为天下谿，为天下谷，处众人之所恶，又何必念叨啥“褐衣怀玉”呢？大师，您这是咋儿了呢？

第七十一章　病病不病

知不知上，不知知病。
夫惟病病，是以不病。
圣人不病，以其病病。
夫惟病病，是以不病。

知道什么自己是不知道的，或虽知道，而宁愿按并不知道去把握、去行事，这乃是最上乘的智慧。不知道自己有所不知道，或不知道而自以为知道，不知道而做出知道的样子，则是一种毛病，是一种疾患。只有知道自己的毛病和疾患了，才能消除这种毛病疾患，也就不是毛病疾患了。

为什么圣人没有这种毛病疾患呢？就因为他们能将自己的毛病疾患当成毛病疾患看，不讳疾忌医，不死不承认自己有毛病疾患。

正因为将毛病当毛病，所以就没有毛病了。

从含义上来说，这一章与更加流行的孔子讲的“知之为知之，不知为不知，是知也”大致相同。但是老子的文风更玄妙一点、拗口一点，以至于读起来如绕口令。这并不是老子故弄玄虚，而是老子追求着更大的概括性、灵动性、伸缩性。老子希望人们了解的是“病病反而不病，不病反而病”的辩证道理。这就不仅是知与不知的问题，也是病与不病的问题，是事物的辩证关系问题了。

这是一个绕口令，也是一个认识论上的有趣的讨论。知道自己不知道什么，知所不知，那这究竟算是自己有所知，还是无所知呢？老子回答说，这是有所知。因为知道自己有许多无知不知，这不会坏事，不会带来灾难。而自以为无所不知，什么都要瞎干预、瞎指挥，就会害人害己，贻害一方，你的地位越高，危害就越大。

那么不知道自己不知道什么，不知道却自以为知道，或做出知道的样子，这算不算知道呢？这算不算智慧呢？当然不算，这是一个危险的情况，这是一个灾难的预兆。强不知以为知，你要完蛋了。还有各种伪知，例如迷信，例如自命神异，例如个人崇拜，都是“不知知病”的表现。

至今仍然见得到这样的人，无所不知，万事皆通，道听途说，夸夸其谈，尤其是在公众场合或者在传媒面前，他一再表现自己的万能博士、攻无不克的特色。其实只要有一次，他能回答一次“此事我不知道，此点我不明白”，也能大大增加他的公信力啊。他怎么就硬是不明白呢？

英国首相布莱尔决定提前离任后，对美国做了一次任期内的最后访问。其间他与布什总统联合举行记者招待会。一位记者问布什：“你是否认为是你的伊拉克战争导致了布莱尔的提前下台？”布什听了这个问题，显得有些困惑，他说：“你的意思是说我对他的提前离任有责任吗？这个，这个，这个我不知道……”我认为，这样的“我不知道”的答话，这样的“知不知”式的回答，会比任何圆通的外交辞令更令人易于接受。

是的，老子讨论的不仅有知与不知的问题，而且有病与不病的问题。这是孔子所说的“是知也”的名句中所没有的。老子强调要拿病当病。“夫惟病病，是以不病”，这对于统治者尤其重要。

“夫惟病病，是以不病”，一章里重复讲了两次，可见其重要与困难。一般的人，容易病物病他，病环境，病社会，病老板或者下属，病运气，病自己择君非圣、择偶非人、择业非当、出生非时、国籍非地……总之除了自己美好而又冤屈以外，什么事什么“点儿”也没有碰对过。谁能病病，谁能不病，谁能不患？就是说不得这种见到自己的病、不承认是病的臭毛病！能病自身之病，这几乎快要成为圣人啦。

中国人重视修身，重视反求诸己，重视反思，重视通过调整自身来改善自己的生活质量。这不应该与改造环境的努力对立起来，而可能成为更有效地改善环境、造福群体的一个前提。一个永远看不到自己的毛病、自己的病的人，能够指望他为群体除病吗？群体的病除之后，他的病岂不更加突出了？

病病不病，不知知病……有点像念咒。通篇《老子》，常常不拒绝绕口令式的文风。这种文风可能带来游戏的快乐，如“不吃葡萄倒吐葡萄皮”，也可能带来深思、神秘感、崇敬感与形而上感如佛教的“般若波罗蜜”：“是故空中无色，无受想行识，无眼耳鼻舌身意，无色声香味触法。无眼界，乃至无意识界。无无明，亦无无明尽。乃至无老死，亦无老死死尽。无苦集灭道，无智亦无得。以无所得故……故知般若波罗蜜多，是大神咒是大明咒是无上咒是无等等咒……”

即使你基本不懂这段佛学经典的含义，读之诵之，有所感佩焉。

老子正是在绕口令式的文体中，在汉字特有的同一个字既做主语用，也做谓语用，还做补语用的使用中，训练人们的辩证思维能力，启发与驱动人们的概念推演、概念游戏、概念生发、思想扩展能力。例如病病与不病，不病与病，知道自己有病反而不会大病，讳疾忌医则会造成大病，这个意思很好，也不难理解。说成了“夫惟病病，是以不病”，拗起口来了，但也更玄妙有趣起来了。

修辞用词，也是推进思维与精神境界的一种途径。而且这种拗口式词句，别有魅力，别有趣味，略有难读，终于好记，如同吃粘牙的糯米，更富口味与感觉上的快感。

思想、材料、文体、修辞，这是一个整体。老子的特殊的文体——文言，押韵、简要、绕口、循环、往复，与他的思想——奇绝、玄妙、高端、深远、无限是密不可分的。用白话文或英语来表达，其成色一下子打了许多折扣。伟大的道可道非常道啊！

本来以为这种绕口令式的深刻文体，只有中国尤其是老子才有，想不到的是，我在美国前国防部长拉姆斯菲尔德先生的言语中发现了类似的巧合。下面引用的这段话是他在二〇〇三年回答记者关于伊拉克的大规模杀伤性武器问题时讲的，曾被某记者俱乐部评为当年的“文理不通奖”冠军。从中可以看出拉部长谈到伊拉克大规模杀伤性武器时的窘态。但如果抽象出来，作为哲学论述、认识论论述，则不无精彩、不无可以与老子的这一章相对照的可圈可点之处。我将之译成了文言文，愿与读者共飨。

他是这样说的：

As we know 吾知之
There are known knows 知有所知
There are things we know we know 吾知者吾知
We also know 吾亦知
There are known unknowns 知有所不知
That is to say 即谓
We know there are something 吾知吾
we do not know 有未知者
But there are unknown unknowns 并有不知所不知者
The ones we don't know 某物吾未知者
We don't know 吾未知也

从国际政治的角度来看，这样谈伊拉克大规模杀伤性武器问题，是窘态下的自辩，这其实也不足为奇。政治家有时需要强辩苦撑，对此，我不必在谈老子时置评。拉先生的策略是把国际政治乃至和战问题、武器核查问题哲学化、认识论化，于是出现了上述奇文，我把它用文言文一译，还真有几分精彩喽！

至于老子的这一章文字我设想与春秋战国时期群雄并起、士人纷纷自我兜售的情况有关。历史上只有一个秦始皇统一了六国，建立了自己的其实是短暂的但自己以为是千秋万代的永世基业。但各诸侯国都在争着做始皇，都在急着推广自己的一套方针、政策、谋略。这个时期，志大才疏的人太多了，自以为无所不知的人太多了，讳疾忌医的人太多了，不知知病的人太多了，牛皮烘烘的人太多了，老子乃提出了这样一个学风问题。他想灭火，他灭不了。

第七十二章　是以不厌

民不畏威，则大威至。

无狎其所居，无厌其所生。夫惟不厌，是以不厌。

是以圣人自知不自见，自爱不自贵。故去彼取此。

如果民人不害怕、不在意你的威权威力、权力威胁，那么更大的威力——更大的或最大的威胁即危难就要到来了。

不要与民人的安居乐业捣乱作对，不要挤压妨碍民人的谋生过日子。只有你不压迫他，他才没有被压迫感。只有你不讨厌他们，与他们对着干，他们才不会讨厌你，与你对着干。

所以圣人要有自知之明，但不是表现、炫耀、卖弄自己。圣人懂得自爱，但并不把自己看得多么高贵——高高在上。也就是说，要选择前者（自知自爱），丢弃后者（自见自贵）。

老子的许多教训是针对统治者的。他也给统治者提过类似愚民政策的建议，而且中国历代统治者确实接受了这种愚民政策的负面影响。虽然作为哲学家，老子心目中的愚更多的是指淳朴敦厚，但是到了某些无道失德的统治者那里就变成愚弄群氓，老子难辞其咎。然而老子又确实有一种原始的民本思想，他强调一切问题、一切麻烦都是统治者的责任，必须从统治者身上找原因、找解决的办法。他主张以百姓之心为圣人之心，主张精简行政，损之又损，以至于无为。他的无为而治的主张至少有不扰民、不干涉过度、不损害民利的因素，有小政府大社会的因素。可惜的是，国人并没有此方面的实践经验。这里，他又从威讲起。

威是什么？威严、威信、权威、威力、威武、威胁、威逼、威吓、威压等。

后四个词是纯粹负面的，而前五个词很可能是正面的。

还有一个词就是“威猛”。我想起一位长期以来积极参加各种政治斗争的举止极其有派的老作家。当年轻一些的同行告诉我他是如何如何“威猛”时，我实在忍俊不禁，并从而结结实实地学会了“威猛”一词。此前，我很少见过更没有使用过这个词。

前贤解释《老子》，极注意把“民不畏威，则大威至”的前一个威与后一个大威区别开来，似乎前一个威是好威，后一个威是坏威。就像有的学者注意把愚与愚笨区别开来，把无为与无所作为区别开来。

其实不必。老子是主张“惟之与阿，相去几何？善之与恶，相去若何”的，到了庄子那里明确提出了齐物论（有点像后现代的所谓一切东西都存在于同一条地平线上或同一平面上的理论），我们后来学者何必那样辛辛苦苦地从文本并不存在的缝隙中增加对于老子的语词分清善恶曲直的自作多情的尝试呢？

威就是威，大威小威都是威。威是什么，是一种加害于对象的力量，一种自然的破坏力或人为暴力，至少是潜暴力的预告。威是一种提前的施压效应。

阳光明媚，惠风和畅，万物生生不已，我们不会此时称道自然之威，而是赞美自然之恩泽仁厚。而当雷电交加、狂风怒吼、山洪暴发、海啸、雪崩、地震、泥石流滑坡之时，我们不能不承认乃至赞颂大自然之威力无比。

而一个统治者、管理者的威严，当然与他有可能加害叛逆者、不服从管理者，摧毁他们的反抗有关。仅仅是热爱人民、智慧、善良、无私、天才，可能令人佩服或者爱戴，但都不足以有威。领导人并不是慈善家、传教士、老好人、老大妈，不论什么样的政权，都有自己的加害于敌对势力的手段，也是使你就范的手段。

当然为了使你就范，仅仅有威是不够的，仅仅善良也是不够的或者更加不够的。中国早就有一个通俗的说法：恩威并用。

百姓不害怕你的威，更大的加害性事件或更严重的乱局，即更大的灾难危险就会出现了。

那么在什么情况下会出现民不畏威的情势呢？老子没有细讲。但我们似乎应该联系下文来体察老子的用意。他强调不要扰民，要让老百姓安居乐业，让老百姓有以为生，过太平日子。一句话，不要与民人的正常的淳朴的自然而然的要求愿望对着干。再说通俗一点，千万不要害人，害老百姓。你害得老百姓活不下去了，你的加害能力已经无缘无故地透支了、挥霍了、用光了、用满了，你的加害民人的行为已经躲也躲不开了，民人除了反抗还有什么办法？既然要反抗，既然已经官逼民反，怎么还可能怕你呢？

老子的着眼点仍然是统治者，他始终采取一个给统治者进言的姿态、给以忠告的姿态，有时候是忠言逆耳的架势。他劝统治者低调一些，让老百姓活得自在一些。那时的中国还没有自由的观念，但有自在（“自由自在”的“自在”）的观念：唐尧时期已经有《击壤歌》歌颂：“日出而作，日入而息，凿井而饮，耕田而食，帝力于我何有哉！……”看来恰恰是唐尧时期，有那么一点无为而治的理想色彩。

所以老子要求统治者“自知不自见”，有自知、知人之明，有知识、有经验，但是不要动辄显摆自己。身为统治者还老找机会炫耀自己，是可笑的，是对庶民的不尊重，是讨嫌。“自爱不自贵”，也很好，自己爱护自己、保护自己乃至自我优待一下，都还行，但切不可高高在上、称王称霸、穷奢极欲、脱离民人。

老子一贯主张，在庶民面前，统治者要注意谦恭谨慎，这当然是有道理的。现代的政治家也要注意——至少是注意树立亲民形象。

说完了怕不够，怕引不起统治者的足够重视，于是再重复一遍：要去彼取此，叫作有要、有不要。这些，可以算是语重心长了。

第七十三章　天网恢恢

勇于敢则杀，勇于不敢则活。此两者或利或害。天之所恶，孰知其故？

是以圣人犹难之。天之道不争而善胜，不言而善应，不召而自来，繟然而善谋。

天网恢恢，疏而不失。

勇于去妄为，就会丢命。勇于断然停止和取消妄为，就会存活。这两种勇，一个对人有利，一个对人有害。上天就是不喜欢、厌恶人的妄为，谁能说得清它的缘故呢？

所以就是圣人也会感到不易明察：天道是这样的，不争夺争斗，却总是胜利。不说太多的话，但是总有人响应。不用召唤，却都能到来。大大咧咧、慢慢腾腾，却能够安排谋划得很好。

上天的安排像是结就了网，虽然粗疏，却从不失误，从不会漏掉什么要紧的关节。

老子是强调养生的，他常常为弱者弱国打算，所以他强调的勇，不是去冒风险而是停止去冒风险，不去妄为。说不定这与春秋无义战也有关系，所以老子并不提倡拼命争斗，不提倡轻生轻死，不提倡战斗到最后一个人，不提倡献身成仁，却提倡“勇于不敢”。

你可以说老子是在为勇正名，也可以说老子在颠覆勇之名。

迄今为止，人们说的勇当然是勇于敢，白话文中的勇就是勇敢，而不可能是勇于不敢。

但是老子颠覆性地提出了一个问题：勇于冲锋是勇，那么勇于停止冲锋、勇于不冲、勇于撤退、勇于停战、勇于妥协，算不算勇呢？猛冲猛打当然需要勇，需要不怕牺牲，不怕付出代价，那么勇于不敢呢？

例如重庆附近的钓鱼城，从一二四三年至一二七九年坚守孤城三十六年，挡住了元军的攻击，击毙了蒙哥汗，影响了元军西征欧洲，改变了世界历史，元军誓破城后屠城报仇。最后，宋朝已经灭亡多时，守将王立开城投降，保护了全城百姓。对于王立的评论，一直处于两个极端，反对者认为是投降，是叛徒；赞扬者认为宋朝已经灭亡，抵抗无益、无理、无必要，只有勇于承担才能保民利国。王立，按照老子的观点，就是勇于不敢的了。

韩信的受胯下辱——被几个流氓要求从胯下钻过去，则是由于韩信有大志，不必与市井无赖纠缠，更不必为市井无赖付出代价。他也是勇于不敢与小流氓斗，但他勇于率军与项羽打仗，所谓小不忍则乱大谋是也。

但综观韩信一生，对他的为人的评价并不是很好。尤其是他的睚眦必报——待到他发达以后，所有的微小私仇他都要报复，令人觉得狭隘小气。他的凶险下场，想来有咎由自取的因素。

比较没有争议、为万世景仰的则是蔺相如。为了大局，他勇于不敢与廉颇内斗，处处避让廉颇武夫式的挑衅，终于感动了也教育了廉颇，最后廉颇负荆请罪，其故事、其境界令人佩服。

事物总有两个方面，有退让就有不让，有坚决就有灵活，什么事都针尖对麦芒，其实是小气鬼。所谓一日之短长，所谓意气之争，所谓名分之争、蝇头小利之争，只能降低自己，而与所谓赢输勇怯无关。

说是上天厌恶那种“勇于敢”，但是莫知其故，这话说得有些突兀，因为他一直讲类似的不争、不冒险、要无为的道理，一直说这是大道，是天意天道，为何到了这里又出来一个“孰知其故”呢？

这里透露了一点老子的自我矛盾的心情。他未必认为当时的环境下不需要进行必要的抗争、必要的冲刺、必要的奋斗与牺牲。他确实看到了，除轻举妄动的勇敢分子、糊涂人、冒险家、野心家以外，确实也还有许多英勇无畏的人物，愿意为理想、为道德、为庶民、为百姓杀开一条血路的人物存在。但同时他看到了这样的奋斗者、牺牲者、先行者付出的代价太惨重，成本太高昂，效果太微小，距离他提出的返璞归真、皈依大道、无为而治、不教而自化、不言而应、不召而来的理想境界何止相距十万八千里！他不能不问，天哪，孰知其故啊？！

于是老子安慰自己，天道是缓慢的、大大咧咧的，天网是粗疏的、不缜密不细腻的，似乎马马虎虎的，好人未必立马有好报，坏人未必立马有恶报。但是我们必须放宽心思，放长眼光，假以时日，好人好事终将好报，恶人恶事终将遭受惩罚。“天网恢恢，疏而不失”（现一般作疏而不漏）已经成为俗谚，成为国人的文化心理与共识。你能怎么办呢？只有假以时日，只有相信天网天道，天网不会漏过对于坏人的惩罚，天道也不会忘却对于好人善行的报答。

有一个“孰知其故”的说法，透露了老子的“天网恢恢，疏而不失”的名言中既有对于天网的称赞崇拜，也有对于天网之“疏”的未必全无微词。这是我的一个发现，不知能否站立得住。识者教之。

然而，老子忘记他的名言了吗？天地不仁，以万物为刍狗，何必赞扬，又何必微词呢？

第七十四章　民不畏死

民不畏死，奈何以死惧之。若使民常畏死，而为奇者，吾得执而杀之，孰敢？

常有司杀者杀。夫代司杀者杀，是谓代大匠斲。夫代大匠斲者，希有不伤其手者矣。

民人连死都不怕了，你为什么还要用死来吓唬民人呢？如果能做到让民人贪生怕死，谁胡来，抓起来杀掉他不就得了，谁还敢胡闹？

有专门管生死的机关或部门管杀，请不要代替这种专门力量与分管部门去杀人、去处死犯人。代替这种专门机关或部门去杀，就好比代替木匠大师去砍削木头，怎么可能不伤到手呢？

这是一个家喻户晓的警告，这是一句充满力度与激愤的言语。“民不畏死，奈何以死惧之”。许多革命者、抗争者引用过这样激烈而且悲愤的话语。

同时老子也向统治者进言，不要以为老百姓永远那么怕死，你把老百姓逼急了，他们也会不怕死的，到那时候可就不好办了。

事情很简单，一切政权的镇压反抗的手段，都是建立在人的趋利避害、贪生怕死的预设前提之上的。为什么奖金有诱导力？奖金能够帮助你活得更舒服、更富裕也更光彩。为什么囚禁有阻吓力？因为囚禁使你无法享受生活的快乐。为什么死刑有更大的威慑力？因为一经处死，人再也活不转，人再也没有生的享受了。

但是如果矛盾太尖锐，仇恨太大，就会使一方宁肯死也要与你斗争到底。如《尚书》所言：“时日曷丧，吾与汝偕亡！”报复比自己的生命还重要，只要能要你的命，我甘愿赴死。有时这种情况叫作“官逼民反，民不得不反”。到了此时，你的各种奖惩手段、抑制与激励手段也就基本上失效了。

“九一一”后，美国要求阿富汗的塔利班交出本·拉登。塔利班的一位发言人宣称：美国拥有一切，而塔利班一无所有。他说，他们拥有的只有自身的身体与生命，他们渴望为“圣战”而死，就像美国人渴望生活、渴望活一样。

这确实是一个严重的问题，而且这个问题仅仅靠军事打击解决不了。

那些有杀人能力的人与机构，应该认真想想两千多年前老子的这一警告。

代司杀者杀的说法相当含蓄。它有多重解读的可能。第一，谁能生杀予夺？原则上只有天，只有大道才有这个职责与权力。统治者不要替天杀人，替天杀人者会自伤其手指。第二，谁该杀谁不该杀，应该有专门的机构和人员去操作去执行。君王大臣，不要轻易下令杀人。说得现代一点，杀人（判死刑的事）应该专业化、专门化、专职化；处死与行刑的权力与事务，应该收拢到某个专门的机构或人员上去，不可任意广泛化，不可放权，不可变成一般行政事务。

不知这算不算分权思想的萌芽。

第七十五章 难治轻死

民之饥，以其上食税之多，是以饥。
民之难治，以其上之有为，是以难治。
民之轻死，以其上求生之厚，是以轻死。
夫惟无以生为者，是贤于贵生。

民人为什么饥荒？因为在上的人吃掉、用掉了太多的赋税，所以就发生了饥荒。

民人为什么难以治理（不听调度）？因为在上的人老在那里找事干（上边对老百姓提的要求太多、花样太多、让百姓干的事太多），所以民人就不听上头的指挥了。

民人为什么轻忽生死？因为上边的人生活得太奢侈富裕了，所以民人对于死的危险也不在话下了。

那些并不特别看重自己的生存与生命的人，那些自然而然地生活着的人，其实比特别宝贵看重自己的生存的人更高明。

老子在这里替百姓吐了点苦水。

这一章话语也很有分量。老子指出，治国方面的一些麻烦、一些政治困局，其实是统治者自身造成的。为什么饥荒？统治者们太多吃多占了，苛捐杂税、徭役负担已经让民人无法承担了。这里既有实际的食品消费品数量产量问题，也有相对公平不公平的问题。如果共克时艰，统治者圈子里的人员即“上面”的人员与老百姓一起艰苦奋斗，乱局就不会出现得如何严重。而在上者穷奢极欲，老百姓啼饥号寒，“朱门酒肉臭，路有冻死骨”，还想让国家不出现乱局变局，那是根本不可能的。

民人难以治理，不听上头的话，是怎么发生的呢？老子认为上头要做的事越多，做出的指挥越多，各种智谋、花招、手段、策略越多，老百姓也就越发刁恶，越发不听你的那一套。为什么呢？因为你的花招启发了他做事是可以耍弄花枪的。你的要求提醒了他，那么多要求是不可能实现的，而且你是不体谅老百姓的疾苦的。于是你有政策他只能答以对策。你想干的事情太多，任务多，说法多，道理多，许诺也就太多，而兑现的就会越少，空头支票就会泛滥，上头就会屡屡失信于民，上头的威信就会越低，民人不就成了难剃的头、成了刺儿头吗？

上头的指挥治理如果背离了无为，即令民人自己过日子的大道，一切就会适得其反。

民人为什么连死都不怕了？这里又呼应到民不畏死上来了。老子的说法也很别致，你越是活得高级、享受、优裕、奢华，老百姓就越是要与你拼命，自己不活了也要让你活不下去。这不能不让你想起塔利班的那个逻辑。你越想活，我越想死。你大活特活，你高消费、高指标、高纵欲……只会使我越加绝望，越加愤怒，越加狂暴，越要采取极端行动。

这里老子讲的民之轻死，恐怕不仅仅是轻视自己之死，不惜以死相争，而且也包括了轻视生命之死，或是期待着用死亡来回应“其上”的“生之厚”。

当然，作为当代国际政治事件，我们是谴责反对恐怖主义的，我们也完全无须以老子讲的轻死现象与现在的恐怖主义相提并论，但是，一些“成功者”与在上者的生之厚，会成为另一些“失败者”与在下者、弱势者的轻死的根源，老子当年能提出这个命题，堪称振聋发聩，今天也值得掩卷长思。

于是，老子反过来奉劝那些生之甚厚、享受得登峰造极的人，其实不如听其自然，过一种更自然、更朴素的生活，才是更健康。

这使我想起二十世纪八十年代与周谷城的一次谈话。他已经九十多岁高龄了，我问他养生之道。他回答说，我的养生之道可能别人不容易接受，就是说，我的养生的关键就在于“不养生”三个字。妙哉，周老庶几达到无以生为者、是贤于贵生的境界喽。

周老的说法也令人想起相反的情况，神经质地贪生怕死，过度的营养、保健、进补、医疗，对于自己的健康状况、生命状况的疑神疑鬼，更不要说穷奢极欲了，那不是自取灭亡又是什么呢?

第七十六章　柔弱处上

人之生也柔弱，其死也坚强。万物草木之生也柔脆，其死也枯槁。故坚强者死之徒，柔弱者生之徒。

是以兵强则灭，木强则折。强大处下，柔弱处上。

一个人，活着的时候是很柔弱的，而他死后才会变得坚硬难以曲弯。就像草木，活着的时候是柔软脆弱的，死了也就枯干坚硬了。所以说，坚硬与强直，是死的结果、残废的派生物。而柔软与易于曲弯，才是生的表现、生的结果。

所以说，兵强硬了，就会灭亡，树木强硬了就会折断。强大的位置在下边，而柔软曲弯的位置才是高出一头的。

老子喜欢做逆向思维，坚强、勇敢、智慧、有为、仁义、美善都是褒义词，弱、不敢、愚、无为、不仁、不义、不美、不知都不像是好词，都似乎带着贬义，但是到了老子这里给它们翻了一个个儿，使一批褒义词的后果即后续效应变得可疑起来，严重起来。老子搞了一个概念革命，“名”的革命，使诸概念面目一新，使老子的论述如闪电划破了夜空，如惊鸿突现了倩影，你的思想也从而一亮、一惊、一变。

“坚强”并不是一个古代常用的词儿，《辞源》与《辞海》上都没有这个词。二十世纪六十年代的《新华字典》里对于坚强的解释则是“不动摇”，这显然已经把这个词与中国革命的具体实践联系起来了，于是坚强便是一个极好、极光荣的品质了。当代《现代汉语词典》中对于“坚强”词条的解释是“强固有力、不动摇”，也绝无贬义。

但是老子这里使用的“坚强”一词，却是贬义的。有的专家便干脆将之解释成“僵硬”。现代汉语中，坚强与僵硬恐怕实在不能混淆互用。倒是汉英词典中，将坚强译为 adamant、adamancy；而在英汉词典中，将 adamant、adamancy 解释为坚持与固执，那么在英语中，“坚强”便是一个中性的词了。语言本来不是意识形态，但是从《新华字典》《现代汉语词典》与汉英词典、英汉词典的对于坚强与 adamant、adamancy 的解释中，我们不难看出意识形态的影响——西方人认为坚强可能是固执、顽固，而当代中国人强调的是坚强即不动摇——这是很有趣的。

而老子对于坚强的理解与当代中国的革命家不同，他确实是在强调坚强之为僵硬的负面特色。

老子有一个惊人的发现：坚强是死的特征，而柔弱是活物的特征。

我们今天的人，也许宁愿选择柔韧来取代“柔弱”一词。柔性，可以弯曲，可以变形，可以压缩，可以抻拉，叫作经蹬又经踹，经铺又经盖，经拉又经拽，经洗又经晒。这些只有柔软的布匹才能做到，而坚硬的铁片是做不到的，更不要说其他片片了。

这反映了老子所处时代的某些特色，混乱、争斗、不稳定、无义战，都在做个人争霸、地区争霸，却无关民族大义，危机四伏，互相砍杀。这个时候如果任意坚强一番，只有白白完蛋之下场。

中国历史的严峻性使中国文化富有一种应变能力、自我调整的能力、百挠不折（以老子的思想方法，其实百折不挠与百挠不折，表面看来相反，实际道理同一）的能力、适应能力与再生能力。这有一点柔弱赛过坚强的意思。历史上有过许多大帝国，如罗马帝国、波斯帝国、奥斯曼帝国等，固一世之雄也，而今安在哉？而中国居然历尽艰险灾难而不亡不中断至今，并正在创造着历史的新篇章，这恰恰与中国文化所提倡的与文化本身就具有的这种柔弱之道、柔韧之道有关系。当然同时必须将斗争之道、反抗之道、英勇不屈的坚强之道弘扬开来。

同样搞了社会主义，搞了改革，苏联、东欧国家就改垮了，中国就改出了新生面。这也与国人的柔韧思想有关。例如市场经济，按照社会主义或资本主义的“坚强”的意识形态，它与社会主义不能并存，但是恰恰在中国，用坚强者认为相当吊诡的社会主义市场经济挽救了中国、挽救了党，为中国开辟了新的前景。

顺便说一下，港台喜用的“吊诡”一词源自《庄子》的《齐物论》，老子、庄子都是吊诡的大师。生也柔弱，死也坚强；无为而不为；兵强则灭，木强则折；坚强处下，柔弱处上。这里的每一个命题，无不带有吊诡的味道。有了这样吊诡的超常思辨传统，谁能消灭、折断中国与中华文化？

老子也有概念游戏，他说的是兵强则灭，其实并不是说兵弱必胜，也不是兵强必灭。他说的其实是兵太强了，用兵僵硬，兵法呆板，因强而骄，因强而粗心大意，因强而战线过长、补给过长、对困难估计不足，反而容易失败。就像龟兔赛跑的结果是龟胜兔败一样。老子这里的“强”字，恰恰是从它的最最负面的意义上使用的。

木强则折也是一样。严格地来说，柔韧也是强而不是弱的一种表现、一种特征。这里讲的易折的强其实不是真强，而是枯槁而又全无弹性、适应性、可塑性、可调节性的所谓强，这是傻强，是死强，是干巴巴的强，是无内容、无生命力的强。而如果是干将、镆铘的剑器的强与锋利，那就不是强的折断，而是剑的吹毛断玉、削铁如泥了。那时，柔弱的毛与至少比剑锋柔弱的玉与铁，就都胜不了干将、镆铘的宝剑。

当然，事物同时有另一面，如果一把剑过于锋利，它也就容易卷刃，容易受损，如果它的砍杀对象是一批柔韧的橡胶、塑料、纤维，尤其是如果宝剑意欲劈杀的是老子最欣赏的流水，那么，单凭坚强与锋利，还真是未必能胜。

以柔克刚，以弱胜强，是中国人特有的一种理念，它与月盈则亏、水满则溢、物极必反的中国式古老的辩证观念密切相连。因此才有太极拳的发明与流行，才有卧薪尝胆的故事，才有以退为进、明升暗降的计谋，才有水滴石穿、绳锯木断、韬光养晦、多难兴邦、玉汝于成等成语、谚语。而这方面的老子的论述，尤其精辟，有新鲜感，发人深省，助人渡过难关，也帮助了中华民族大难不死，劫后重生，因祸得福，屡败屡战，否极泰来，永不灭亡，永放光芒。

第七十七章　天道与人道

天之道其犹张弓与？高者抑之，下者举之。有余者损之，不足者补之。

天之道，损有余而补不足。

人之道，则不然，损不足以奉有余。

孰能有余以奉天下？惟有道者。

是以圣人为而不恃，功成而不处。其不欲见贤！

天道、自然之道，岂不是和拉弓一样的吗？哪里抬得过高了，就往下压一压；哪里举得不够高，就抬高一些；哪里用力太过了，就往回松一松；哪里用的力气不足，就加一点气力。天的大道，是（将力量）从有余处、从过于饱满膨胀的地方，调剂给不足处、调剂到过于瘪凹空乏的地方。

而人们习惯于做的规则恰恰相反，人是在反着来呀，是损害与剥削本来就不足——弱势的、被侮辱与损害的人，拿去供奉侍候那些有余的、撑得脑满肠肥的人。

那么人当中有没有把自己有余的东西拿出来供给天下的呢？也有，那就是真正懂得大道的圣人了。

所以说圣人，虽然做了许多好事，但绝对不居功自恃；虽然取得了巨大的成功、事功，但是不将这些功劳视为己有，他们丝毫不向往、不追求、不表现自己如何如何贤能伟大。

以拉弓做比喻，指拉弓要有一种准确和平衡，高低、强弱、满损都要适宜，才能拉开好弓，瞄准目标，才能一箭射到期望的目标。拉开弓并不就是完事了，因为你拉弓的目的是射箭，你必须稳定、平衡、准确，不能太高，太高了要降下来；不能太低，太低了要抬起来；不能太满太用力，太满太用力会造成弓弦力量的不平衡，会造成箭的不知去向；不能太乏，太无力，无力处一定要加力。整个弓必须拉得如同满月一样浑圆完满、平静稳妥，才能一箭中的。以拉弓做比喻，是因为张弓必须调整均匀、平衡稳妥。

大自然也是这样，太冷了，天气会逐渐转暖；太热了，天气会逐渐变凉；月盈了，太饱满了，就会逐渐亏损；风太大了，终将停息；太干旱了，可能有大雨降下；太洪涝了，也许能积下淤土。灾难过后应该有好运，惊雷闪电以后应该是风平浪静。

（这其实是老子的愿望，并不就是现实。天公果然是那么讲平衡、讲妥当的吗？难说。天地不仁呀！它才不管你平衡不平衡呢。）以张弓比喻天道，确实比用水、婴儿、玄牝、橐籥（风箱）来比喻更难说清。或者让我们从强调张弓的平衡、均匀、稳定、准确，注意自我调整方面体悟一下吧。

但下一段话十分尖锐严厉，他说，人之道是与天道背道而驰的，老子假定天道是往平衡里走的，是调剂有余的一切提供给不足的方面的，例如水大了会往水少的地方回流，树多了会往树少的地方繁殖。而人间的法则恰恰相反，是压迫损害不足的贫弱的人向富足的人进行供奉，是穷人更穷，富人更富，是从贫弱处向富足处倒流财富。这个批判太严厉了，几乎是反剥削、反压迫的同义语，几乎是“造反有理”的同义语，几乎是号召革命。无怪乎历代农民起义都要扯起“替天行道”的旗帜，就因为老子已经讲了，人之道与天道是相反的，替天行道的意思就是要把人之道反过来。用毛泽东的说法就是把被颠倒了的一切再颠倒过来，就要革人之道、封建之道、帝国主义之道的命，就是要恢复、唤醒损有余而补不足的天道、要劫富济贫、抑强扶弱、打土豪、分田地、剥夺剥夺者……

老子希望有圣人出现，这些人也是有余的，是富裕者而不是匮乏者。不论在物质上或是在精神智慧上，他们的所有、所占、所得高于贫弱愚昧的大多数。但是他们懂得：自己已经得到的太多太多了，再不应该希图得到更多的供奉侍候服务。他们认识到：自己的任务是拿出一些所得来帮助贫弱者，是降降自己的生活服务荣誉的格儿，拉近与百姓、与弱势群体的距离。

能做到这一点就是得了大道，可见做到这一点有多么不容易！

人的特点是眼睛向上，你已经颇有点养尊处优了，但是你会盯着那些比你地位还高、能力还低、享受还优渥、贡献还小的人，你老觉得别人欠着你的，你总是冤屈、不满足。如果是反过来，你看一看有多少比你强的人，命运却远不如你，你还会是同样的愤愤不平的心情吗？

你开始把思路往这方面转化了吗？若是，你就开始“入圣”了，“得道”了。那么圣人比非圣人更快乐，更坦然，更光明也更自信。

老子的哲学并不是畏畏缩缩的哲学，不是哆里哆嗦的哲学，不是内心恐惧的哲学，而是光明坦荡、高尚无私、胸有成竹的哲学。

为什么这里又扯上了“为而不恃，功成而不处。其不欲见贤”前边其实已经讲过若干次的教训呢？也是从这个有余与不足的平衡问题上说起的。圣人认为，自身得到的已经太多了，自身已经是有余者而不是不足者了，圣人早已知足常乐，圣人想的只是怎么样对天下多做奉献，减少自己的享受与名望，把自己已经获得的好处分一点给旁人，而不是自身再锦上添花，再加什么美名、什么功绩、什么威望、什么头衔，更不要居功自傲、自吹自擂、贪得无厌。

这样一个态度、这样一个认识实在是太宝贵、太难得了。想一想当今我国某些自命成功的人吧，他们有几成做到了这一点？越是成功的人越方便为自己炒作吹嘘；越是有钱的人越是有条件炫耀摆谱、贪婪图财；越是确实读过点书并被公众承认的智者，越有可能高高在上，自命不凡，脱离众生也脱离大道。这还是说得最好的那些人。等而下之的呢，一瓶子不满半瓶子晃荡的呢？他们当中某些人的贪欲，某些人的损不足以奉自己的劲儿，某些人的理论不联系实际只联系实惠……他们的丑闻丑态与装腔作势，他们一定比凡人百姓更清高、更神圣吗？呜呼，哀哉！

第七十八章 受国之垢

天下莫柔弱于水。而攻坚强者，莫之能胜。以其无以易之。

弱之胜强，柔之胜刚。天下莫不知，莫能行。

是以圣人云，受国之垢是谓社稷主，受国不祥是为天下王。正言若反。

天下没有什么东西比水更柔弱，但是用以攻打坚强的东西，没有比水更难以战胜的了。原因在于，水本身、水性是对方无法改变、无法予以变化的。

都知道以弱胜强、以柔克刚的道理，但是没有谁能做得到。

所以圣人说，能够承担国家耻辱的人，才是社稷（国家）的君主。能够承担国家噩运与灾难的人，才是天下的君王。这里说的是正面的意思，却容易被认为是反话。

老子再次讲水的力量，如前面已经讲过的。历代学者都将水的“莫之能胜”的原因在于“以其无以易之”解释为水是不可替代的。这实在不能讲得通。一边是柔弱的水，一边是坚强的对手，例如铜墙铁壁，例如岩石山崖，结果是水，谁也胜不了它，原因是水无可替代，这句话通顺吗？它的无可替代是什么意思呢？是说它一定胜利吗？一定胜利如果是无可替代的，那么胜利是原因，无可替代是结果，而老子明明说的是水永远胜利的原因啊。恐怕不是什么无可替代，而是对手一方无法改变、无法变易水的存在，无法改变水性、水力、水量还有水的不屈不挠、无止无歇。水冲上来了，在铜墙铁壁或者岩石山崖前撞个粉碎，然而水还是那么多水，还是那么大潜力，还是会不断冲撞上来（虽然有缓慢的蒸发，但那并不是铜墙铁壁或岩石山崖的作用，无碍大体），还是不会变易、变形、变性、变力的。而恰恰是经过一段时间，变易了的是铜墙铁壁，是岩石山崖，是锈污、是损缺、是氧化、是风化、是侵蚀，使坚强变易，而柔弱如水者无所变易。

以柔克刚，以弱胜强，是老子的一种理念，也是事物的一个特殊层面的道理。这种理念在中国有相当的市场，可能与历代许多国人的弱势地位有关。

然而这并不是绝对的、无条件的。在正常情势下，当然是强胜弱。“强”与“弱”二词的出现，就是指的实力。强是指较大的实力、较易胜的实力。弱是指较小的力量、较易败的力量。刚胜不胜柔则要具体分析。因为刚与柔指的是形态，不是实力。

在正常情势下，当然是欧洲足球强队胜中国队，而不会是相反的，这无须讨论。在正常情况下是被高科技武装起来的军队胜弱势的军队，这也是肯定的。当然胜负还有其他因素，例如出师有名还是无名，人民群众支持还是反对，指挥得当还是失当，轻敌还是慎重从事，还有是不是哀兵、士气如何，等等。这些因素也是强不强的分野。士气高才强，不可能士气越低越强。

刚与柔的关系更复杂一些。毛泽东的“宜将剩勇追穷寇，不可沽名学霸王”是一种思路，孙武的“穷寇莫追”以及俗话说的“网开一面”也是一种思路。前者着眼于扩大战果，后者着眼于避免过大的牺牲与留下谈判、和平解决的余地。只能说刚柔各有其用，少林与太极各有妙处，软功与硬功各有所长。所谓柔有时是绵里藏针，日本的柔道其实充满杀机。所谓刚也不能够拒绝一切调整与转弯。一味的柔就会成为稀泥糨糊，一味的刚就会成为二百五、十三点、二杆子。刚柔相济的说法是有道理的，强弱易势的可能性也是存在的。

为什么老子抱怨说，他的柔弱之道莫不知、莫能行呢？就因为并不是在任何条件下弱都能胜强，不是说中国足球都能胜德、法、英、西班牙队；也不是在任何情况下柔都能克刚，不是说太极一定胜少林，或者刺刀，更不要说枪击了。

老子的柔弱之道对于已经处于强势的人很有必要多讲一讲，使之看到强有强的局限，弱有弱的优势，刚有刚的脆弱，柔有柔的坚韧，使他们不要自满骄傲，不要忘乎所以，不要恃强凌弱，不要迅速地走向反面。同时对于弱者来说，老子的柔弱之道也有利于他们保护自身，避免无谓的牺牲，长志气，不气馁，技高一筹，棋早一步，另辟蹊径，转败为胜。

同时老子的柔弱之道很有学理价值，可以研讨，可以益智，可以深化辩证思维，可以探讨哲学、神学、形而上学，可以发展抽象思辨的能力。

但这不是一个可以操作的措施。社会越发展，各种竞争就越加白热化、公开化，各种淘汰就越无情。升学、求职、比赛、为商、政治、经济、军事、文化，如果你只有一手，示弱示柔，以为可以凭此取胜，那就成了笑话！强大的对手矗立在你的面前，只有你比他更强大，才能取胜。

柔弱之道还有另一方面，就是承担污垢，承担不祥，承担屈辱，承担灾祸，叫作把荣誉让给别人，把困难留给自己。这也是一种前面讲过的知白守黑之道，勇于承担责任、承担误解、承担压力之道，国人称这种人忍辱负重，这是一个大大的好词。这里有一种高尚性与坚强性（虽然老子曾将坚强当作贬义词使用），所以说，只有这种勇于承担的人才够资格当社稷主、天下王。

正言若反，则是老子的思维特色，他常常是逆向思维。常人认为好的，老子告诉你也可能是坏的；常人认为是倒霉的，老子告诉你那其实是幸运的。他得出的结论带有颠覆性乃至爆炸性。

正言若反是因为目光透到了事物的背面，别人看到的是你的颜面与前胸，老子看到的却是你的后脑与后背。

正言若反，还因为老子观棋多看了好几步。你看到了满，他看到了满则溢。你看到了盈，他看到了盈则亏。你看到了祸，他看到福所伏。你看到了福，他看到了祸所倚。

我们也许可以说，其实老子是一个喜欢抬杠的人。世人这样说，可能有点道理；我反着说，似有更深刻的道理，出人意料，出奇制胜。他的智慧具有难得的独到性、异议（另类）性、可辩驳性（如果你有意与老子抬杠，你且有的说呢）、启发性（另是一番天地）、发散性（不必克隆，只需引申）、警示性（他为许多世俗见解如争强好胜、争宠厚生亮起红灯）直到刺激性。

而进一步斟酌，则问题不在于老子好立与众不同之论，问题在于，反或返，正是大道的特性。事物发展的结果是走向自己的反面，你不但看到了现状，而且看到了发展的趋向，岂不正言若反？懂得了正言若反的道理，又怎么可能不培养出一种逆向思维的习惯？而逆向之后再逆向呢，不又是正向了吗？

第七十九章　天道常与善人

和大怨必有余怨，安可以为善？
是以圣人执左契，而不责于人。
有德司契，无德司彻。
天道无亲，常与善人。

调解巨大的怨仇使之和解，必然还会留下后遗症，还会留下剩下的怨恨没有完全罢休。一次和解并不能使诸事搞掂。

所以圣人虽然手执借据，却并不责备责难欠债之人。

有德性的人掌管借据，没有德性的人掌管收取租税。

天道并不分亲疏，但是天道常常与善人而不是与恶人在一起。

大的怨仇是不容易和解的，是难以轻易搞掂的。我觉得“安可以为善”一语恐怕不能仅仅解释为和大怨不是善事，而是说大怨的双方未必就此罢休，我们的话语中叫作“善罢甘休”。我宁愿选择以下的释义：善就是罢休，就是广东话的“搞掂”或北方人说的“搞定”。同时也不排斥善事之解，也就是说，既然难以搞掂，也就不可能成为一件完满成功的善事了。

这一章在《老子》中略显突兀，和大怨难道反而不好吗？其含义恐怕要与下文联系起来读：简单的一句话，就是说一定不要结大怨，结了大怨，后遗症大大地有。毋结大怨，毋为己甚，更不要积怨甚多，积怨如山。既然连作为都要无之、取消之，那就更不要积怨。提倡无为、无名、无知、无言、无欲、无身、无物、无私、无尤等的老子，当然更要提倡无怨、毋结怨。

天地不仁，天地不怨，无为不言，无怨无悔，知者不言，知者不怨。辩者不善，善者不辩，善者更不怨。

前文已述，老子喜欢从最彻底处、最根源处、最高耸处立论。如何才能做到宠辱无惊呢？大患在于吾身。及无吾身，何患之有？如何能无尤（没有过失）呢？干脆不争，不争故莫能与之争，功遂身退，作而弗始，生而弗有，为而弗恃，功成而弗居，你近于零了，还有什么过失？他对于大怨的观点也是如此，积了大怨再去和，晚了，不算什么善事善行了，也不可能善罢甘休了，必有余怨了。

手执左券的比喻是说得理也要让人，不要得理不让人；得理也要容人，不要得理不容人，虽有借据也勿搞逼债。

这个比喻也可以是说明一种精神状态：借据在你手里，你的精神空间是宽裕的，你没有那种局促感、紧迫感、焦虑感。

不责于人，也不是绝对不责。前文中对于“朝甚除，田甚芜，仓甚虚。服文彩，带利剑，厌饮食，财货有余”的人，称之为“盗夸”，已经责备了。但与无德者那种得理不让人的样子比较起来，圣人就宽厚容忍得多了。这里又可以与前文关于“无弃人，无弃物”的论述结合起来读。

那么如果你手里没有借据呢？如果借据是在别人、是在你的对手那边呢？或者如果你的对手伪造了借据对你俨然讨起债来了呢？

老子没有讲。但从全文来看，即使在这样的情况下也无须着急。天网疏而不失；道曰反；祸福互相转化；天道无亲，常与善人；大道正是你的主心骨。

或者让我们思考一下，既然是圣人，永远心通大道，身体（悟）大道。大道就是左券，就是有理，就是借据，就是永远的主动。此亦一解。

而无德的人，圣人的对立面。圣人的对手是没有借据只有债务的。他们紧张而又冲动，焦躁而又闹腾，凶恶而又虚弱。他们是那种得理不让人、无理搅三分的人。世上就是有这种无德者，除了表白自己与咒骂旁人以外，一无所用，一无所能，一无所有，一无所成。

作家中也有这样的人，越是自己写不出东西来了，没有小说、没有诗歌、没有散文、没有戏剧、没有评论了，连一个标点符号都弄不明白了，就越是一心积大怨而至死不解。他们没有任何一个地方学到了鲁迅，但是他们天天宣布到死一个也不原谅。他们还要去做催租催债状，觉得不论是老板、是伙计、是同人、是受众，人人都欠他们二百吊钱。他们看东看西都不顺眼，评南评北，概不合心，还要整天拿出一副愤世嫉俗的样子。自己干不成任何正经建设性的事业了，他们的决心就是让人人都干不成。

天道无亲，天地不仁，还有地呀，自然呀什么的，并不讲情面，不讲感情，那么为什么又是常与善人呢？有人认为这是老子的两个天道，一个是主宰的天道，是无亲不仁的；而另一个是德行的天道，是仁的亲的。我不这样看，我觉得老子的爱好不是分析，不是切割，不是劈开，而是混同、尚同、整合、统一。我觉得这里的问题不是天道与善人亲，而是善人的风格、善人的做法、善人的选择与天道亲。问题在于你是否愿行天道、愿做善人、愿选择天道，而不是天道能否对你亲爱垂顾。

你首先选择了天道，天道才可能选择你。

与其幻想天道亲自己，不如自己去躬行天道。与其幻想天道常（给）予自己，幻想自己能得到天道的眷顾，不如自己去做善人。

如果你是善人，天道将向你招手，天道将自己走过来，天道将自然而然地存在于你的善心里。

什么是善人呢？对于老子来说，善是善良也是善于、擅长。尤其是统治者，或参与统治、谋划统治的圣人，他们应该是努力按照老子的主张为无为、事无事、味无味的；应该是不以知（智谋）治国的；应该是不嗜杀人、不喜用兵的；应该是以百姓之心为心的；应该是生而弗有、为而弗恃、功成而弗居的；应该是善救人、无弃人、善救物、无弃物的；应该是居善地、心善渊、与善仁、言善信、政善治、事善能、动善时、不争故无尤的。做到这些了，还能不与天道接近吗？

放眼旁观，有多少人咒骂自己运气不好，上天不公，埋怨老天不长眼，埋怨老天亏待了自己啊。多少人是一辈子牢骚、一辈子咒骂又是一辈子一事无成啊。同时又有几个人懂得在不如意的情况下反思自己的责任、自己的失误、自己的大道缺失呢？

后面一种人才是与天道常亲的啊；后面一种人才是有可能长进、有可能出息、有可能做成几件事情的啊。

有时候我看到一些同龄人或者比我更年长的人，说起什么来居然像小孩子一样地怨气冲天、委委屈屈、没结没完，我就知道，完了，您老。反思自身是可以改善与调整自身的，是有效的。责人呢？除了气恼与失态，除了神经衰弱与心理失衡以外，你能做到什么呢？除了伤害自身，你又能起什么作用呢？

第八十章　小国寡民

小国寡民。使有什伯之器而不用，使民重死而不远徙。虽有舟舆无所乘之，虽有甲兵无所陈之。使民复结绳而用之。

甘其食，美其服，安其居，乐其俗。

邻国相望，鸡犬之声相闻。民至老死不相往来。

小地方，人口也很有限，虽然有成十上百的器具，却没有什么人去使用。老百姓都顾命护命，把迁徙看得很重，因此谁也不愿意走出去很远。虽然有舟车的便利，但是没有什么人需要乘坐出行。虽然有盔甲兵器，但是不需要拿出来、摆出来（更不需要使用）。让民人重新回到结绳记事的时代去。

对于食物，吃得喷喷香。对于穿着，穿得心满意足。对于住房，住得踏实安稳。对于风俗习惯，觉得舒服自在。

与邻近地区城镇，互相看得见，也听得到对方的鸡叫狗吠，但是互不往来，直到老死。

我前面说过，老子是原道旨主义者。他相信、信仰人的婴儿状态、人类社会的早期状态。他为此刻画出了一个乌托邦，其中“鸡犬之声相闻。民至老死不相往来”一句，脍炙人口，很有几分《桃花源记》的理想国风情。

人就是这样的，人类就是这样的，文化越来越发达，头脑越来越复杂，手段越来越多样，享受越来越高档，能力越强，焦虑越来越多。在这种时候，对于文化、历史、科技、现代化的反思与批判的调子越来越高。

人类有两种乌托邦，一种是向前看的幻想未来的乌托邦：设想今后的极乐世界、人间天堂。起码是发展得无所不能、无所忧虑，例如设想今后会发明出不死药来。

另一种是向后看的怀念过往的乌托邦：设想回到例如唐尧、虞舜、周公时期，回到人类的无忧无虑的童年，回到简朴真诚、乐天单纯的田园生活中去。

老子的乌托邦是第二种。

所以老子的思想，也只是思想，哪怕是伟大的与超前的思想。真是超前，老子对于文化已经采取质疑的态度了。老子的乌托邦也还是乌托邦，哪怕是美丽的与爽气得很的乌托邦。

也许人类再发展一段，再闹腾一段，再愚蠢一段，再糟蹋一段地球生命与人自身，会更多地接受老子的这种乌托邦？

我则设想，老子的思想是伟大的，是一种清醒剂。同时人类的发展还会向着高科技、高生产率、高消费、高度紧张的状态走去，越全面高涨，越会觉出老子的伟大；而老子越伟大，他的乌托邦也就越发难以变成现实。

问题在于，不论你怎么样反思批判，立惊人之论，停止或者扭转这样一个文化发展、生产发展与现代化全球化的趋势，几乎是不可能的。

还有，人类的原始、半原始状态，前文明状态当真是那么美好吗？人类的发展固然未必都是正面的进步，那么笃定是退步、是毁灭吗？原始状态包含着单纯也包含着愚昧，包含着淳朴也包含着野蛮，包含着善良也包含着残酷，许多人类学的研究发现了下列的原始风习：杀害俘虏、虐待罪犯、祭天杀人、暴力滥用与性变态的风习（如割去女人阴蒂）……不能将文明文化万能化，同样也不能把拒绝文明文化万能化，把文明文化万恶化。

而他的小国寡民的乌托邦越是实现不了，就越应该钻研讨论，去发现它的长远价值、思考价值、哲学价值，并反思人类文明的种种歧路、种种危殆，反问我们自身：有没有更好的方式？有没有更好的前途？

除了对这种向后看的乌托邦可以进行文化学、人类学的考量以外，也可以从心理学的角度上予以探讨。人是会向后看的，谁不怀着深情回忆自己的童年、自己的青春年华呢？这与一切价值判断无关，与意识形态无关，与历史观无关，只因为生命是短促的，过往的已经丢在你的身后的你比现在更年轻，你倾向于相信，你的过去才是最美好的，至少，年轻比不年轻好啊。所谓单纯的童年、快乐的童年、如诗如梦的童年，比如舒曼的著名的《梦幻曲》，其实原文就是《童年》，是多么可爱啊！

比如罗大佑的《童年》，“池塘边的榕树上，知了在声声叫着夏天”，这不是也与“鸡犬之声相闻。民至老死不相往来”的情调有相通之处吗？一个人的童年是值得怀念的，那么人类的童年呢？“天下”的童年呢？结绳记事的童年呢？

结绳记事是一个象征、一个比喻，老子反对的是记事太细，是把人生商务通化，日语的汉词叫作“手账”化。粗略地记一些大项目就行了，记那么细有什么好处？我年轻时见过这样的干部这样的人，他的日程表上不但记有工作事务的细节，也有与自己的情人通电话等计划。我就很难想通，当恋爱也日程化、细节化、计划化以后会不会影响你的感觉呢？一个人可以计划好几点几分热吻、几点几分拥抱、几点几分抚摩、几点几分做爱、几点几分高潮吗？

什佰之器而不用，这个说法令我想起一点花絮。第一个是日本的电脑生产极其发达，但是日本作家用电脑写作者相当少，至少二十年前是这样，远不如当代中国作家使用电脑之普及。第二个是有些欧美作家，喜欢自己搞一点手工活计，例如美国作家阿瑟·米勒就在自己家里做木器活儿。这也让我想到托尔斯泰《战争与和平》中的老瓦西里公爵，他也是在家做木器活儿的。

怕死不搬家、有船不乘的说法待考，老子是不是太拘泥于自然经济了？这是不是反映了国人安土重迁、落叶归根等传统早有根源？有武器不展示好理解一点，不赘。

“老死不相往来”的说法里包含着对于人际关系复杂化、加强化与非真诚化的负面评价。一个人究竟是与旁人的关系越多越好呢，还是适当减少为好呢？人际关系的大发展，会带来如此多的恩怨情仇、亲疏远近、结盟树敌、利益转化、友化为敌、敌化为友乃至忽敌忽友，还有阵营分化与利弊权衡、诚信与做局下套、正解与误解、圈子与山头、头领与跟班、站队与投靠、沾光与株连……这里有多少狗扯羊肠子、羊毛炒韭菜的事儿啊。

至少，我有一个发现，越是大人物，朋友越少。大人物的目标太大，作用太大，目的性、目标性太强，太有为（阳平，指作为）又太有为（去声，指原因）。他与别人来往，别人与他往来，都有自己的所图，他能不多多少少羡慕一下鸡犬相闻、老死不相往来的生活与交际方式吗？

交友，是小人物的专利。但是小人物中也不乏借交友以营私者。

我还发现，越是发达国家，人际关系反而没有那么发达强化。他们更习惯的是有事在一起，没有事各自分开，互相保持一定的距离。这可能与他们的个人主义、自由主义的传统有关，可能与他们的隐私观念有关，也可能与他们国家的人口密度比我们小得多有关。

越是城市，越是密集居住，如住公寓，人们之间越是不会随便往来。因为城市人口太密集，如果像农村那样随意推门就进别人的家，谁也不用过日子了。躲进小楼成一统，这里边的滋味与老死不相往来接近。

倒是在纽约的曼哈顿豪华公寓中，各家是做到了声音偶有相闻、老死不相往来的。

老子的小国寡民的乌托邦里不无个人主义与自由主义的契机。他的主张在中国，确有其另类的特点。

减少人际往来还有一个作用，客观上增加了人与自然的密切关系。越是耽于人际往来，越会轻视忽略大自然的存在。旧中国有谚云："万事不如牌在手，一年几见月当头。"忙于与另外三个人斗牌的人，连月亮都看不见。还有一位定居海外的学人，自称他现在与自然的关系超过了他与人的关系。也许他们读起《老子》的这一章会有亲切感？

在为《老子》的这一章提供文化证词的时候，也许我们应该提到美国作家、超验主义者梭罗的《瓦尔登湖》一书。他在湖边修了一所木屋，在那里独自生活了好几个季节。他是做到了至少在一段时间只与自然打交道而谢绝同类了。他的书绝妙，同时也有另外的说法，说他是由于在社会生活中出了麻烦而暂时逃遁到湖边去的。

至今，发达国家中愿意体验孤独的林中野人生活的屡有其人。时有向后看的乌托邦主义者，幻想着最大的美好、最大的理想不是高科技，不是高国民收入，不是高消费，而是小国寡民，结绳记事，日出而作，日入而息，凿井而饮，耕田而食，鸡犬相闻，老死不相往来……这不也是一种人类的心理平衡、一道学术思想的风景、一种思路的补充与参考、一种对于某些缺憾的提醒与警告吗？

我国则有隐士的传统，但他们多半隐得不彻底，一逢三顾茅庐，或者其他被胁迫的情况，他们就又回到红尘中来了。

让我们再总结一下相往来与不相往来的问题：

一、地球已经变小，目前不仅是鸡犬相闻之处，就是大洋彼岸发生的事情，也与本国、本乡、本土有关。客观上、技术上（如互联网），人们的往来愈益方便，各种人际往来已经大大增加，并将继续增多。

二、组织化、集团化的趋势正在发展。不论是国家、国际组织、公司、政府、军队、政党、非政府组织……都在依靠组织与集团的效率与力量。

三、公关化与利益化，正在改变人际往来的性质，乃至改变男女之情、亲情、友情的性质，并带来许多困扰。巴尔扎克在作品中已经精彩地描写了这种困扰。

四、过分膨胀的人际往来，加上传媒的发展等原因，造成了无个性化、个人自由的被侵犯挤压与流失等问题。在此种形势下，人们有可能产生独来独往的乌托邦梦想。前人早在诸如《鲁滨孙漂流记》《人猿泰山》中已经表达了这样的幻想。

老子的不相往来的主张虽然无现实性，仍然值得人们思量品味。

让我们联想一下陶渊明的《桃花源记》吧。忙碌之中，红尘之外，从审美的角度来读，那不是一篇绝妙的好文章吗？心灵的抚慰，想象的奇特，乌有之乡，乌托之邦，如诗如梦，如幻境如幽险，虽不可当真，却也不妨一哂，至少也还算有趣吧。

小国寡民的乌托邦，也许从当今的世界地图上，从幸福指数的角度上可以有所体察与讨论。有一些小国，也许人均收入并不是最高，对于世界的贡献不是最大，在国际事务中起的作用也比较有限，但是那里的生活相对安定，小日子过得很不错，各种国际风波它们多不掺和，老百姓有很高的幸福指数。例如我去过的不丹，人均年收入只有七百美元左右，但幸福指数居于世界前列，有的甚至说是幸福度世界第一。他们生活在高原、密林之中，他们的飞机场只有本国的客机才能降落，别国飞机不敢在那种地方落地。他们的政体正在从君主制向君主立宪制过渡。那里的狗在街上生活，没有被任何私人圈养，也就没有私有观念，从不向任何人龇牙或乱叫，因此那里的狗也是最和善的。那里每人每年至少要种十株树。此外像瑞士、新西兰，也都有人羡慕。

国有小国寡民，人也有小人物，小人物当然有自己的乐趣，至少李斯在被杀时羡慕过牵着黄狗溜达的日子。老子的许多忠言都有劝诫性，不要贪大图强，不要拔份儿，不要过度膨胀。他的这一类劝诫难以改变生存竞争包括民族竞争与国际竞争的现实，但是他的某些说法，仍然不妨一听、一想、一笑、一豁然。

第八十一章　信言不美

信言不美，美言不信。善者不辩，辩者不善。知者不博，博者不知。

圣人不积，既以为人己愈有，既以与人己愈多。

天之道利而不害，圣人之道为而不争。

真实可信的话语不见得美丽动人。美丽动人的话语，不见得真实可信。精通擅长或者善良忠厚的人不会去雄辩滔滔，雄辩滔滔的人不大可能是精通擅长或者善良忠厚的人。真正有知识的人或者智商高的人，不会事事行家里手。事事行家里手的人，不会有真才实学或高智商。

圣人不会去积攒求富、求获得、求发达。他事事为别人，而自己却更加富有。他什么都赠送他人，而自己反而更多。

天道就是这样的。有利万物的自然运转而不损害妨碍万物的自然发展。圣人之道，也是这样，虽然有为，但是不争夺。

老子知道他的见解是不容易被人接受的，他知道他讲述的话语与常人凡人的见解是相背离的，他也知道他的话与常人凡人的期待是不一致的。所以他要说，好听的话不一定真实可信，真实可信的话不一定好听。他坚持他的与众不同的见解。他警告读者，不要只听自己想听的话。

在他快要结束他的微言大义的论述的时候，他叹息于非可道、非美言、非可辩、非博、不争的大道的表述之困难。在最后一章，他似乎在说，我还能说些什么呢？

当然，也有可能目前用的以王弼本为基础的《老子》是后人编纂的，因此不能说老子是在此书说什么不要说什么。那么，让我们考虑一下编者——是不是王弼呢——的编辑意图吧，为什么止于斯呢？

反正我说的是利而不害，为而不争，为人而己越有，与人而己越多。还要怎么样呢？

老子也同样有一个不争论的主张，他知道滔滔雄辩、词锋锐利、合纵连横，其实于事无补，于道无补，谁在口水战中占上风其实远不重要。他的《道德经》五千言，已经足够，无须再发挥、再驳难、再辩论。真正有成就、有作为的人未必需要说那么多话，也未必需要在与旁人的争辩中占上风。

知者不博云云，讲的是学风、作风。没有比全知全能再不可能、再可笑的了。越是有真知灼见，越是知道事物千差万别，知之甚难。多数人自以为知道懂得，其实最多是略知一二，或者是只知其一，不知其二。名将不谈兵，名医不谈药，原因是名将名医知道兵事医术都太复杂，太容易说错。越是内行越慎重，越是内行越不轻易指手画脚。

圣人并不去有意识地积攒积累什么，物质、财富、知识、名声，圣人之所以是圣人就是因为他们无私助人、给予人、为别人。圣人从不考虑所得，而只考虑奉献。就像天道从不想损害妨碍万物的自然运转，而是有利于万物的自然发展。

这里所说的圣人不积，与前面讲过的啬、俭、蓄有语义学上的悖论。啬了、节约了、俭了尤其是蓄了，不就是积了吗？我们可以这样理解，这里的积主要是指一种获得的愿望、占有的欲望，积中有贪意存焉。圣人想着的永远是奉献而不是获得。

圣人之“为”，在某种意义上也可以说是老子所提倡的无为，不争是他的特色。老子写下了《道德经》五千言，这是他的为。这个为的目的是无为，是为争灭火，是不争。其实想开了所有的为，都只能是为而不争。思想家有了天才的著作，能不能被接受，会不会被歪曲，这不是你能争得出来的。政治家建功立业，能不能被承认，会不会被野心家所篡夺扭曲，会不会功未成而身先死，空使千古为之泪沾襟？会不会被后世所否定？你上哪儿争去？艺术家的天才创造，被攻击、被剽窃、被误解、被冷落，黄钟毁弃，瓦釜雷鸣，你跟谁说理去？最好最好，你也只能是尽人事听天命，只能微微一笑，最好低下头来。

但行创造建设，莫问前程。你的前程就是你的创造和建设，就是体悟大道的欢欣喜悦、明朗纯净，而不是创造和建设之外的、大道之外的污浊腐烂。

反过来说，如果你争得太厉害了，你整天辩论、批判、斗争、拼命，你还有时间与精力去进行建设性的劳动吗？你还能有所建树吗？你还能有智慧吗？用智慧去创新篇，是美好的，也是艰难的。用智慧去捣糨糊，是不得已而偶一为之。用智慧去蹚浑水，去抢腐鼠，那就不是智慧而是失智的同流合污了。

李商隐有诗云："……永忆江湖归白发，欲回天地入扁舟。不知腐鼠成滋味，猜意鹓鸰竟未休。"争来争去，会不会腐鼠也成了滋味呢？

圣人为而不争，那么非圣人、非贤人呢，甚至也非正派人呢？蠢人、小人、糊涂人、坏人呢？他们的特点是争而不为，除了疯狂争斗以外，他们不种粮食，不造物品，不卖油盐，不写小说，不吟诗不作曲，这样的疯狂争斗者可真是天下的祸害呀。

为什么争而不为，因为在某些条件下，他们认为争的效益大大超过了为。既然抓辫子、打棍子、扣帽子的效益大大地超过了建设性的劳动，小人坏人们能够去耐心地为吗？

在这种情况下，圣人也只能无为了。这是无为的另一解，也许是歪解。

把利而不害与为而不争并列，是此章文字的一个看点。为而不争，已经讲了不知多少次。利而不害呢？我想这里讲的并不是具体的利益，不是讲圣人的行善与助人为乐，而是讲天道的包容与对万物自化的尊重与信任。天道不干扰、不破坏、不违背万物的发展规律，不做与大道对着干的事情，这已经是利而不害了。

在这一章圣人与天道是统一的，圣人即掌握了至少是靠拢了天道之人。

那么圣人的对立面呢，他们的害至少有两个意思：第一，他们与人为恶，与物为恶，他们有一种破坏欲，他们可以并无目的与仇恨动机地去造谣生事、挑拨是非、残害生灵、损毁万物。与君子有成人之美相反，他们有一种天生的损害性、阴暗性、为害性、为敌性、唯恐天下不乱与唯恐别人不倒霉性。他们的阴暗使他们视光明为不共戴天同时永远够也够不着之敌；他们的浑噩使之视智慧为不共戴天与永远够也够不着之压迫；他们的浅薄使之视深思为不共戴天与永远够也够不着之威胁；他们的偏执与狭隘使他们视开阔包容全面为不共戴天与永远够也够不着的陷阱。第二，这里的害是妨害妨碍。他们也很辛苦，他们的特点是害而不利，他们总是逆历史规律、逆大道而努力。甚至他们也时而自以为得计，时而自觉冤屈……最终却是害人、害己、害事业。

请允许我为《老子》加上这么一句话：圣人为而不争，小人争而不为。天道利而不害，霸道害而不利。信者忠言逆耳，伪者佞言中意。言者无所不知，知者有所不知、有所不能、有所不为。

圣人对人众有悲悯心、有责任感、有尊重，也有适当的距离。圣人的对立面对于圣人有嫉恨也有完全的不理解，有隔膜与不平，有绝望与晦背感。

不可争。不可争。不可说。

天网恢恢。天道彰彰。一曰大，二曰逝，三曰远，四曰反。夫复何求？

到了《老子》结尾之处了，到了我为《老子》提供的意译与证词结束之处了，我愿意作证：老子能够从思辨与心理上、从理论（动词）与悟性上、从境界与远见上乃至从自信与信仰上帮助我们。读《老子》如饮仙泉，如沐山水，如振羽而飞，如登高眺望，镇定从容，睥睨万有，亲近众生，如入无物之境。

同时老子也留下了太多的困难，太多的无奈。他察之深，言之简，论之模糊，处之则只有泰然。也只能泰然，还能怎么样呢？

他说了许多的“无”，他无了许多的“说”。他欲说的话比已说的话多，他请你自己定夺的话比已经告诉你的多。他说得不太充分、不太明白的话比已经说透说明的话多。

有许多前贤对于《老子》做出了极其有益的解读，但是解读完了仍然是不得其旨的甚多。这是解读者的事儿呢，还是原著者的事儿呢？也许老子的在天之灵正为了解读的大有空间而满意、得意、称意？

他留下的《道德经》五千言至今仍然值得阅读体味，翻过来掉过去……还要怎么样呢？

老子是爱你们的，要明白啊，读者！